LES SOIRÉES
DE
SAINTE-ADRESSE

PAR

ALPHONSE KARR

NOUVELLE ÉDITION

PARIS

MICHEL LÉVY FRÈRES, LIBRAIRES-ÉDITEURS
RUE VIVIENNE 2 BIS

1861

Tous droits réservés

HISTOIRE
DE TANT DE CHARMES
ET DE LA VERTU MÊME

A Gérard de Nerval

I

C'était dans une maison de la rue Vivienne, — n° 8, je crois, il doit y avoir encore une terrasse au fond de la cour; — sur cette terrasse est un logement composé d'un grand atelier de peinture et de trois petites chambres. — Quand on est arrivé on a gravi sept étages, — mais sept étages tellement longs, — que chacun est coupé en deux par un carré. — Aussi les habitants de la terrasse ne se faisaient-ils aucune faute de dire qu'ils demeuraient au quatorzième.

L'atelier avait à peu près dix-huit pieds de haut — et trente pieds en carré, il était meublé de tableaux sans cadres et de cadres sans tableaux, de fauteuils en bois sculpté recouverts de velours pourpre, — et de chaises de paille, sans paille et sans dossiers; — sur une table on voyait des assiettes du Japon de la plus grande beauté, dans lesquelles on avait mangé pour deux sous de fromage de Brie. — Vous auriez difficilement trouvé un couteau, — mais il y avait, accrochés aux murailles, — des yatagans et des poignards — à lames de damas et à poignée richement ciselée.

Un lit du temps de la renaissance, à colonnes torses, à rideaux de brocatelle ponceau et bleue, livrait aux regards trop curieux un mauvais petit matelas mince comme la main — et une vieille couverture de laine trouée.

Sur un chevalet, — des habits de velours et de soie du temps de Henri III ; sur un autre, le seul habit du maître de l'atelier, — noir, — usé, — râpé, — blanc sur les coutures, — amolli — et ayant un air de désespoir et de découragement qui faisait pitié. Une porte ouverte dans un mur d'une formidable épaisseur, — servait autrefois de communication entre l'atelier et une des trois pièces composant le reste du logement.

Mais à l'époque où se passe mon histoire, deux amis, qui s'étaient partagé l'appartement, — avaient fait de l'espace compris entre les deux portes, une armoire appartenant à l'atelier du côté du logement ; — un clou fiché dans le mur et un lit de sangle placé en travers de la porte — la condamnaient suffisamment. Le lit de sangle était tout le mobilier de cette partie du logement, — avec un gros chat qui dormait, et un buste de Corneille en plâtre. — Le pauvre Pierre ! — Je ne sais si c'était par hasard, — mais il avait le haut de la tête enlevé, — et sa tête servait d'*armoire* et de *caisse*. — Par terre, — plusieurs brochures de toutes couleurs.

Le maître de l'atelier était un peintre, — celui de la chambre, un comédien ; — tout le logement appartenait au peintre, qui hébergeait le comédien. — Le peintre, marié depuis dix ans, avait une femme qui exerçait sur lui la plus sévère tyrannie; elle ne lui permettait ni le repos, — ni la gaieté, ni le bruit. — Elle ne pardonnait ni ne comprenait la plus légère erreur. — Froide, — calme, — impassible, — elle faisait payer cher à son mari le bonheur d'avoir une femme sage. — Quand elle n'était pas là, — lui et le comédien, — auquel elle inspirait bien aussi quelque terreur et qu'elle ne voyait pas de trop bon œil, — l'appelaient *la Vertu même*. La manie du peintre Rodolphe Mélin était d'acheter tout ce qu'il trouvait *à bon marché*, de quelque nature que ce fût, — prétendant toujours devoir en tirer plus tard d'énormes bénéfices, — et ne pensant plus à revendre les objets une fois qu'il les avait entassés sur les terrasses. — A l'époque où commence ce récit, il était possesseur d'une lieue un quart de tuyaux de poêle qu'il comptait revendre avantageusement au commencement de l'hiver.

Le comédien n'avait aucun talent; — il avait lu tout ce qu'on a écrit sur la comédie; — il parlait sans cesse de l'*art*, — reconnaissait son incapacité et s'accablait d'injures, après chacun de ses nombreux insuccès. — Cependant il comptait sur le temps et sur sa persévérance.

Ce jour-là, — il rentra tard, — il avait eu un *désagrément* réel, — il n'avait qu'un rôle fort court et qui consistait à paraître avec une cuirasse de carton, et à dire : *C'en est fait, il est mort!*

Je ne sais comment la chose se fit, mais en entrant en scène, — il s'était troublé, et il avait dit : *C'en est mort, il est fait!*

Cela avait excité plus de gaieté qu'il n'est agréable d'en causer à un acteur tragique.

Il rentrait donc triste et abattu.

Comme le comédien rentrait dans sa chambre, qu'il appelait ironiquement *Venise la belle*, le chat vint en miaulant se frotter contre ses jambes. *Thémistocle Pélissier* d'abord le repoussa d'un coup de pied, — puis, le rappela. — Viens, Joconde, lui dit-il, et pardonne-moi ; — il me sied bien vraiment de faire aujourd'hui le fier avec les chats, — comme si je n'avais pas été au-dessous de la brute. — Il prit le chat dans ses bras et le caressa. — Certes, quand Dieu voulut descendre sur la terre, il choisit la figure de l'homme, comme la forme la plus humble et la plus misérable. — Pélissier posa le chat à terre, et se dirigea vers un coin de son appartement où il avait déposé son souper ; — mais l'assiette était vide et nettoyée avec une telle netteté, qu'il reconnut tout de suite la langue râpeuse de Joconde. — Eh bien ! tu as eu raison, — dit-il, — tu as mangé mon souper ; tu as bien fait. — Je devrais brouter l'herbe ; — tu as laissé ta pâtée ; je vais manger ta pâtée ; c'est encore bien bon pour moi. — Tiens, couche-toi sur mon lit, — moi, je coucherai par terre sur ton paillasson. — Ont-ils assez ri ? — J'ai cru que la salle en croulerait, — et les applaudissements, — et les trépignements, et les *bis*. — J'avais envie de me sauver, — de sortir de scène et de me jeter par la fenêtre de ma loge. — *C'en est mort, — il est fait!*

Et qui m'assure qu'*elle* n'était pas là. Quand je me suis en allé, il m'a semblé que le portier riait. — Les gendarmes riaient en quittant le théâtre. — Tout riait. — Le vent riait dans les lanternes, qu'il balançait avec un bruit stridelit. — Les cochers de fiacre me criaient *gare*, d'un air ironique. — Enfin me voilà seul. — Si je pouvais dormir.

Pélissier plongea la main dans la tête de Pierre Corneille, et en retira un bonnet de coton, qu'il mit sur sa tête. — Puis, il revint à son lit, sur lequel, dans son premier mouvement, il avait mis la pâtée du chat pour en faire un souper que sans doute il n'eût pas mangé. — Mais Joconde était enfoncé dedans jusqu'aux oreilles, et il n'en restait presque plus. — Pélissier, exaspéré de cette dernière mésaventure, — prit l'assiette et le chat, et jeta le tout par la fenêtre, — sans l'avoir ouverte préalablement ; c'est-à-dire à travers les vitres, qui se brisèrent avec fracas.

On frappa alors à la porte, devenue une armoire, qui communiquait de l'atelier à la chambre de Pélissier, — et la voix de Rodolphe Mélin fit entendre : — Ohé ! maître Lekain, — ne trouvez-vous pas ces fureurs d'Oreste un peu indues, quant à l'heure, et peu propres à favoriser le sommeil des gens?

Le nom de Lekain était une des facéties accoutumées de Mélin, qui n'en avait que cinq ou six qu'il faisait reparaître à tour de rôle. — Mais, dans les circonstances où se trouvait Pélissier, il trouva la plaisanterie de mauvais goût et n'y répondit pas.

— Eh! ne m'entends-tu pas ? — reprit Mélin en frappant plus fort et en ouvrant celle des deux portes qui était de son côté.

Pélissier dérangea son lit, — enleva avec les doigts le mauvais clou qui retenait l'autre porte, et l'ouvrit de son côté. — Comme te voilà fait ! dit Rodolphe Mélin. — Je te prierai à l'avenir, répondit l'acteur, si toutefois cela est une réponse, — de m'appeler par mon nom de Thémistocle Pélissier, et de ne point me donner de ridicules sobriquets; — je suis las de tes lazzi d'atelier, qui n'ont pas le sens commun.

Et il se mit à se promener dans sa chambre à grands pas. — Et comme Mélin le regardait avec de grands yeux étonnés et riait de sa fureur, — il serra les poings et dit : — C'est bien plaisant, — va; — ris, — ris tout seul, — ris tant que tu voudras, — mais laisse-moi dormir. — Ris donc, — tu ne ris plus, — ris donc, — sois comme les autres de ce soir. — Ris.

Rodolphe Mélin vit jour pour sa seconde plaisanterie, qui consistait à faire ce qu'il appelait des queues de mots, — et il s'écria :

Ris de veau cluse, ton habit mélec ture de sanglier, par les pattes éthique tac de moulin à vent ture de sanglier par les pattes éthique tac de moulin à vent ture, etc.

Langage barbare et inintelligible qu'il scandait ainsi, quand il voulait être compris :

Ris de veau — Vaucluse — use ton habit — Abimélec — lecture — hure de sanglier, — lié par les pattes — pathétique — tic tac de moulin à vent — aventure — hure de sanglier, etc.

C'était un genre de calembours sans fin qu'il avait inventé, et un abus de la dernière syllabe de son interlocuteur, auquel il se livrait des heures entières, avec une facilité et une volubilité désespérantes. — Est-ce que tu ne soupes pas?

— Je viens de jeter mon souper par la fenêtre, avec Joconde qui l'avait mangé.

— *J'ai longtemps parcouru le monde, et l'on m'a vu de toutes parts*, fredonna Mélin. — Je doute que l'autre Joconde ait jamais voyagé comme cela. — Il y a une aile de volaille, que je vais tâcher de prendre, si tu *n'as pas* toutefois réveillé *la Vertu même*, qui a été toute la journée d'une humeur massacrante.

Rodolphe ôta sa robe de chambre pour ne pas réveiller sa femme par le frottement qu'elle faisait, disparut et revint bientôt avec l'assiette promise et une bouteille de vin entamée. Ce souper inattendu ne tarda pas à remettre un peu de calme dans l'esprit de Pélissier et le disposer à écouter avec une bienveillance plus marquée les paroles de son ami.

— Je t'ai attendu, parce que je ne puis dormir ; — je suis en proie à la plus violente agitation ; — j'ai écrit à la dame de mes pensées, — et toi, — as-tu écrit à la tienne?

— Oui, répondit Pélissier, et une lettre un peu bien, — une lettre en vers.

— Tu fais des vers !

— A peu près, je m'en rappelle ; je prends un demi-vers ici, un vers et demi là, — et je recouds le plus proprement possible. — Tiens, écoute. — Et Pélissier prit sa voix de théâtre, — c'est-à-dire une voix gutturale éclatante et éraillée à la fois, — comme du cuivre fêlé.

Je ne puis plus lutter, et je vous rends les armes,
Les dieux mêmes voudraient céder à tant de charmes.

— Ouf, interrompit Mélin.

— *Je vous vis,* — continua Pélissier.

> Je vous vis, — je rougis, — je pâlis à *votre* vue,
> Mes yeux ne voyaient plus, je ne pouvais parler,
> Je sentis tout mon cœur et transir et brûler.
> ....
> Vous voyez devant vous baigné de douces larmes,
> Un malheureux vaincu, — vaincu par tant de charmes.

— Encore *tant de charmes,* — dit Mélin.

— Les bons auteurs en sont pleins, — dit Pélissier, reprenant sa voix ordinaire, — et Racine en regorge; — et toi qu'as-tu écrit?

— Pas de si belles choses, — mon ami Pélissier, — mais des choses qui promettent des résultats plus immédiats.

— J'ai écrit que mademoiselle *Trois Etoiles* — était priée de venir chez MADAME Mélin, — *madame,* tu entends, — pour *s'entendre* avec elle pour la façon de diverses... choses dont ladite madame Mélin a besoin. — Et madame Mélin étant absente demain toute la journée...

— Et tu continues à ne pas savoir quel est l'objet de ton ardeur, reprit Pélissier? — *Seigneur,* — reprenant la voix de cuivre,

> Au nom des pleurs que pour vous j'ai versés,
> Par vos faibles genoux que je tiens embrassés,
> Délivrez mon esprit de ce doute funeste.

J'imiterai ta discrétion; — mais ton audace me pique et je prétends demain m'introduire chez Aricie.

— Elle s'appelle Aricie?

— Non, — c'est l'amoureuse de la pièce à laquelle appartiennent les vers que je viens de dire. Tu appelles la tienne *Trois Etoiles,* j'appellerai la mienne...

— *Tant de charmes*.

— *Tant de charmes*, si tu veux, mais je la verrai demain.

— Si tu savais comme elle est jolie, Pélissier, — si tu voyais...

— O Mélin, mon bon ami,

Ou laissez-moi dormir, ou ne m'endormez pas.

Allez vous étendre près de *la Vertu même*.

— Égoïste, — dit Mélin, — tu brûlerais la maison de ton ami pour allumer ta pipe, — et tu lui refuserais ensuite du feu pour la sienne.

— Il est fâcheux que ces belles paroles ne puissent être empaillées, reprit Pélissier en poussant Rodolphe dehors, je les mettrais sur ma cheminée, pour faire pendant au buste du grand Corneille. — Puis il replaça le clou qui fermait la porte, — et se mit à la fenêtre, — où il resta pendant plus d'une heure les yeux fixés sur une fenêtre vis-à-vis de la sienne, où, à travers des rideaux de mousseline — et un réseau de liserons qui commençaient à ouvrir leurs fleurs roses et bleues à la fraîcheur de la nuit, on voyait vaciller la pâle lueur d'une veilleuse.

C'était là que demeurait la belle fille dont le comédien était amoureux.

Le lendemain, dès le lever du soleil, Pélissier, qui s'était endormi tard, — fut réveillé brusquement par sa sonnette.

— Il passa à la hâte une longue redingote et des pantoufles et ouvrit la porte à un homme porteur d'un paquet. — Monsieur, voici votre gilet.

Pélissier fut abasourdi du coup.

En effet, à un mois de là, il avait confié à un teinturier-dégraisseur — un gilet à nettoyer ; — on lui avait rapporté son gilet, — et Pélissier, n'étant pas en fonds, avait, pour ajourner le payement, donné une cravate à teindre ; — quand on avait rapporté la cravate, il avait donné un pantalon tout neuf, — puis après le pantalon, le gilet qu'il avait eu le temps de salir de nouveau ; chaque fois que le teinturier revenait, la somme à payer se trouvant plus forte et les ressources les mêmes, — c'est-à-dire nulles.

Pélissier jeta autour de lui un regard de détresse, — il n'y avait plus rien à donner au dégraisseur, — et conséquemment pas de prétexte pour ne pas payer le mémoire. — Un moment étourdi, égaré, — il se baissa pour prendre ses bottes, — mais le teinturier ne pouvait rien faire à une paire de bottes ; il plongea le bras dans la tête de Pierre Corneille ; — mais il n'y trouva pas huit sous.

Ses idées étaient horriblement confuses : — le teinturier, debout, attendait en silence.

Thémistocle Pélissier eût voulu que la maison s'abîmât sur eux deux, — mais tout à coup, il avisa sur le pied de son lit, la robe de chambre de Mélin, que le peintre qui s'en était dépouillé pour aller chercher le souper de Pélissier, n'avait pas pensé à remettre ; — c'était une fort belle robe de chambre de damas jaune. — Pélissier la donna au dégraisseur pour qu'il la teignît en rouge et le congédia.

D'un autre côté, madame Mélin faisait un bruit affreux, — elle ne trouvait plus *la moitié* d'un poulet qu'elle avait réservé pour le déjeuner. Elle voulait partir de bonne heure et il lui fallait maintenant aller chercher des provisions. — Mélin s'était bien gardé d'avouer qu'il avait enlevé le poulet, et laissait planer les soupçons de sa femme sur les chats les plus innocents. — Madame Mélin, résignée, sortait avec son panier, lorsque Pélissier frappait à la porte officielle de l'atelier. — A sa vue, madame Mélin laissa échapper un cri d'étonnement et d'indignation. — Ce n'était pas que Pélissier ne fût d'un aspect agréable. — Il avait mis sa belle redingote verte à brandebourgs, — des touffes de cheveux ramenées en avant dissimulaient les traces bleues du rasoir ; car Pélissier, comme plusieurs de ses confrères, se faisait par ce moyen artificiel un front que la nature lui avait refusé. Un col de chemise en papier à lettre sortait d'une cravate noire parfaitement pliée. — Il avait ajouté à cette parure son lorgnon, quoiqu'il eût la vue excellente, et des éperons, quoiqu'il ne fût jamais monté à cheval de sa vie. — C'étaient, les éperons, un luxe, et le lorgnon une infirmité qu'il ne mettait qu'aux grands jours, et quand il avait quelque projet en tête pour lequel il croyait avoir besoin de tous ses avantages.

Ce qui avait arraché un cri à madame Mélin, c'était la vue d'un plat que Pélissier tenait à la main ; — elle avait reconnu son plat, — le plat dans lequel était, la veille, la *moitié* de poulet cherchée, regrettée depuis le matin.

Mélin feignit d'être entièrement occupé de sa toilette.

— C'est donc à dire, — M. Pélissier, — s'écria madame Mélin, — que vous dérangerez tout dans la maison ? — Voici deux heures que je cherche *mon poulet*.

Il n'y avait jamais eu en réalité sur le plat qu'une aile de poulet, — quoique depuis le matin, madame Mélin eût déploré la perte d'un demi-poulet, — et qu'à ce moment elle reprochât un poulet tout entier au malheureux Thémistocle.

Mélin comprit que la réponse de Pélissier, quelle qu'elle fût, allait faire crever un nuage de colère, — et pour l'empêcher de parler, il dit tout haut : — Où diable est ma robe de chambre ?

— Sans doute dans la chambre de M. Thémistocle, — comme l'autre jour tes bottes, et mon parapluie, jusqu'à mon châle dont il fait un turban.

Au moins il ne l'aura pas toujours mangée, ta robe de chambre.

Ce n'était pas le moment pour Thémistocle d'avouer qu'il l'avait donnée à teindre en rouge. Il haussa les épaules, — ne répondit pas, prit les gants de Rodolphe Mélin, — et descendit l'escalier en fredonnant : *Adieu, Venise la belle.*

II

OU PARAIT MADEMOISELLE ***

La Vertu même était sortie depuis plus de trois heures, — et Rodolphe Mélin avait passé tout ce temps à chercher sa robe de chambre de damas jaune sur l'effet de laquelle il comptait beaucoup pour la visite qu'il espérait recevoir. Il avait mis dans l'atelier un ordre inusité, et dans l'ajustement de sa personne des recherches incroyables. Il cherchait encore, lorsqu'on frappa à la porte. — Son cœur battit violemment, — il jeta un coup d'œil au miroir, — passa la main dans ses cheveux, — et alla ouvrir. — C'était elle, — c'était mademoiselle *Trois Etoiles* — avec ses bandeaux de cheveux bruns, — ses grands yeux doux et modestes, — sa taille svelte et élégante. — Elle demanda madame Mélin, — sans paraître nullement étonnée de rencontrer *son époux*.

— Madame Mélin est sortie, mais elle ne tardera pas à rentrer, et elle m'a chargé de prier mademoiselle de l'attendre. — Il lui offrit un fauteuil, — s'assit lui-même et fut quelque temps sans parler, — tout embarrassé de la sérénité de la belle fille. — Certes, il avait mille fois depuis la veille préparé les discours qu'il lui tiendrait ; — mais dans toutes ses prévisions il n'avait pas fait entrer qu'elle ne le reconnaîtrait pas, et qu'il acquerrait la fâcheuse conviction qu'elle ne l'avait jamais remarqué. — Il commença donc par des lieux communs et en attendant que les idées et le courage lui revinssent, demanda à mademoiselle *** si on n'avait jamais fait son portrait, et affirma que ce serait une charmante chose à faire ; — ajouta qu'il y pensait depuis longtemps ; — que même, la voyant souvent à sa fenêtre, il avait fait d'elle une petite esquisse assez ressemblante ; — que ce n'était pas terminé du tout, — mais que cependant il allait le lui montrer. — Il tira l'esquisse d'un carton et la fit voir à mademoiselle *** qui se sentit rougir d'aise de se voir si charmante ; puis tout d'un coup, embarrassée de cette impression, elle demanda : — Pensez-vous que madame... Mélin soit encore longtemps à rentrer ?

— Oh mon Dieu non, — elle devrait être ici déjà, — *j'espère* qu'elle ne tardera pas, — peut-être est-elle dans l'escalier. — A ce moment, — Rodolphe se rappela qu'il avait laissé la clef à la porte et que tout le monde pouvait entrer; il feignit d'aller regarder par-dessus la rampe de l'escalier s'il verrait monter madame Mélin, qui était partie depuis trois heures pour Saint-Germain, d'où elle ne devrait revenir que le lendemain; — et, en effet, pour aviser à retirer la clef adroitement; mais à peine eût-il regardé à travers l'escalier, — qu'il rentra dans l'atelier pâle et défait.

— Oh mon Dieu, mademoiselle!

— Et, qu'avez-vous donc, monsieur?

— Mademoiselle, — c'est que voici madame Mélin qui monte.

— Eh bien! monsieur, — tant mieux, puisque je l'attends.

— Elle monte, mademoiselle, elle monte.

— Mais, monsieur, qu'avez-vous donc? — êtes-vous malade? — vous arrive-t-il quelque chose?

— Il ne m'arrive que ma femme, et c'est assez. Mademoiselle, sauvez-vous.

— Comment, monsieur, me sauver, — et pourquoi me sauver; madame Mélin m'écrit de venir chez elle et me fait prier de l'attendre; — elle rentre et elle me trouve à ses ordres, — il n'y a rien là que de fort naturel.

— Vous ne comprenez pas, mademoiselle; mais au nom du ciel, allez-vous-en!

— Monsieur, dit mademoiselle***, en se dirigeant vers la porte, — je le veux bien; — mais je vais demander à cette dame l'explication de ce qui se passe.

— Gardez-vous-en bien, mademoiselle, — vous et moi nous serions perdus.

— Mais, monsieur...

— Oh! mon Dieu, je l'entends; il n'est plus temps que vous sortiez, elle verrait que vous venez d'ici.

— Alors je vais rester.

— Ah! tenez, tenez, s'écria Mélin, comme illuminé d'une idée subite. — Entrez ici, cachez-vous ici, — et il ouvrit l'armoire qui donnait chez Thémistocle.

— Mais, monsieur, je ne veux pas me cacher, — je n'ai rien fait de mal, — je ne me cacherai pas.

— Cachez-vous, mademoiselle, cachez-vous.

— Je ne veux pas me cacher, monsieur.

Mais la terreur de Rodolphe Mélin était si profonde, que mademoiselle *** commençait à en avoir pitié et qu'elle la partagea, quand à un coup frappé à la porte, elle le vit chanceler et perdre haleine; alors, pâle et tremblante elle-même sans savoir pourquoi, elle se laissa pousser entre les deux portes et enfermer.

Madame Mélin, car c'était elle qui, ayant manqué la voiture avait renoncé à son voyage et avait fait seulement quelques visites avant de rentrer, — madame Mélin commençait à frapper plus fort. — Mélin s'était remis devant sa place, essayait de fredonner, mais sa voix chevrotait.

— Il cria : La clef est à la porte. — Elle n'y est pas, répondit madame Mélin.

— Tiens, c'est toi, dit le peintre, et il alla ouvrir, — puis sans regarder sa femme, se replaça à son chevalet et travailla en fredonnant pour dissimuler son trouble :

Les Jésuites n'auront pas,
La tour de Saint-Nic... que, nic... que... nic...
Les Jésuites n'auront pas,
La tour de Saint-Nic... que, Nic... que..., etc.

Sans jamais arriver à dire *Saint-Nicolas,* que l'oreille attend inutilement, ce qui ne tarde pas à être insupportable.

— Ah çà, veux-tu bien finir ta ridicule chanson, s'écria madame Mélin impatientée ; — mais que se passe-t-il depuis que je suis là, tu peins avec ta palette retournée, les couleurs en dessous...

— Tiens, c'est vrai ; c'est la joie de vous revoir, madame Mélin.

— Mais comme tu es tiré à quatre épingles, comme tu sens bon ; qu'est-ce que cela veut dire, tu as pris ma pommade ?

— Moi... ah! oui, un peu,.. c'est que... vois-tu... mais j'en ai mis fort peu. — Est-ce que tu ne vas pas t'occuper du dîner ?

— Tu me laisseras au moins le temps de me reposer ; et d'ailleurs je n'ai pas besoin, je crois, qu'on me dise ce que j'ai à faire ; — j'ai dit au traiteur en bas d'apporter à dîner pour que je n'aie pas à redescendre.

— Ah! tu ne veux pas sortir...

— Non, certainement.

— Fais comme tu voudras.

— C'est bien mon intention.

III

RETOUR DE JOCONDE

Pélissier rentra chez lui d'assez mauvaise humeur, — mais momentanément adouci en retrouvant à la porte son chat qui vint à lui en faisant le gros dos, en ronflant et se frottant contre ses jambes. — Tiens te voilà, Joconde ; — eh bien ! je ne croyais guère te revoir ; — à quelle gouttière t'es-tu accroché en tombant hier ? — Oui, ajouta-t-il, — avec sa voix de cuivre,

> Oui, puisque je retrouve un ami si fidèle,
> Ma fortune va prendre une face nouvelle ;
> Et déjà son courroux semble s'être adouci
> Depuis qu'elle a pris soin de nous rejoindre ici.

Il ouvrit la porte et entra avec Joconde. — Eh bien, te voilà revenu chez toi, — Joconde, — te voilà dans cette opulente Venise. — *Venezia la bella.*
Et il se mit à chanter :

> Quand le devoir l'ordonne,
> Venise on t'abandonne,
> Mais c'est sans t'oublier.

Il se promena dans sa chambre et reprit toute sa préoccupation ; il ouvrit la fenêtre et regarda celle de la voisine d'en face, *fermée !* — Selon sa résolution, il était monté dans la maison en face, il avait frappé à une porte, — un monsieur avait ouvert. — Monsieur, je cherche une de moiselle qui... qui... une demoiselle brune qui a des fleurs sur sa fenêtre.

— Ah! la couturière.

— Oui, — c'est pour une dame...

— La porte à côté.

— Merci, monsieur.

Il frappa, — il n'y avait personne, — il alla se promener et revint deux heures après; — mais une portière centenaire, qu'il avait évitée la première fois, l'aperçut celle-ci — et lui demanda où il allait, il répondit un nom de hasard d'une manière intelligible, — et monta l'escalier en courant; — mais on n'était pas rentré. — Comme il descendait, la portière lui barra le passage. — D'où venez-vous? vous ne savez donc pas lire : *Parlez au portier.* — Il y a un tas de gens qui s'introduisent comme cela........ D'où venez-vous?

— Je viens de chez la couturière.

— Elle n'y est pas, — qu'est-ce que vous lui vouliez :

— Ah! dit Thémistocle, avec la voix de théâtre, — mettant la main dans son habit et reculant d'un pas :

> Je t'en ai dit assez, épargne-moi le reste,
> Je meurs, pour ne point faire un aveu si funeste.

Quel âge avez-vous?

— Qu'est-ce que ça vous fait.

— Si vous êtes encore en vie quand elle rentrera, dites-lui que je suis venu pour la voir.

Il avait *croisé* dans la rue pendant plus d'une heure, — les yeux fixés sur la porte. — Enfin de guerre lasse, — il s'était décidé à remonter à *Venise.* Où peut-elle être? —

se demandait-il, toute la journée absente, j'ai eu tort de me moquer de la portière. — Je ne joue pas ce soir, — quoi faire? Ah! — *la Vertu même* est à la campagne. — Je vais appeler Mélin. — Il frappe à la porte de l'armoire.

— Ohé! Raphaël!... Il n'entend pas..

Il tira le lit, arracha le clou — et ouvrit l'armoire.

Il y trouva Mademoiselle *Trois Etoiles* blottie, — le visage caché dans les deux mains et baigné de larmes.

Tiens, — tiens, — tiens, — tiens! le gas Mélin serre des femmes dans l'armoire, — dit-il à demi-voix. — Il prit l'inconnue par le bras et la tira dehors plus morte que vive; — elle tomba à genoux les mains jointes. — Oh! mon Dieu, — c'est-elle, c'est *Tant de charmes*.

— Quoi, monsieur! c'est vous; — oh je vous en prie, — ayez pitié de moi, — sauvez-moi.

Pélissier la fit asseoir sur son lit, — la rassura, — écouta l'explication de cette rencontre dans une armoire, — lui fit croire qu'elle ne pourrait quitter *Venise* tant qu'il ferait jour, à cause de madame Mélin et de ses fureurs; — il lui parla de son amour, — retournant en prose tous les vers de tragédie dont il avait la cervelle farcie. — *Tant de charmes* fut toute glorieuse d'apprendre que son amoureux était un acteur; — elle ne connaissait rien de si beau, — de si grand, — de si noble qu'un acteur; — elle n'était guère allée au théâtre, et elle y avait tout pris au sérieux. — Depuis les malheurs de *l'ingénue* jusqu'à *la bravoure*; — *la noblesse* et les beaux habits des *jeunes premiers*. — Un acteur pour elle, était un homme de tout point supérieur aux autres hommes. — Du reste elle avait remarqué depuis longtemps Pélissier; — elle lui montra sa lettre qu'elle avait toujours portée dans son corset. — Pélissier lui demanda *sa main* en style emphatique et de la voix que vous savez ; — elle lui permit de venir la voir — et s'en alla toute tremblante et tout orgueilleuse d'avoir inspiré de l'amour à un acteur, — à un acteur qui allait l'épouser.

Quand il fut seul, — Thémistocle — se dit : Ah ! Raphaël, mon ami, — votre *Trois Etoiles* n'était autre que *Tant de charmes*, — et...... mon futur honneur conjugal l'a échappé belle, — pourvu qu'il l'ait échappé... — Elle paraissait bien naïve et bien vraie.

A ce moment, de l'autre côté du mur, — Mélin venait d'obtenir de sa femme qu'elle allât dans la chambre de Pélissier, qu'il avait entendu rentrer, voir si sa robe de chambre y était. — Elle devait y être, il se rappelait l'y avoir laissée, — elle ne pouvait être que là, — il ne pouvait laisser sa toile à ce moment, — et il avait froid ; — pendant ce temps il espérait faire échapper la jolie captive. — Pélissier, qui prêtait l'oreille, crut que madame Mélin allait venir et fut saisi de peur ; — comment lui dire ce qu'il avait fait de la robe de chambre ? — Il crut l'entendre marcher sur la terrasse, — la clef était à la porte, — il se blottit dans l'armoire où il tint la porte avec les deux mains.

A peine y était-il que Mélin l'ouvrit de l'autre côté. — Allons, mademoiselle, — vite, — sauvez-vous, — nous n'avons pas un instant à perdre.

Mais quelle fut la stupéfaction de Rodolphe Mélin, — quand il vit, de l'armoire où il avait enfermé la jolie couturière, sortir son honorable ami Thémistocle Pélissier.

Il resta semblable à ce brave homme, qui arrêté devant

un escamoteur, consent à prêter sa montre pour un tour merveilleux, — et qui, — sur l'invitation du prestidigitateur, — plongeant sa main dans le gobelet où il l'a mise, — n'en retire qu'un oignon ou une queue de lapin.

. . . .

J'avais commencé cette histoire en riant, mais la voici qui devient triste, — je vais en dire la fin en quelques lignes — le triste est souvent commun.

— Le comédien n'épousa pas Julienne, parce qu'il n'avait pas cru devoir satisfaire aux lois sur la conscription, — et qu'on l'eût inévitablement inquiété à ce sujet s'il se fût présenté à la mairie. Elle n'en vint pas moins au bout de quelque temps habiter sa chambre, — où elle fit régner un peu d'aisance. Thémistocle resta vaniteux et fainéant. — Julienne travailla pour deux le jour et la nuit, — tandis que lui allait dans les estaminets jouer au billard, orné des bagues de *Tant de charmes.* — Comme le travail de cette pauvre femme ne suffisait pas aux dépenses de monsieur, elle se défit petit à petit de tous les bijoux et des robes qu'elle avait gagnés pendant qu'elle était fille. Thémistocle trouvant toujours son dîner prêt, ne demandait pas seulement comment il était venu. Pendant ce temps, la femme du peintre, qui laissait parfaitement sortir Rodolphe avec des trous aux coudes, mais qui était légitimement mariée, traitait la pauvre Julienne avec le mépris le plus insultant. — Thémistocle n'eut bientôt plus aucun égard pour sa femme. — Il lui déroba ses derniers bijoux pour les donner à une figurante. — Au lieu de son nom de Julienne, qu'il avait trouvé si joli, il ne l'appelait plus que madame *potage.* — Un jour il disparut. — *Tant de charmes,* après deux jours de recherches et d'angoisses, apprit qu'il s'était embarqué pour la *Nouvelle-Orléans*, où il avait obtenu un engagement, — après avoir dépensé au café une partie des *avances* qu'il avait reçues pour son voyage. — Madame Mélin, après une scène violente, lui ordonra de quitter sa maison, — ne voulant pas plus longtemps *retirer* une *coureuse*, — une femme qui n'était pas mariée. — Ce dernier coup la rendit folle; la pauvre fille attendit le soir et alla se jeter à l'eau.

LA
VIERGE NOIRE.

A madame Victor Hugo

Quand on va à Chartres, ou plutôt quand on passe par cette ville, après avoir traversé les vastes et monotones plaines de la Beauce, il vous arrive, pour vous récréer l'esprit, d'avoir à attendre pendant trois heures la voiture qui doit succéder à celle qui vous a amené de Paris. Si, au milieu de la mauvaise humeur que vous donne nécessairement cette annonce, que vous fait froidement le directeur des messageries, il vous advient d'apercevoir par-dessus les arbres de la promenade les deux clochers de l'église, je vous en félicite.

Je ne vous ferai pas la description de l'édifice. Si, malgré la belle architecture de la cathédrale de Chartres, malgré l'étendue de sa nef, il est de plus belles églises, je n'en ai pas vu qui soit aussi pleine de recueillement et de mysticisme. Le bâtiment, presque coupé à jour comme une dentelle, est remarquable par le nombre, la beauté et l'éclat de ses vitraux, par les sculptures qui entourent la nef, par son pavé de mosaïque, dont les sinuosités, suivies souvent par la piété des fidèles, leur permettent de faire, sans sortir de l'église, un pèlerinage de plusieurs lieues, auquel sont attachées de précieuses indulgences. Mais ce dont j'ai à vous parler aujourd'hui, c'est d'un coin de l'église où brûle perpétuellement des cierges bénits devant une madone noire, richement vêtue et étincelante de pierreries. On la nomme Notre-Dame-des-Miracles, et chacun des ornements qui la parent est un gage de la reconnaissance de ceux qui ont eu recours à sa puissante intercession.

Il y a plusieurs siècles, il y avait à Chartres une veuve jeune encore et très-belle, qui, repoussant toutes les offres d'un second engagement, avait consacré le reste de ses belles années à un fils sur lequel elle avait rejeté toute l'affection qu'elle avait portée à son mari. La nature et ses soins avaient fait de ce fils l'objet de l'envie de toutes les mères et de l'orgueil de la sienne; en effet, il était beau et bien fait, d'une physionomie noble et douce à la fois, et tout montrait en lui le présage du plus heureux naturel.

Entre autres faveurs, il avait été doué de la voix la plus pure et la plus angélique que l'on eût jamais entendue; et comme sa mère ne lui faisait chanter que de la musique sacrée, dont les paroles ne respiraient que l'amour filial le plus pur et le plus saint, et ne dépassaient pas la portée de sa jeune intelligence, il mettait à son chant une expression vraie et naturelle qui arrachait quelquefois des larmes aux quelques amis qu'avait conservés la jeune veuve.

Arriva le mois d'août, et l'évêque de Chartres lui-même vint prier la veuve de permettre que son fils chantât le jour de la plus grande fête de la Vierge. Son âge, la candeur et la beauté de sa figure, la douceur et la sainteté de son naturel, la suave pureté de sa voix, lui donnaient tant de ressemblance avec les anges, que son hommage ne pouvait manquer d'être agréable à la Mère du Christ, et de toucher à la fois les enfants et les mères qui assisteraient à cette belle cérémonie.

Le jour de l'Assomption, la mère, qui, en mettant son mari dans la tombe, avait enseveli avec lui tout désir de plaire, et n'avait jamais quitté ses vêtements de deuil, retrouva sa coquetterie de jeune femme pour parer son enfant.

En effet, après que la procession, aux sons noblement religieux dont l'organe remplissait la nef, se fut arrêtée devant l'autel de Marie, les enfants de chœur cessèrent un moment de jeter des fleurs, et du milieu de la foule de jeunes garçons de son âge, le petit Jean s'avança, vêtu d'une tunique blanche, ses longs cheveux blonds ruisselants sur les épaules, et retenus sur son front par une bandelette bleue. Il baisa respectueusement le pavé de l'autel, puis il leva vers la Vierge ses beaux yeux brillants d'attendrissement.

Alors, dans toute l'église on n'entendit respirer personne, tout le monde était oppressé, et Jean, d'une voix pure, expressive, et telle qu'on se figure celle des anges, chanta :

Regina cœli, lœtare, alleluia,
Quia quem meruisti portare, alleluia; etc.

Sa mère pleurait de bonheur. Quand arriva la fin de l'hymne *Gaudere et lœtare, ô virgo Maria!* les enfants de chœur jetèrent sur lui les roses effeuillées qui restaient.

dans leurs corbeilles, et il se trouva couvert d'un nuage parfumé. Mais quand le nuage fut dissipé, il n'y avait plus rien sous les fleurs, et Jean était disparu. Quelques efforts qu'on fît, il fut impossible de le retrouver. Sa mère et ses amis coururent toute la ville, les magistrats le firent chercher partout, mais tant de soins restèrent infructueux. La pauvre veuve alors refusa de voir personne ; elle passait les journées à prier sur la dalle où elle avait vu son fils pour la dernière fois, et les nuits à pleurer et à songer, quand la fatigue appesantissait ses yeux et la forçait à dormir, qu'elle voyait son petit Jean au ciel, chantant sur des nuages roses au milieu des concerts des anges.

Mais les malheurs viennent fondre sur les malheureux avec la même constance que les sources descendent dans les fleuves. La famille de son mari, qui n'avait jamais consenti à son mariage, lui réclama par voie judiciaire tout le bien de son mari, qu'elle n'avait conservé qu'en qualité de tutrice de son fils, et, après un long porcès, elle fut complétement ruinée. La pauvre femme y fit peu d'attention : son mari et son enfant avaient emporté son cœur et son âme, et n'avaient rien laissé en elle qui pût sentir sur la terre. Elle vécut misérablement de la vente de quelques bijoux que l'on n'avait pu lui enlever, et ne manqua pas un seul jour de venir prier dans l'église devant l'autel de la Vierge.

Il arriva que tous ses bijoux furent vendus, et qu'il ne resta plus rien au monde dont elle pût vivre. Elle eut recours aux parents de son mari, mais pas un d'eux ne daigna seulement l'entendre.

Il ne lui restait plus que le portrait de son mari et celui

de son petit Jean ; mais elle serait morte cent fois avant de consentir à les vendre.

Elle n'avait pas mangé depuis deux jours. Elle se traîna péniblement à l'église, s'agenouilla sur la dalle, et se mit à prier la Vierge de la faire mourir là, et de la réunir à son fils.

Malgré elle, elle fut distraite par un grand mouvement qui se faisait dans l'église ; on couvrait tout de branchages verts et de fleurs, on parait surtout l'autel de la Vierge.

C'était le jour de l'Assomption, l'anniversaire du jour où elle avait perdu son fils. Elle remercia la Vierge, en songeant qu'elle allait mourir ce jour-là, puis elle se mit dans un coin et se couvrit la tête de son voile de veuve.

Quelques personnes la reconnurent, et n'osèrent la troubler dans son pieux recueillement. Seulement on s'entretenait tout bas de son malheur, et, d'après le bruit public, on accusait les parents de son mari d'avoir fait disparaître l'enfant pour s'emparer de sa fortune.

La cérémonie commença.

La mère ne pleurait pas ; seulement, avec une joie indicible, elle se sentait affaiblir à mesure que la cérémonie s'avançait.

La procession se fit comme de coutume, puis s'arrêta devant la chapelle de la Vierge. Alors l'orgue remplit l'église d'une céleste harmonie, l'encens et les fleurs couvrirent les dalles de l'église.

Il y eut un moment de silence, pendant lequel on n'entendit plus rien que les sanglots de la pauvre veuve.

Tous les yeux se tournèrent vers elle, et on la vit mourante, pâle et déguenillée, elle qu'on avait vu si heureuse et si belle un an auparavant. Tout à coup, au milieu du silence, s'éleva, pure et suave comme la voix des anges, une voix qui chanta :

> *Regina cœli, lœtare, alleluia,*
> *Quia quem meruisti portare, alleluia,*
> *Resurrexit, sicut dixit, alleluia.*

La mère tomba à la renverse, et toute l'assistance se mit à genoux en pleurant, car l'ange qui chantait, c'était le petit Jean, sur la même dalle, vêtu de sa tunique blanche, ses longs cheveux blonds encore ruisselants sur ses épaules, et retenus sur son front par une bandelette bleue.

La mère rampa sur ses genoux jusqu'à lui, et le saisissant avec force, semblait craindre qu'on vînt le lui arracher. Les enfants de chœur couvrirent la mère et l'enfant d'une pluie de roses; et, du milieu de l'assemblée, l'évêque, appliquant à la veuve les paroles de l'hymne à la Vierge, prononça d'une voix noble et imposante :

> .... Réjouis-toi,
> Car celui que tu as porté dans ton sein
> Est ressuscité...

L'orgue reprit alors ses mélodies; et jamais plus nombreuse assemblée ne pria avec tant d'onction et de foi.

Le petit Jean raconta son enlèvement comme un songe qui avait laissé peu de traces dans son souvenir. Il se rappelait seulement qu'une femme, plus belle encore que sa mère, quoique son visage fût noir, l'avait nourri d'un miel délicieux, et qu'il avait mêlé sa voix à des concerts plus harmonieux que ceux de la terre.

On fouilla la dalle sur laquelle avait reparu l'enfant de chœur, et l'on trouva cette statue de la Vierge noire.

LE MOINE DE KREMSMUNSTER.

A Chenavard

I

Près de Lintz, dans la Suisse autrichienne, est un riche couvent de Bernardins, appelé *Kremsmünster*. Ce couvent a été fondé par un prince bavarois dont le fils fut tué par un sanglier. Un bas-relief d'une médiocre exécution consacre la mémoire de l'accident. L'artiste a pris tellement de place pour son héros, qu'il ne lui en est presque pas resté pour le sanglier vainqueur, et qu'il en a fait une sorte de cochon de lait.

Le couvent est entouré d'un large fossé dans lequel on pêche les meilleurs poissons du pays. Des canards sauvages y font leur nid et couvrent l'étang avec leur famille. Tout le pays à l'entour appartient aux Pères; pays de belle chasse s'il en fût jamais.

Il y a dix ou douze ans je sortais du couvent, où j'étais allé rendre visite à l'un des moines, savant horticulteur dont la collection d'œillets est une des plus belles et des plus riches qui soit en Europe ; je vis à peu de distance quatre enfants vêtus de noir, quatre petites filles dont la plus âgée paraissait avoir douze ans. Une domestique les accompagnait ; elles se tenaient près d'un tombeau récent, car, seul de tous ceux qui se trouvaient là, il n'était pas encore recouvert d'herbe.

La cloche des Bernardins sonna la prière du soir, et les quatre petites filles se mirent à genoux, et toutes quatre ensemble, courbant leurs têtes blondes, prononcèrent de leur voix enfantine la prière pour les morts :

Grosser Gott, erbarme dich der lieben Verblichenen nimm, etc. « Grand Dieu, prends pitié de nos chers morts, » etc.

Je me découvris la tête et je répétai la prière avec elles ; puis, quand elles se furent relevées, j'interrogeai la bonne. Les pauvres petites avaient perdu leur mère, morte d'une maladie de poitrine un mois auparavant ; et leur père, en voyage, ne connaissait pas encore le sort d'une femme qu'il idolâtrait. J'embrassai les jolies enfants, et je les quittai attendri de l'impression de tristesse qui était restée sur leurs fraîches figures roses. Toutes quatre étaient jolies, et quoiqu'on ne pût dire qu'elles se ressemblassent, on les aurait reconnues pour sœurs au milieu d'une foule.

Huit années se passèrent. Le hasard me ramena dans la Suisse autrichienne, et je m'empressai d'aller voir le moine et ses œillets.

Rien n'avait changé pour lui ; à peine quelques cheveux blancs paraissaient dans son épaisse chevelure ; ses plates-bandes venaient de s'enrichir de plusieurs sujets rares et précieux. C'était au mois de juillet, et les œillets se trouvaient en pleines fleurs. Le moine était le plus heureux des hommes.

— Voyez, mon ami, me disait-il, cette gaie verdure et ces nombreux pétales, d'une si précieuse étoffe que la pourpre des rois n'est auprès guère plus fine que la laine de nos robes, et dont les couleurs sont plus suaves et plus riches que celles des pierres précieuses. Tout cela était renfermé dans une graine noire presque impalpable. Certes, mon ami, celui qui plante et celui qui arrose travaillent inutilement, si Dieu, par sa sainte bénédiction, ne fait croître et profiter ce qu'ils cultivent.

Entre les conquêtes nouvelles du moine, deux beaux œillets n'avaient pas encore été nommés; tous deux avaient le fond blanc, l'un était panaché d'un beau jaune orangé, l'autre semé de points d'un pourpre presque noir.

— Mon ami, me dit le moine, puisque je vous revois, vous partagerez mes plaisirs; je nommerai un de ces œillets, et vous, vous nommerez l'autre. Il n'est pas de plus touchante manière de fixer une pensée ou un souvenir.

J'appellerai le mien du nom de mon saint patron, et à cause de ses lignes dorées, *auréole de sanct' Johann*.

Quel nom donnerez-vous au vôtre?

— Mon cher père, lui dis-je, attendons encore quelque temps, et j'y attacherai peut-être un beau souvenir; peut-être chaque fois que fleurira cet œillet, aurai-je à adresser au ciel de sincères actions de grâces; je l'appellerai d'une date, et s'il est quelque chose de réel et de stable dans les espérances humaines, si la fleur de l'amandier est un garant du fruit, je l'appellerai *premier décembre*. — C'est bien froid pour mon pauvre œillet, dit le moine en souriant.

— Mon père, repris-je, le soleil de l'été ne réchauffe pas toujours le cœur, et le jour le plus brumeux a son soleil pour l'homme heureux.

Comme je sortais du couvent, vers le déclin du jour, la cloche sonna l'heure de la prière du soir, et j'entendis prononcer :

Grosser Gott! erbarme dich der lieben Verblichenen.
« Grand Dieu ! prends pitié de nos chers morts. »

Je me retournai, et je vis deux jeunes filles vêtues de noir agenouillées près d'une tombe ; une vieille domestique se tenait derrière elles à quelque distance.

Je m'approchai, je me découvris la tête et je dis avec elles :

« Grand Dieu ! prends pitié de nos chers morts. »

Elles me saluèrent d'un gracieux signe de tête en signe de remercîment, et partirent.

Quand elles furent parties, je m'efforçai de lire l'inscription placée sur la pierre ; voici ce qu'il y avait :

Une mère !

Un père !

Deux enfants !...

Je rejoignis les deux jeunes filles. En voyant le tombeau, j'avais retrouvé un souvenir.

Il y avait huit ans, j'avais vu quatre enfants toutes jeunes et vêtues de noir près de ce même tombeau.

Je ne me trompais pas.

— Monsieur, me dit la plus jeune des deux, des quatre enfants deux sont déjà dans cette tombe ; les deux autres, vous les avez entendues prier.

Et chacune des deux sœurs jeta sur l'autre un regard furtif; chacune craignait de voir sur le visage de l'autre les symptômes de la maladie qui semblait devoir moissonner toute cette famille.

— Heureusement, dit la plus jeune, ma sœur se porte bien. — Heureusement, dit l'aînée, Marthalena est rose et fraîche plus qu'aucune autre fille.

Quelques jours après, je buvais du lait chez une vieille femme, quand Marthalena entra suivie de sa bonne. En la voyant sans sa sœur, je sentis un froid mortel s'emparer de moi. Mon Dieu! pensai-je, serait-elle maintenant seule?

Mais je ne tardai pas à me rassurer; loin qu'elle eût une nouvelle perte à déplorer, le temps de son deuil était écoulé, elle était vêtue de blanc. Sa sœur ne l'accompagnait pas, parce que c'était elle qui, chaque soir, se chargeait de certains détails du ménage. Pour elle, depuis quelque temps, on lui avait ordonné de boire du lait, et elle obéissait volontiers à une prescription qui lui fournissait le prétexte et l'occasion d'une promenade à la plus belle heure du jour, au coucher du soleil.

L'un et l'autre nous venions tous les jours chez la vieille femme; elle me saluait avec un sourire amical et paraissait contente de me voir.

Je ressentais pour elle une vive amitié, mêlée d'un indéfinissable sentiment de tristesse. Dans l'espace d'un mois ses joues s'étaient creusées; à ses fraîches couleurs avaient succédé des couleurs plus dures et plus sombres. J'aimais à lui procurer quelque amusement par mes récits, par tous les moyens que je pouvais imaginer. Je voulais presser un peu les plaisirs dans le court espace de temps qu'elle avait peut-être à vivre. Puis je me laissai prendre à une idée d'une sottise achevée : je me figurai qu'il serait ridicule aux yeux de tout le monde, à ceux de Marthalena elle-même, qu'un homme aussi jeune que moi passât toutes ses soirées à la campagne, seul avec une fille jeune et jolie, sans lui faire la cour ; si bien qu'un jour je lui fis une déclaration d'amour en *lieux communs*. Elle parut étonnée, et dans sa surprise il y avait de la tristesse ; elle baissa les yeux, rêva un moment, et me dit :

II

— J'en suis fâchée, car je ne vous aime pas, je ne vous aime pas d'amour. J'en aimais un autre avant de vous connaître ; j'attends mon promis, il viendra dans deux mois.

Je rougis un peu et je me mordis les lèvres ; mais elle ajouta avec un naturel charmant et du ton le plus amical, en tirant un médaillon de son sein et en me le faisant voir des deux côtés :

— Tenez, *mon ami*, voilà son portrait et voilà de ses cheveux.

Elle regarda quelque temps le portrait et remit le médaillon dans son sein, puis elle ajouta tristement :

— Je suis bien fâchée que vous m'aimiez ; j'avais arrangé

cela autrement : vous auriez été *son* ami, *notre* ami ; vous l'auriez aimé.

Il y avait dans le son de sa voix quelque chose de si vrai, de si profondément senti, que je sacrifiai ma vanité et exposai un peu la sienne.

— Marthalena, lui dis-je, je vous ai parlé comme un écervelé ; pardonnez-moi de vous avoir traitée comme on traite toutes les femmes d'ordinaire ; il m'a semblé qu'un jeune homme ne pouvait rester auprès d'une jolie fille comme vous sans lui faire la cour ; mais, quoique vous possédiez tout ce qui peut tourner la tête et captiver le cœur, quoique vous me soyez chère sous une foule de rapports, je vous ferai un aveu qu'à aucune autre femme je n'oserais faire : je ne vous aime pas d'amour ; je veux être *son ami*, votre ami. — Oh! tant mieux, dit-elle.

Et elle me tendit la main.

— Et que faites-vous ici? — J'attends, dis-je, une lettre qui me rendra peut-être bien heureux. C'est aussi d'un mariage qu'il s'agit pour moi, et, à moins d'un accident que rien ne semble annoncer, je serai marié le 1er décembre. — Je suis ravie, répéta-t-elle, que vous soyez promis, cela me permet de laisser voir mon amitié pour vous. Oh! vous aimerez Wilhelm, et Wilhelm vous aimera! Il est si beau, si bon, si brave, si généreux!

Souvent elle me montra le portrait de son promis : c'était, en effet, une douce et heureuse physionomie.

Moi, je lui parlais aussi de la femme que j'aimais ; moins heureux qu'elle, je n'avais pas de portrait, mais elle m'écoutait si bien ; je lui parlais si longuement, qu'elle la connaissait, et qu'elle assurait qu'elle la reconnaîtrait si le hasard la lui faisait rencontrer.

Quelquefois sa sœur venait avec elle, et il ne me fut pas difficile de voir qu'elle partageait mes inquiétudes. Elle observait Marthalena dans les moments où celle-ci ne pouvait la voir, et elle redoublait pour elle de caresses et de sentiments affectueux, lui évitant, sous les prétextes les plus ingénieux, jusqu'à la plus légère fatigue.

Pendant huit jours, Marthalena ne vint pas au verger de la vieille femme; quand je la revis, elle me dit qu'elle avait été malade; elle était horriblement pâle et amaigrie, et ses yeux scintillaient bizarrement dans leur orbite. Elle me montra une lettre de Wilhelm, son retour était retardé d'un mois.

— Un mois, dit-elle, c'est bien long !

Elle se tut quelque temps, mit la main sur sa poitrine, qui lui faisait mal, et dit :

— Un mois, c'est bien long !... Est-ce que je ne le reverrai pas ?

Et elle se prit à pleurer.

Je ne trouvai rien à dire d'abord, et je sentis quelques larmes rouler aussi dans mes yeux ; mais je ne tardai pas à me reconnaître, et je lui dis tout ce que je crus capable de lui donner du courage et de la sécurité, et de lui rendre pour quelques instants les riantes idées qui semblaient la fuir en même temps que la santé.

Ce soir-là sa sœur était plus triste encore que de coutume, et quand nous nous séparâmes, ce qu'elle n'avait jamais fait, quoique Marthalena n'y manquât jamais, elle me serra la main.

Quelques jours après, je reçus une lettre. Au lieu de celle que j'attendais, c'était une lettre triste et menaçante. Un ami m'avertissait que des obstacles insurmontables se présentaient; je partis. Marthalena me dit en recevant mes adieux :

— Revenez quand vous aurez triomphé des obstacles, Wilhelm sera ici. Je me porte bien maintenant; le ciel a exaucé les prières de ma sœur, les vôtres et les miennes; je puis maintenant attendre Wilhelm; la mort a un moment plané sur ma tête, j'ai senti l'ombre froide de ses ailes noires; elle a passé outre.

Je la regardai; jamais je ne l'avais vue aussi pâle, jamais ses yeux n'avaient brillé d'un feu aussi sombre; je partis le cœur serré.

Pour moi, je ne trouvai que sujets de larmes et de désespoir. Tout était perdu; je crus que je deviendrais fou de rage et de douleur; puis je tombai dans l'abattement, et une torpeur plus triste mille fois que le désespoir. Je fus quelque temps malade; puis on prétexta le soin de quelques affaires pour m'envoyer dans la Suisse autrichienne.

Je n'eus rien de si pressé que d'aller voir mon ami le moine au couvent de Kremsmünster, si ce n'est toutefois de voir Marthalena, de lui raconter mes malheurs et de pleurer avec elle. Mais la vieille femme du verger n'y était plus, et je remis au lendemain à aller voir les deux sœurs.

Je me dirigeai donc vers le couvent et je hâtai le pas, car je craignais de ne pouvoir arriver avant la prière du soir. En effet, comme j'approchais, à cause des jours plus courts, je distinguais avec peine les flancs de l'édifice. Mais j'entendis tinter la cloche.

— Allons, dis-je, il faut que j'attende que la prière soit récitée, car les pères n'avaient pas coutume d'admettre des étrangers pendant le temps consacré aux exercices religieux.

La soirée était belle, il ne restait à l'horizon qu'une lueur purpurine qui s'effaçait; tout le reste du ciel s'étoilait magnifiquement.

Comme je contemplais en marchant cet imposant spectacle, j'entendis une voix qui disait :

Grosser Gott, erbarme, etc.

« Grand Dieu! prends pitié de nos chers morts! »

Cette voix me fit tressaillir.

Je m'approchai, et agenouillée près d'une tombe, je vis une jeune fille vêtue de noir.

Une vieille femme était derrière elle.

Je m'approchai encore ; c'était la sœur de Marthalena. Elle me reconnut, et, se jetant dans mes bras en pleurant, elle me montra le tombeau et me dit :

— Wilhelm n'arrivera que demain.

Nous priâmes ensemble sans nous rien dire.

La lune cependant se levait derrière de gros tilleuls; elle éclaira le tombeau et aussi le visage de la jeune fille. Son visage était pâle et amaigri comme celui de Marthalena le jour de mon départ.

Hélas! me dis-je quand je l'eus quittée, qui la pleurera, elle, la dernière?

J'ajoutai le soir à ma prière la promesse de rester pour faire au moins une prière sur le tombeau de la dernière des quatre sœurs, car celle-ci était déjà atteinte, et à un haut degré, du mal héréditaire qui avait fait de si horribles ravages dans sa famille.

Le lendemain j'allai au couvent, tout préoccupé encore de ces tristes impressions et de mon propre malheur.

Le moine me reçut avec un sourire bienveillant.

— Eh bien ! dit-il, quel nom donnons-nous à l'œillet?

— Mon père, lui dis-je, ses pétales sont tachés de larmes de la couleur du sang ; appelez-le *Bonheur de l'homme.*

Sans doute plusieurs voyageurs, en admirant la riche collection du moine de Kremsmünster, ont entendu ce nom sans soupçonner quels tristes souvenirs il rappelle à quelqu'un qui est aujourd'hui bien loin de là.

MAIN DU DIABLE.

A Belmontet

I

Par une pesante soirée du mois de juillet, l'air était surchargé de nuages d'un gris cuivré, et si bas qu'en s'avançant lentement ils touchaient la cime des arbres, dont le feuillage frissonnait sans qu'il s'élevât le moindre souffle. De temps à autre un bruit lointain et sourd suivait un éclair à peu de distance.

Involontairement soumis à ce respect et à cet air d'attente que l'orage qui va éclater donne à toute la nature, trois hommes, renfermés dans une chambre, s'entretenaient à voix basse. Dans ces convulsions de la nature, l'homme tâche de se rendre petit et inaperçu, comme l'enfant qui, redoutant la colère d'un pédagogue, cherche à se cacher sous son banc.

— Mes chers messieurs, dit un des trois, dont les traits fatigués et la voix affaiblie pouvaient indiquer un profond chagrin et des veilles prolongées, vous êtes maintenant ma dernière espérance.

Tout ce que les autres médecins ont fait jusqu'ici à mon pauvre frère n'a réussi qu'à le faire souffrir davantage, et cependant, je n'ai épargné ni peines ni argent ; j'ai vendu tout ce que je possédais pour payer la médecine et les drogues, et je l'ai fait de grand cœur, car si mon pauvre frère meurt, comme il ne paraît que trop certain, mon plus grand chagrin sera d'être forcé de lui survivre pour nourrir sa femme et l'enfant dont elle va être mère. Je vous laisse seuls, messieurs, avec une excellente bouteille de kirschenwasser. Je vais retourner auprès de mon frère, voir s'il a besoin de quelque chose ; avisez entre vous au moyen de le soulager, messieurs, et tout ce qui me reste sera à vous, et vos noms seront dans mes prières tant que mes lèvres pourront remuer, et mes mains se joindre, et mes yeux se tourner vers le ciel.

Quand les deux médecins furent seuls, ils se mirent à converser et à vider la bouteille de kirschenwasser.

Ceci se passait il y a cent cinquante ans, dans une maison de pêcheur sur les bords du Rhin, non loin des ruines du château d'Ehrenfels, en cet endroit où le Rhin, resserré et gêné par des rochers entassés, précipite ses flots avec une violence qui les fait bondir et écumer, tandis que de loin on l'aperçoit calme, bleu, limpide, promenant ses eaux entre deux rives vertes et fleuries. Près du château d'Ehrenfels, des écueils produits par des portions de rocher, que le fleuve ébranle sans les pouvoir enlever, forment un tourbillon que les bateliers ne passent jamais sans se recommander à Dieu et à la Vierge, et où plusieurs ont péri (1).

— Monsieur, dit un des deux médecins, croiriez-vous que j'ai une incroyable peine à tirer de l'argent de mes malades, et que je ne puis m'en faire payer qu'en productions de leurs champs ? — Cela peut avoir son agrément, et je m'en trouve quelquefois très-bien. — Oui, mais, malheureusement pour moi, j'ai affaire à de maudits vignerons. Pour comble de malheur, la récolte de l'an dernier a été très-abondante, de sorte que j'ai reçu plus de vin que je n'en pourrai boire dans toute ma vie. — Quoique, mon cher confrère, je vous en aie vu parfois vider un certain nombre de bouteilles, et avec une parfaite résignation. — Je ne me prétends pas plus ennemi du vin que ne doit l'être un bon Allemand, mais la récolte de l'an dernier a été si abondante que personne ne veut plus en acheter. — C'est un heureux hasard qui vous a poussé à me parler de cet embarras, mon cher confrère; j'ai besoin de vin, et nous pourrons facilement nous arranger pour faire un échange. Vous m'avez parlé, il y a quelque temps, de l'envie que vous auriez de trouver un cheval doux et robuste à la fois. Je serais assez porté à me défaire de mon cheval bai. Décidément, c'est un luxe que ma fortune ne me permet pas, d'avoir ainsi deux chevaux dans mon écurie. — Cet arrangement me conviendrait assez. Quel âge a votre cheval ? — Il prend sept ans. — Vous me répondez de sa douceur, confrère ; vous savez que je ne suis pas cavalier, et vous ne voudriez pas vous servir de ce moyen pour avoir

---

(1) La main des hommes a rendu aujourd'hui ce passage beaucoup moins dangereux ; néanmoins, souvent encore, les bateliers avertissent les passagers de faire leur prière.

ma clientèle. — Je le laisse monter par ma femme et par mes enfants, ainsi vous pouvez être parfaitement tranquille. — Pour votre cheval, je vous donnerai deux pièces de vin. — Cela va, pourvu qu'il soit bon. — Le meilleur qu'on puisse boire. Pourvu que le cheval ne soit pas rétif. — Scellons le marché en buvant un verre de ce délicieux kirschenwasser. — Il va sans dire que vous donnez avec la selle et la bride. — Du tout, c'est un marché à part ; cependant je vous les jouerai aux cartes contre cinq bouteilles de kirschenwasser, si vous en avez qui vaille celui-ci. — Tope ! Il est fâcheux que nous n'ayons pas de cartes ici.

A ce moment Wilhem entra.

Il était encore plus abattu qu'à son départ.

— Messieurs, dit-il, mon pauvre frère souffre encore davantage ; de grâce, dites-moi ce que vous pouvez avoir imaginé pour le soulager.

— Monsieur Wilhem, dit un des deux médecins, après avoir examiné attentivement, et avec les lumières que peuvent nous donner la science et l'expérience d'une longue pratique, nous avons décidé qu'il fallait faire boire à votre frère une infusion de cochléaria. — Dans laquelle, dit l'autre, vous mettrez trois gouttes de laudanum. — Voici le laudanum et le cochléaria. — Vous pensez donc, messieurs, que cela le soulagera ? — Sans aucun doute.

Wilhem paya les médecins nomades, et se hâta de préparer leur ordonnance, puis de la faire prendre à son frère ; elle ne produisit aucun résultat, et Richard laissait échapper des cris aigus. Wilhem, de désespoir, se frappait la tête contre la muraille.

— Mon Dieu ! disait-il, ayez pitié de mon pauvre frère,

ayez pitié de moi ; ne m'enlevez pas mon bon, mon seul ami, lui qui a protégé mon enfance, m'a nourri, m'a élevé comme aurait fait une mère. Mon Dieu ! ayez pitié de lui, donnez-moi la moitié de ses souffrances, il en a plus qu'un homme n'en peut porter ; ou, s'il vous faut accabler une pauvre créature, donnez-moi ses douleurs tout entières, je les supporterai pour qu'il ait un moment de sommeil.

— O mon frère ! mon Richard, que veux-tu ? Oh ! si mon sang pouvait te soulager ! Ne te désespère pas, Richard ; il est impossible que Dieu n'ait pas pitié de nous.—Wilhem, dit Richard, où est ma femme ? — Je l'ai forcée de prendre un peu de repos. La pauvre femme a les yeux brûlés par les veilles. — Et toi aussi, mon pauvre Wilhem, tu dois être bien fatigué. Et Richard s'efforça d'étouffer un cri. — Comment, se dit Wilhem, Dieu ne m'entend pas ; les cris de douleur de ce malheureux et les cris de mon cœur n'arrivent pas jusqu'à lui ! Je ne puis résister davantage, je ne puis le voir souffrir. Que faire, qu'inventer ? J'ai fait brûler des cierges dans l'église ; chaque jour on dit une messe. Tous les médecins, à dix lieues à la ronde, le sont venus visiter depuis trois semaines qu'il est sur son lit sans un instant de sommeil. Dieu est-il donc notre père !

Et comme Richard souffrait toujours, Wilhem parut frappé d'une idée soudaine. Attends, mon Richard, dit-il, attends une heure seulement, et si je n'apporte pas un remède à tes douleurs, je tuerai toi, et moi, et ta femme, car c'est trop souffrir ; attends-moi. Il serra la main froide de Richard et s'élança dehors au milieu du vent et des éclairs qui sillonnaient l'air à de courts intervalles.

Il alla prendre son bateau, et se mit au courant. En passant près du *trou de Bingen*, ce tourbillon si redouté dont nous avons parlé plus haut, il allait, comme de coutume, faire une courte prière, d'autant que le vent soulevait les vagues plus que de coutume, et que ses sifflements, la lueur des éclairs et les éclats de la foudre qui déchirait les nuées, tout répandait dans l'âme une terreur mystique; mais il était arrivé à ce point de désespoir, à ce point où l'on brave tout, parce qu'on croit avoir épuisé le malheur. — Et d'ailleurs, se dit-il, pourquoi prierais-je Dieu, qui ne veut pas soulager mon frère? Il ne m'entend pas, et ce n'est plus en lui que j'espère: ce qu'il ne veut pas m'accorder, je vais aller le demander au diable; c'est lui seul que j'invoque, puisque Dieu m'abandonne. — En ce moment, un éclair brilla, la foudre presque aussitôt fit un bruit horrible au-dessus de sa tête; la nuée était proche, il crut un moment que Dieu allait le punir de ses blasphèmes, mais son bateau passa entre les écueils malgré l'obscurité et le vent. — Au reste, dit-il, pourquoi Dieu entendrait-il nos blasphèmes, puisqu'il n'entend pas nos prières? Le diable est d'un bon secours; en l'invoquant j'ai passé le *Bingerloch*, où tant d'autres ont péri en implorant le secours de Dieu.

Et tout en suivant le cours de l'eau:

II

— Il est bien connu dans le pays que Henry, qui est allé s'établir à Mayence, n'est devenu si riche qu'en se donnant au diable, au carrefour de la forêt. Je sais que beaucoup sont incrédules, et soutiennent qu'on aurait beau appeler le diable pendant cent nuits de suite à tous les carrefours de toutes les forêts, il ne vous entendrait pas. Cependant, ce n'est pas une raison de ne pas croire les choses parce qu'on ne les comprend pas; nous croyons bien au soleil, que personne ne comprend ; mais c'est un crime horrible que de se vendre au diable, et je frémis à la pensée de lui appartenir, quand je songe à tout ce qu'on dit des peines de l'enfer. Mais, mon frère, mon pauvre frère qui, lorsque j'étais enfant, travaillait pour me nourrir! encore en ce moment il souffre, il crie; il faut le soulager à quelque prix que ce soit, et, d'ailleurs, Dieu aura peut-être pitié de moi en voyant la cause qui me fait agir.

Quel horrible tempête! continua-t-il, serait-ce un avertissement du ciel? Bah! il s'occupe bien de nous, le ciel qui laisse souffrir le meilleur des hommes!

A ce moment, il aborda, amarra son bateau aux racines d'un vieux saule.

— Pourvu que je retrouve l'endroit ; on me l'a cependant montré bien des fois.

A la lueur des éclairs, il pénétra dans la forêt, et, après bien des détours, arriva à un point d'où partaient trois chemins. — C'est ici, dit-il. Et il s'appuya contre un arbre.

Ses cheveux étaient dressés sur sa tête ; tous ses muscles étaient horriblement tendus.

Le vent qui s'engouffrait sous les arbres, les éclairs qui jetaient de temps à autre une lueur bleuâtre, tout augmentait sa terreur.

Il chercha dans sa tête la formule qu'on lui avait indiquée, et dont s'était, disait-on, servi Henry le Riche.

Au moment de la prononcer, il hésita. Puis : — Allons ! c'est un moment de plus que souffre mon pauvre frère ; il arrivera ce qui pourra. Et, à haute voix, il dit trois fois : Monseigneur le Diable ! je vous donne à présent et à tout jamais ma main gauche, si vous rendez la santé à mon frère.

Puis, avec accablement : C'est fini ! Alors il tomba sur la mousse humide, et se prit à pleurer.

Ensuite, sans rien dire, sans penser presque, tant il était écrasé et anéanti, il alla rejoindre son bateau. En passant le *Bingerloch*, l'aviron qu'il tenait de la main gauche se brisa contre un roc. Il ne douta plus que le diable n'eût accepté son offrande ; il frissonna, et cependant se hâta de regagner la maison.

Il trouva Richard endormi.

Voici ce qui était arrivé :

Dans son trouble, Wilhem avait en sortant mal fermé la porte ; le vent l'avait ouverte avec violence, et le bruit qu'elle faisait, joint au vent qui venait jusqu'à lui, devinrent tout à fait insupportables à Richard ; il appela, mais inutilement. Enfin il essaya de se lever ; mais sa faiblesse était telle que, arrivé à la porte, il se laissa lourdement tomber ; en même temps, il vomit du sang ; l'abcès, cause de sa douleur, venait de crever ; il ne sentit plus qu'une véhémente envie de dormir, se traîna jusqu'à son lit, et tomba dans un profond sommeil.

Quand Wilhem vit son frère endormi : — Allons, dit-il, mon frère est guéri, et moi, je suis damné !

Il passa le reste de la nuit sans dormir; le matin, vaincu par la fatigue, il céda au sommeil; puis, se réveilla en sursaut en criant : — Mon Dieu, ayez pitié de moi ! — Il avait songé que le diable l'entraînait dans les entrailles de la terre.

Une semaine après, Richard avait repris ses travaux ordinaires. Le bonheur et la douce paix reparurent dans la cabane du pêcheur. Wilhem lui-même, qui, pendant quelque temps, avait paru sombre et taciturne, avait repris sa bonne humeur; seulement, le moindre incident qui pouvait lui rappeler cette nuit funeste le rendait morne et silencieux pendant plusieurs jours, et son imagination frappée trouvait à chaque instant des prétextes à d'invincibles terreurs. Il eût tué mille hommes de sa main droite et incendié tout son village, qu'il eût considéré cela comme un accident ordinaire; mais s'il lui arrivait de briser un vase de terre qu'il tenait de la main gauche, il lui semblait que le diable se servait de cette main qui était devenue sa propriété. Joignez à cela que la maladresse ordinaire de la main gauche était encore fort augmentée chez lui par la répugnance qu'il avait à s'en servir, et qu'il ne touchait rien de cette main sans le briser ou le laisser tomber.

Le dimanche, à l'église, il tenait cette main cachée sous sa veste, et souvent, agenouillé sur la pierre, il pleurait amèrement en demandant pardon à Dieu. Personne ne comprenait un tel excès de piété, et Wilhem ne répondait à aucune question. Une nuit d'orage l'empêchait de dormir, et il la passait en prières; il n'osait non plus passer sur le trou de Bingen, qu'il avait franchi deux fois en invoquant le diable.

Richard souvent et sa femme, qui était devenue mère, s'inquiétaient de la situation de Wilhem, et lui en faisaient quelquefois de doux reproches. Ces marques d'affection rendaient du calme à son esprit, et il était heureux et tranquille jusqu'au moment où un accident nouveau lui rendait trop présent le souvenir de la nuit fatale où il s'était donné au diable.

III

Il arriva qu'un sentiment qui lui remplit tout le cœur vint le distraire de ses sombres pensées. Il devint amoureux d'une jeune fille douce et belle; tout à son amour, il ne songea plus au diable, et ne s'occupa que de sa jolie Claire. Richard et sa femme se réjouissaient de le voir heureux, car c'était tout ce qui manquait à leur bonheur.

La veille du mariage, Wilhem et Claire s'étaient assis sous les branches de quelques saules qui bordaient la rive, le soleil descendait à l'horizon sous des nuages sombres, et ses rayons leur faisaient une belle frange d'or et de pourpre.

A cette heure de silence et de recueillement, les deux amants parlaient de l'avenir, et se regardaient; le lieu et l'heure donnaient à leurs pensées, à leurs paroles, à leurs regards, quelque chose de solennel et de sacré.

— Mon Wilhem, dit Claire de sa douce voix, il faut que je te quitte : mon père serait inquiet; et vois, les nuages de l'horizon montent en vapeur noire, l'eau s'agite sans qu'il fasse de vent, les feuilles frissonnent, et les oiseaux s'enfuient; il va y avoir un orage : à demain. — En disant ces mots, elle ôta de son doigt une petite bague d'argent. — Tiens, lui dit-elle, c'est la bague de ma mère; ce sera mon anneau de mariage; tu me le donneras demain, mais porte-le tout le reste du jour et toute la nuit. — Wilhem lui donna un baiser sur le front et, par habitude, tendit la main droite pour que la jeune fille lui passât l'anneau au doigt. — Non, non, Wilhem, dit-elle, à la main gauche, c'est celle du cœur, c'est celle où l'on met l'anneau de mariage.

Wilhem frémit, et retira la main qu'elle attirait à elle.

— Non, non, dit-il, je ne veux pas, pas à cette main, au nom du ciel! pas à cette main.—Tu m'effrayes, Wilhem, tes yeux semblent s'élancer de ta tête.

Et Wilhem s'enfuit, courant comme un fou.

Il passa près de Richard.

— Où vas-tu? lui dit Richard, tu cours comme si le diable t'emportais. — Eh! dit Wilhem, qui te dit que le diable ne m'emporte pas?

Claire, inquiète, rentra chez son père, puis alla trouver Richard et sa femme; elle leur raconta ce qui était arrivé. Tous trois se perdirent en conjectures.

Wilhem ne rentra pas souper; cependant le souper devait être gai, c'était l'anniversaire de la guérison de Richard.

Quand il fut hors de la vue de Claire et de son frère, Wilhem s'arrêta : — Oh! non, dit-il, je ne lui ferai pas partager mon sort, elle ne sera pas la femme d'un homme qui s'est vendu au diable.

Il se mit à pleurer en songeant à tout ce qu'il perdait de bonheur; puis il se jeta à deux genoux sur le sable, et pria.

Mais l'orage grondait, les éclairs brillaient; il se rappela la nuit funeste : il y avait juste un an, jour pour jour. Alors sa tête se perdit; il lui sembla sentir dans sa main une chaleur dévorante, il monta dans son bateau et le mit au courant. Quand il approcha du *Bingerloch*, il frémit de ne pouvoir arriver jusqu'à la forêt. Il n'osa implorer ni Dieu ni le diable; il passa heureusement, et chemin faisant il craignait que chaque éclair ne fût la foudre qui allait le frapper, que chaque vague ne dût l'engloutir avant qu'il eût expié son crime, ainsi que sa folie lui en avait suggéré l'idée.

Arrivé au bord, il remercia Dieu, puis marcha du pas saccadé d'un homme qui a la fièvre, et parcourut les sinuosités de la forêt jusqu'au moment où il retrouva le carrefour.

Il se mit encore à genoux et implora le secours de Dieu.

Le vent brisait les arbres et ébranlait jusque dans leurs racines les chênes les plus robustes.

Il ôta sa veste, releva jusqu'au coude les manches de sa chemise, et s'écria trois fois :

— Monseigneur le Diable! je t'ai donné ma main gauche; la voici, viens la prendre.

Et à la troisième fois, plaçant sa main gauche sur un tronc brisé, d'un coup de sa hache de batelier qu'il avait apportée, il se coupa le poignet, puis s'enfuit, soutenu par la violence de la fièvre, laissant près de l'arbre sa hache et sa main.

Il entra dans son bateau; sa fièvre était telle qu'il eut la force de ramer en suivant la côte de la seule main qui lui restait.

Quand il fut près du trou de Bingen, les forces lui manquèrent; il se jeta à genoux en implorant l'aide de Dieu.

Le lendemain, Richard, en allant à la pêche, trouva le cadavre mutilé de son frère retenu entre les pointes de deux roches aiguës.

DE BAS EN HAUT

PROBVERBE

Au comte de Salvandy

PERSONNAGES.

Le comte DE GAFREVILLE, issu d'une très-ancienne noblesse, à peu près ruiné, sollicitant en vain à la cour quelque place ou quelque faveur qui rétablisse ses affaires.

M. LEGROS DES AULNAIES, ancien marchand qui, après avoir fait une première fortune dans un commerce de mélasse en Amérique, s'est installé à Paris, où il en a gagné une seconde en faisant des affaires. Il cache soigneusement la source de sa première fortune, ce qui n'empêche pas que tout le monde la connaît, et prend déjà presque à son insu des mesures pour dissimuler, quand il en sera temps, l'origine de la seconde. Il a à son service des gens de couleur, par habitude, mais pas de ceux qui l'ont connu marchand. Il s'appelle Legros, et ajoute à ce nom celui de des Aulnaies, depuis qu'il a acheté à la criée une portion d'un bois appelé les Aulnaies, qu'il a fait défricher, dont il a vendu les bosquets, l'ombre, le mystère au stère, à la corde et en cotrets, après quoi il a revendu le sol avec de grands bénéfices.

M. PETIT, commis de M. Legros des Aulnaies, fils d'un employé au ministère des finances. Le jeune homme a de l'ambition, il élève secrètement ses vues jusqu'à la fille de son patron; mais comme ça peut être long, et comme d'ailleurs la demoiselle n'est pas jolie, il courtise un peu Virginie, pour le mauvais motif.

Mlle EUPHÉMIE LEGROS signe les billets à ses amies Euphémie L. des Aulnaies. Celles-ci se moquent parfois entre elles de cette prétention ; mais cependant, vis-à-vis de personnes en dehors de leurs relations habituelles, elles ont soin de dire avec une emphase déguisée : J'étais hier avec mon amie Mlle Euphémie des Aulnaies. D'ailleurs elles lui pardonnent bien des choses en faveur de son manque de beauté. Les femmes aiment l'amour de tout le monde, mais il y a des personnes qu'elles n'aiment pas. Mlle des Aulnaies reçoit les vers de M. André Petit, comme les immortels hument l'encens des vulgaires humains. Fille prudente, elle ne lui répond pas par écrit. La personne du jeune homme ne lui déplaît même pas plus qu'une autre ; mais un pareil mariage ne pourrait tout au plus que lui faire plaisir et ne ferait aucun chagrin à ses amies. Elle n'y songe donc pas ; cependant elle serait fâchée que M. André ne lui fît pas la cour, et au besoin elle laisse entrevoir quelques espérances, seulement pour ne pas le décourager tout à fait.

VIRGINIE ROLLAND, femme de chambre de Mlle Euphémie des Aulnaies. Jolie fille appartenant à une famille de cultivateurs qui ont un peu de bien ; elle se trompe sur les intentions de M. André.

EUSÈBE, mulâtre, valet de chambre de M. Legros des Aulnaies, amoureux de Virginie.

APOLLON, nègre, domestique de M. Legros des Aulnaies.

Deux MENDIANTS.

La scène se passe chez M. Legros. — M. Legros est dans son cabinet, à son bureau ; il y a dans la cheminée un feu presque assoupi, mais on est au mois de mars, la matinée est belle, il fait du soleil. Une large fenêtre permet de voir dans le jardin.

SCÈNE I.

LEGROS seul, une lettre décachetée à la main.

Voici un horrible malheur ! deux hommes tués ! qui va produire à la Bourse une fameuse baisse sur les actions de cette compagnie ; le soin que j'ai eu d'en envoyer à un journal le récit amplifié et exagéré, vingt hommes morts ! ne nuira pas à cette baisse, et comme les vraies nouvelles, qui n'arriveront que ce soir, démontreront l'exagération des premières, il y aura un mouvement en sens contraire. Il s'agit donc de vendre aujourd'hui à la Bourse, et de racheter ce soir dans la coulisse. Si ce malheur, cet excellent malheur ne me rapporte pas cent mille écus d'ici à vingt-quatre heures, je ne saurai plus à quoi me fier. Ah! voilà ce que j'appelle des opérations! Dire que j'ai niaisement gaspillé la meilleure moitié de ma vie à faire une maigre fortune dans un commerce à peu près honnête et tout à fait naïf! *(Entre Eusèbe.)*

SCÈNE II.

LEGROS, EUSÈBE.

EUSÈBE. — Monsieur le comte de Gafreville demande s'il peut avoir le plaisir de voir monsieur.

LEGROS. — Le comte de Gafreville... lui-même en personne... ici! oui certes! Mais donne-moi mon habit noir. Je ne puis le recevoir en robe de chambre. Ah bien oui! mais j'ai aussi des pantoufles et un pantalon à pieds. Il me faudrait un quart d'heure! prie M. le comte d'entrer.
(Eusèbe sort. — Legros, très-ému, réveille son feu, jette dedans plusieurs morceaux de bois, approche deux fauteuils de la cheminée, ouvre brusquement sa bibliothèque, prend, comme s'il lisait, un livre relié en maroquin, et le met au coin de la cheminée. — Eusèbe annonce M. le comte de Gafreville. — Legros va au-devant de lui, après avoir posé son livre.)

SCENE III.

LE COMTE, LEGROS.

LEGROS. — Vous m'excuserez, monsieur le comte, si je vous reçois dans ce costume; certes, si j'avais pensé avoir l'honneur...

LE COMTE. — Vous plaisantez; est-ce que je ne suis pas moi-même en bottes et en lévite, en chenille, comme nous disions autrefois? Vous êtes parfaitement bien, mon cher monsieur.

(*Legros fait asseoir M. de Gafreville et jette encore du bois au feu.*)

LE COMTE. — Vous êtes venu chez moi hier au soir; j'étais allé au château; il y avait un siècle que je n'y avais paru, et le roi avait eu la bonté de le remarquer; il m'a dit aussitôt qu'il m'a vu : « Eh bien! comte Gafreville, revenez-vous de la terre sainte, que l'on ne vous a pas vu cette semaine? » La vérité est que je boude la cour. Le roi, il est vrai, me donne en paroles toutes sortes de témoignages d'estime, je dirai même d'amitié. Ce mot est permis à une famille comme la mienne. François Ier disait : « Roi, prince ou marquis, nous sommes tous gentilshommes. » Ma famille est aussi ancienne que celle des rois..., et si je n'y compte pas de têtes couronnées, je n'y compte ni fous ni criminels. Je m'anime un peu. (*Legros met du bois au feu.*) Mais il est dur de voir le descendant d'une famille qui a été si longtemps l'appui du trône ne pas obtenir le moindre gouvernement pour rétablir ses affaires. J'en ai demandé un, et le ministre m'a répondu naïvement qu'il n'y avait plus de gouvernement de province. Et à qui la faute? ai-je répondu. (*Il fait si chaud que le comte s'éloigne un peu de la cheminée. Legros craint qu'il n'ait froid à cette distance et met du bois au feu.*) Mais, mon cher monsieur, ne mettez donc plus de bois au feu ; si vous aimez vos amis, on peut dire que vous les aimez rôtis. Je répondis donc au ministre : « A qui la faute? Comment, la royauté qui se laisse tout prendre a-t-elle abandonné le droit de récompenser sa fidèle noblesse d'une façon qui ne lui coûtait rien, et qui était tout à la charge des provinces? Le roi ne pense pas qu'en abandonnant ses droits il abandonne aussi les nôtres? Le roi est un gentilhomme comme nous, le roi est un d'entre nous qui exerce les fonctions de roi. Voilà toute la différence. Avec quelle bonne grâce François Ier, le roi chevalier, ne cherchait-il pas toutes les occasions de traiter sa noblesse sur le pied de l'égalité! Les flatteurs corrompent les rois, et finissent par leur faire croire qu'ils sont d'une autre pâte que le reste des hommes. » Mais brisons là. Vous êtes venu me voir hier soir pour causer de l'affaire dont nous avons déjà parlé.

LEGROS. — Le mariage de nos enfants.

LE COMTE. — Oui, l'union projetée entre mon fils le vicomte et mademoiselle Legros. Sur les affaires d'argent nous sommes à peu près d'accord.

LEGROS. — C'est-à-dire que je fais ce que vous voulez, que je donne tout.

LE COMTE. — Quand mon fils donne toute sa noblesse, il eût été au moins singulier de vous voir hésiter à donner tout votre argent. D'ailleurs il ne convenait ni à mon fils ni à moi de nous occuper d'articles par centaines, comme des procureurs. De cette façon, il n'y a qu'un article. Nous sommes donc d'accord sur ce point. Mais il en est quelques autres que j'ai voulu traiter avec vous, et c'est pour cela que je suis venu vous voir sans façon.

LEGROS. — C'est beaucoup d'honneur que vous me faites.

LE COMTE. — Mon fils demeurera chez moi avec sa femme; de temps en temps nous ferons un bon petit dîner de famille, un dîner bourgeois. Ce jour-là nous serons entre nous, comme de bons amis.

LEGROS. — Vous êtes bien bon.

LE COMTE. — Vous avez vos habitudes, nous avons les nôtres. Il y a dans notre classe des gens qui ne sauraient pas comme nous apprécier tout ce que vous et madame Legros possédez de qualités solides, de vertus respectables. Qualités et vertus bien supérieures, sans contredit, à des manières plus ou moins recherchées et à une naissance plus ou moins... illustre. Nous savons tout cela, nous; mais il y a dans nos relations, dans notre famille même, des gens fort entichés de notre noblesse, une des plus anciennes de France, il est vrai; des gens qui n'ont pas marché avec le siècle, qui ont gardé certains préjugés. On ne peut se brouiller avec sa famille; et comme, d'autre part, je ne souffrirais pas que quiconque... fût-ce mon cousin le prince-évêque, ou mon oncle le duc... manquassent d'égards envers vous et envers madame Legros....

LEGROS. — C'est-à-dire que vous nous verrez à huis clos, en cachette.

LE COMTE. — Non, en bonne fortune.

LEGROS. — Eh bien, monsieur le comte, il y a quelque chose de plus simple. Madame Legros des Aulnaies et moi, nous n'allons qu'où l'on nous désire et où l'on ne nous cache pas. Nous n'irons pas chez vous. Notre fille viendra nous voir, votre fils sera le bien reçu quand il l'accompagnera.

LE COMTE. — Allons, le voilà parti... Mais non, la comtesse et moi nous ne renonçons pas au plaisir de vous voir ; ce que j'en dis, c'est pour vous. D'ailleurs votre fille ne pourrait pas venir vous voir bien souvent ; elle va avoir de nouveaux devoirs, de nouveaux usages à apprendre, à exercer... La nature également lui imposera des soins précieux... A ce sujet, j'ai quelques observations à vous faire. Il faudra baptiser les enfants.

LEGROS. — Monsieur le comte pense-t-il que nous ne sommes pas chrétiens ? c'est bien assez déjà qu'il ait l'air de nous prendre pour des gens mal élevés.

LE COMTE. — Pas du tout, mon cher ; c'est, au contraire, de la mauvaise éducation des miens que j'ai montré de la défiance. On baptisera les enfants. Il faudra leur donner des noms.

LEGROS. — Parbleu ! ceux du parrain et de la marraine.

LE COMTE. — Non, il y a dans notre famille des noms consacrés. L'aîné des mâles s'est de tout temps appelé Raymond, et l'aînée des filles Hildegarde.

LEGROS. — Alors, monsieur le comte, vous vous appelez Raymond ?

LE COMTE. — Oui certes.

LEGROS. — Eh bien, alors, il n'y a pas besoin de se tourmenter. Vous serez, selon l'usage, parrain du premier mâle, et madame Legros sera la marraine, et vous lui donnerez votre nom de Raymond.

LE COMTE. — Pardon... de quel usage parlez-vous?

LEGROS. — Quand je dis l'usage... c'est peut-être beaucoup dire... seulement, j'ai vu *souvent* les ascendants des deux familles tenir le premier enfant sur les fonts baptismaux.

LE COMTE. — Ah... oui... très-bien.... c'est un usage... très-patriarcal... cela a du bon. Je ne connaissais pas cet usage-là. C'est bourgeois; mais, je le répète, ça a du bon. Mais ici le cas est... différent... Ça ne se pourra pas, j'ai déjà choisi le parrain et la marraine; ce sera mon oncle le duc et ma cousine la comtesse douairière de Selville.

LEGROS. — Monsieur le comte a-t-il encore quelques observations à faire?

LE COMTE. — Oui... à propos des enfants. Je me chargerai de leur éducation ; on les amènera vous voir de temps à autre, pas trop souvent... parce que... je ne sais comment vous dire cela... vous êtes d'une vivacité... Il sera nécessaire qu'ils prennent certaines manières... Je ne dis pas que les vôtres ne soient excellentes, ainsi que celles de madame Legros... A propos, que signifie donc ce nom de des Aulnaies que j'ai vu sur votre carte?

LEGROS. — C'est un nom de terre.

LE COMTE. — Cette terre a-t-elle, par lettres du roi, été érigée en marquisat, en comté, en baronnie, en quelque chose enfin?

LEGROS. — Non.

LE COMTE. — Je le pensais. Alors ce *de* fait de l'effet aux bourgeois, qui croient que c'est un signe de noblesse. Nigauds, que rien n'empêche de le prendre si ça leur fait plaisir. Regardez ce que c'est que les préjugés ; vous et moi, nous en rions ! mais le vulgaire ? Sans ce nom de *des Aulnaies*, qui pour vous et pour moi n'indique pas plus la noblesse que votre vrai nom de Legros, l'affaire était impossible, il n'y aurait pas eu moyen d'envoyer des lettres de faire part du mariage de M. le vicomte Raymond de Gafreville avec mademoiselle Legros ; tandis que mademoiselle Euphémie, je crois ?...

LEGROS. — Oui.

LE COMTE. — Qui a trouvé le nom d'Euphémie ? ça n'est pas trop bourgeois.

LEGROS. — C'est le nom de ma mère.

LE COMTE. — Oh ! mon Dieu ! il y a du bon goût partout. Je disais donc que mademoiselle Euphémie des Aulnaies, ça pourra passer... à peu près. Les nôtres sauront à quoi s'en tenir, mais l'honneur de la famille sera sauf aux yeux des bourgeois. On répandra que la terre des Aulnaies a été érigée en baronnie, que c'est de la noblesse de l'empire.

LEGROS. — Est-ce tout, monsieur le comte ?

LE COMTE. — Non, je disais quelque chose... vous m'avez interrompu. Ah ! j'y suis. Je disais donc que, madame Legros et vous, vous avez des manières, selon moi, excellentes, pleines de franchise, de rondeur, de bonhomie, là, des manières de braves gens tout à fait ; des manières comme je les aime, qui sont l'indice d'un bon cœur ; mais les enfants du vicomte de Gafreville, destinés à vivre dans un certain monde, à aller un jour à la cour, auront besoin...

LEGROS. — Je comprends... Monsieur le comte craint que les enfants de mademoiselle Legros n'aient les manières de leur grand-père... Mais comment ferez-vous pour qu'ils ne prennent pas les manières de leur mère, qui a dû prendre un peu des nôtres? La séparerez-vous de ses enfants?

LE COMTE. — Oh! les femmes prennent si vite les manières de leur situation! Je gage, en six mois, faire une duchesse présentable d'une grisette; avant trois mois, vous ne reconnaîtrez plus votre fille.

LEGROS. — Est-ce là tout, monsieur le comte?

LE COMTE. — Oui... si j'oublie quelque chose, c'est que c'est peu important, et nous avons tout le temps d'en causer.

LEGROS. — A mon tour, donc, monsieur le comte, j'avais très-envie de voir ma fille vicomtesse; j'en avais assez envie pour vouloir y mettre le prix, en argent; mais les humiliations sont de trop; et, tout bien considéré, c'est trop cher. Ma fille ne sera pas vicomtesse.

LE COMTE. — Quand je disais que cet homme est fait de salpêtre.

LEGROS. — Et moi aussi, j'ai une noblesse. Une fortune acquise honnêtement dans l'industrie et le maniement d'affaires utiles à mon pays est aussi une noblesse.

LE COMTE. — Personne n'en est plus convaincu que moi; aussi ce que je vous dis est pour... les autres.

LEGROS. — Et cette noblesse-là, monsieur le comte, je la mets au-dessus de celle des parchemins, qui, entre nous, est passée de mode.

LE COMTE. — Vous ne dites pas ce que vous pensez, mon cher, vous qui consentez à vous dépouiller pour vous insinuer dans cette noblesse de parchemin, à laquelle je vous engage à témoigner plus de respect, membre que vous êtes de la noblesse de sacoche! Ces talons-rouges de comptoir sont étranges! Monsieur Legros, oublions tous les deux l'affaire dont j'avais eu la faiblesse de consentir à entendre parler.

LEGROS. — Volontiers, monsieur le comte; rappelez-vous seulement une chose.

LE COMTE. — Laquelle?

LEGROS. — C'est que c'est moi qui vous ai refusé.

LE COMTE. — Adieu, monsieur Legros.

LEGROS. — Je ne vous reconduis pas.

LE COMTE. — Je le vois bien, et ce n'est pas ce que vous faites de mieux; mais j'y trouve mon compte.

SCÈNE IV.

LEGROS seul.

Non, non, vous n'aurez pas ma fille, et surtout vous n'aurez pas la dot de ma fille. Madame Legros va m'en vouloir; elle aurait accédé à tout pour voir sa fille vicomtesse, mais moi! On dirait que ces gens-là se croient d'une autre espèce que nous; s'il y a deux espèces, ils sont de la mauvaise. J'ai voulu l'entendre jusqu'au bout. La noblesse! avantage donné par le hasard! Je voudrais bien savoir si leurs ancêtres, dont ils sont si orgueilleux, seraient, de leur côté, bien fiers de les avoir pour descendants. Absurde préjugé! Oh! il avait bien raison, celui qui a dit :

Les mortels sont égaux, ce n'est pas la naissance,
C'est la seule vertu qui fait la différence.

(*En prononçant ces paroles, Legros, fort agité et drapé no-*

blement dans sa robe de chambre, se promène à grands pas; il reprend sur la cheminée le volume qu'il avait fait semblant de lire; il hausse les épaules de sa propre faiblesse; il prend le livre, l'essuie avec sa manche, souffle sur la tranche dorée pour enlever la poussière, le remet dans la bibliothèque, qu'il ferme à double tour et dont il ôte la clef. Il revient des esprits dans les bibliothèques, et bien des gens en ont peur!)

(*Il marche encore en répétant dix fois :*)

Les mortels sont égaux, ce n'est pas la naissance,
C'est la seule vertu qui fait la différence.

(*Il s'arrête à la fenêtre qui donne sur le jardin, et joue avec ses doigts* la Marseillaise *sur les vitres; tout à coup il suspend l'hymne.*)

Eh mon Dieu! qu'est-ce que je vois? Euphémie dans le jardin! Elle se promène avec M. Petit. Réellement ce M. Petit perd son temps comme s'il était à lui, comme si je ne le lui payais pas. Quatre-vingts francs par mois pour se promener au soleil avec ma fille dans le jardin! Je trouverais à meilleur marché.

(*Il sonne. — Eusèbe entre.*)

Eusèbe, appelez-moi M. Petit.

(*Eusèbe sort.*)

Mais que diable fait ma fille au jardin ce matin? Elle ne sortait pas d'ordinaire de sa chambre avant le déjeuner. C'est mon temps qu'il perd, puisque je le lui achète, et le temps, disent tous les proverbes, c'est le bien le plus précieux; donc il me vole. (*Entre Petit.*)

SCÈNE V.

LEGROS, ANDRÉ PETIT.

LEGROS. — Vous voilà, monsieur !

PETIT. — Oui, monsieur.

LEGROS. — Monsieur, vous êtes entré chez moi au prix de quatre-vingts francs par mois. Pourquoi faire?

PETIT. — Monsieur, j'ai eu l'honneur d'entrer chez vous en qualité de commis et de secrétaire.

LEGROS. — Votre prédécesseur ne recevait que soixante-dix francs; à ce titre et à quelques autres, je pense avoir droit à de l'exactitude de votre part.

PETIT. — Dites, monsieur, à du zèle, à du dévouement au dévouement le plus absolu.

LEGROS. — Très-bien, monsieur. Je ne sais si c'est pour faire preuve de ce dévouement que vous vous promenez au jardin au lieu d'être dans votre bureau; mais, à coup sûr, cela ne fait pas preuve d'exactitude à remplir vos devoirs.

PETIT. — Je rendais compte à mademoiselle d'une commission qu'elle avait bien voulu me confier.

LEGROS. — Que vous fassiez les commissions de ma fille, rien de mieux; mais elles ne doivent pas vous empêcher de remplir vos fonctions.

PETIT. — Tenez, monsieur, je viens de vous faire un mensonge.

LEGROS. — Hein?

PETIT. — Mademoiselle ne m'avait pas donné de commission.

LEGROS. — Que faisiez-vous alors dans le jardin?

4.

PETIT. — Je suis tout tremblant ; mais autant aujourd'hui qu'un autre jour, puisqu'il faudra bien que je vous le dise.

LEGROS. — Qu'est-ce?

PETIT. — Au moment de parler, ma langue se glace.

LEGROS. — Ah çà! monsieur...

PETIT. — Ah! monsieur, soyez mon second père.

LEGROS. — Qu'est-ce que ça veut dire?

PETIT. — Mademoiselle Euphémie...

LEGROS. — Eh bien?

PETIT. — Eh bien! je l'aime, je l'adore...

LEGROS. — Ah, mon Dieu!...

PETIT. — Je serai pour vous un fils respectueux, dévoué.

LEGROS. — Monsieur Petit, vous vous oubliez...

PETIT. — Je suis jeune et sans fortune ; mais, avec votre appui et vos conseils, je parviendrai. D'ailleurs, un dévouement sans bornes à vos intérêts sera le prix de vos bienfaits. Vos affaires seront les miennes.

LEGROS. — Il n'est pas dégoûté... Monsieur Petit, parlons sérieusement : si je comprends bien vos paroles incohérentes, vous me proposez de vous donner ma fille en mariage?

PETIT. — Oui, monsieur, et croyez...

LEGROS. — Trêve de phrases. Je vais vous montrer une grande indulgence.

(*Petit se précipite sur la main de Legros comme s'il voulait la baiser, Legros l'arrête d'un geste superbe.*)

LEGROS. — Je vais vous montrer une grande indulgence... Je ne vous chasse pas à l'instant même... Vous finirez votre mois, cela vous donnera le temps de chercher une place.

PETIT. — Mais, monsieur...

LEGROS. — Et dans votre nouvelle place, vous ferez bien de montrer moins d'ambition.

PETIT. — Mais, monsieur, je ferai comme vous ; par le travail, par la probité, je deviendrai riche, je...

LEGROS. — Ah ! vous voulez épouser mademoiselle des Aulnaies ! Il y a une demi-heure je la refusais à M. le comte de Gafreville, qui venait en personne me la demander pour son fils... Vous comprenez que ce n'est pas pour la donner au fils d'un employé au ministère des finances. Non, mon cher, mademoiselle des Aulnaies n'est pas destinée à devenir madame Petit.

PETIT. — Monsieur, mon père est un homme honorable...

LEGROS. — Qui vous dit le contraire? Et vous aussi, mon cher, vous êtes un homme honorable ; tout le monde est honorable... Mais, enfin, il y a des classes dans la société... Il y a des rangs... Et c'est là le malheur de ce temps-ci, c'est que tout le monde veut sortir de sa sphère... C'est que tous les moyens sont bons pour arriver à tout... C'est qu'il n'y a pour personne ni moyens trop bas ni ambition trop haute. C'est le tohu-bohu, c'est la confusion !

PETIT. — Monsieur...

LEGROS. — C'est assez, n'en parlons plus. Vous finirez votre mois. Cependant si, pendant les vingt jours que vous avez encore à passer ici, vous vous avisez d'adresser la parole à mademoiselle des Aulnaies, ou seulement de lever les yeux sur elle, il faudra partir cinq minutes après, le temps de rassembler vos plumes et votre canif.

(*Entre Eusèbe.*)

EUSÈBE. — Monsieur, le déjeuner est servi.

LEGROS. — Tenez, monsieur Petit, mettez-vous là, à mon bureau; il y a là dix lettres à copier. Réparez le temps que vous m'avez perdu. Vous me les descendrez après le déjeuner.
(Il sort.)

SCÈNE VI.

ANDRE PETIT.

Ah! mademoiselle Legros n'est pas destinée à devenir madame Petit! Ah! je suis chassé pour avoir seulement pensé à elle! Ce que c'est que les parvenus! Un marchand enrichi! il y a bien de quoi être si fier! une fortune acquise en vendant à faux poids des marchandises sophistiquées! Comme il m'a traité! Quoi! parce que je ne suis pas riche! Je le deviendrai; j'ai de la volonté, de l'intelligence. *(Avec emphase.)* C'est un cœur d'honnête homme qui bat dans ma poitrine, un honnête homme est l'égal de tout le monde. *(Il froisse les lettres à copier et les jette par terre.)* Oui, je deviendrai riche... quand je devrais faire comme les autres. Ah! ça aurait bien abrégé le chemin... que d'épouser la fille d'un millionnaire. Mais, elle m'aime, tout n'est pas perdu, les coups du destin respecteront notre amour; cet amour qui est mon bonheur, qui est ma vie... Gardons ces phrases-là pour lui écrire. Racontons-lui ma douleur en vers touchants. L'amour rapproche les conditions, l'amour rend égaux la bergère et le monarque, l'amour... Ça n'est pas, au fond, que j'en aie beaucoup; cependant je la rendrais heureuse. Elle aime les vers; les femmes aiment les vers, le langage des dieux, faisons des vers. Je me rappelle ma première séduite : j'ai perdu une femme, je lui ai fait tout abandonner, famille, mari, enfants, fortune, avec des vers de quatorze pieds ! (*Il se lève, se place devant la cheminée, se regarde dans la glace, et arrange ses cheveux.*) Quel dédain m'a montré cette sacoche de Legros ! la nature m'a donné de l'esprit et quelques avantages extérieurs, il me semble que cela vaut bien de l'argent. Il ne me croit pas son égal... mais je suis son supérieur. Vil métal ! Allons, faisons des vers à sa fille. (*Il se rassied devant le bureau.* Désespoir. Ça n'est pas mal pour le titre...

(*Entre Virginie un balai et un plumeau à la main.*)

SCÈNE VII.

VIRGINIE, ANDRÉ PETIT.

VIRGINIE. — Quoi ! vous êtes ici, monsieur Petit ?

PETIT. — Et pas pour longtemps, charmante Virginie.

VIRGINIE. — Que voulez-vous dire ?

PETIT. — Que je quitte cette maison à la fin du mois pour n'y jamais rentrer.

VIRGINIE. — On vous a renvoyé ?

PETIT. — Non... pas précisément. Mais monsieur Legros, qui s'en fait accroire, a pris avec moi un ton qui ne me convient pas ; j'ai donné ma démission.

VIRGINIE. — Ah, mon Dieu !

PETIT. — Je remplis mes obligations envers M. des Aulnaies, mais il ne doit pas oublier que, sous le rapport de l'éducation, des manières, je suis au moins son égal, et qu'il me doit les égards qu'on se doit entre hommes comme il faut. Le berger honnête étant mieux que le prince déloyal...

VIRGINIE. — Et vous partez à la fin du mois !

PETIT. — Oui ; je n'ai pas voulu le laisser dans l'embarras.

VIRGINIE. — Écoutez-moi, monsieur Petit. Vous m'avez dit souvent que vous m'aimiez...

PETIT. — Oui, certes, je vous aime, charmante Virginie.

VIRGINIE. — Jusqu'ici j'ai évité de vous répondre, mais ce qui arrive change tout ; moi aussi je vous aime, monsieur Petit. Ma famille est honnête : mon père est cultivateur, il a amassé un peu de bien...

PETIT. — Je n'ai pas besoin de cela pour vous trouver adorable, ma chère Virginie. (*Il veut l'embrasser.*)

VIRGINIE. — Ce n'est pas le moment de plaisanter, monsieur Petit. Parlons sérieusement. Partez d'ici aussitôt que vous le pourrez, je vous donnerai une lettre pour mon père.

PETIT. — Une lettre pour votre père !... mais ne craignez-vous pas qu'il soupçonne...

VIRGINIE. — Que nous nous aimons ?

PETIT. — Oui.

VIRGINIE. — C'est justement ce que je lui dirai dans ma lettre.

PETIT. — Je ne comprends pas.

VIRGINIE. — Comment, vous ne comprenez pas ! Je dirai à mon père que vous m'avez fait la cour.

PETIT. — Mais il se fâchera.

VIRGINIE. — Pas le moins du monde. Je lui dirai toutes les bonnes qualités que j'ai découvertes en vous, je lui dirai que je crois que vous me rendrez heureuse... et... le reste vous regardera... vous parlerez à mon père.

PETIT. — Mais que voulez-vous que je lui dise ?... Il n'est pas d'usage de prendre les pères pour confidents de ces choses-là.

VIRGINIE. — A mon tour, c'est moi qui ne comprends pas. Comment, sans cela, voulez-vous que la chose se fasse ?

PETIT. — Mais quelle chose ?

VIRGINIE. — Jamais je n'irai contre la volonté de mes parents, et d'ailleurs je n'ai que dix-neuf ans.

PETIT. — J'ai un plan qui vaut mieux que cela. Je vous aime, vous m'aimez, je quitte la maison, mais je vais trouver une autre place ; vous sortez le dimanche, eh bien ! vous viendrez me voir tous vos jours de sortie.

VIRGINIE. — Vous aller voir ?... Mais je ne compte pas rester en service une fois mariée.

PETIT. — Comment, une fois mariée ! est-ce que vous allez vous marier ?

VIRGINIE. — Ah çà, monsieur Petit, à quel jeu jouons-nous ?

PETIT *avec emphase*. — Au jeu charmant de l'amour. (*Il veut l'embrasser.*)

VIRGINIE. — Finissez. Vous dites que vous m'aimez : je suis fille, vous êtes garçon, mes parents m'aiment au point de ne rien me refuser ; je vous dis d'aller me demander à mon père ; il me semble que c'est clair.

PETIT. — Mais je vous assure que ça ne l'est pas du tout. Qu'est-ce que vient faire votre père entre nous ?

VIRGINIE. — Je vous l'ai dit, je ne me marierai pas sans le consentement de mon père.

PETIT. — Ah ! ah ! ah ! (*Il a peine à parler tant le rire l'étouffe.*) Ah ! il s'agit d'aller demander votre main à l'auteur de vos jours. Ah ! ma chère enfant, je ne comprenais pas. Fi donc ! enchaîner notre liberté ! mais le mariage tue l'amour. Non, non, ma chère Virginie, pas de pareilles chaînes, n'ayons que des liens de fleurs ! Ah !... elle est bonne.

VIRGINIE. — Eh quoi ! monsieur, vous ne voulez pas m'épouser ?

PETIT. — Mais, ma chère enfant, on n'épouse plus, c'est passé de mode.

VIRGINIE. — Pourquoi alors depuis trois mois me dites-vous sans cesse que vous m'aimez ?

PETIT. — Parce que je t'aime.

VIRGINIE. — Eh bien... alors ?

PETIT. — Eh bien, alors, si vous m'aimez aussi, nous n'avons besoin du consentement de personne pour jouir d'une félicité parfaite.

VIRGINIE. — Eh bien... alors, allez chez mon père.

PETIT. — Ah çà, elle y tient ! Voyons, chère enfant, précisons ce coq-à-l'âne. J'ai à votre disposition de l'amour, autant que vous en voudrez, du plus tendre, de l'amour numéro un, mais je suis ennemi du mariage. Je vous aime, il n'y a qu'une chose au monde que j'aime autant que vous... c'est le célibat. Sérieusement, où avez-vous pris cette idée bouffonne ?

VIRGINIE. — Mais je ne vois pas ce que mon idée a d'extraordinaire.

PETIT. — Allons donc, ma chère petite, vous n'y pensez pas. *(Entre Eusèbe.)*

EUSÈBE. — Monsieur Petit, le patron vous demande dans la salle à manger.

PETIT. — Ah! mon Dieu! et ses lettres! (*Il ramasse les lettres, les replie, les repasse avec sa manche.*) Il faut que je trouve un mensonge en descendant l'escalier. Bah! il y a quarante marches, c'est plus qu'il n'en faut. Ah! cette pauvre Virginie! *(Il sort.)*

EUSÈBE. — Mademoiselle Virginie, j'ai à vous parler; je remonte aussitôt que j'aurai desservi le déjeuner.

(Il sort.)

SCÈNE VIII.

VIRGINIE seule.

Ah! je comprends maintenant; c'est-à-dire que monsieur André Petit se trouve trop grand seigneur pour m'épouser. Monsieur aurait daigné laissé tomber sur moi quelques bontés du haut de sa grandeur! Un commis aux appointements de quatre-vingts francs par mois! c'est-à-dire pas d'appointements, puisqu'on vient de le renvoyer. C'est inouï! parce que ça a deux chiffons de drap qui lui pendent du dos, et que ça a accrochés je ne sais comment à sa veste, ça se croit quelqu'un, ça se croit au-dessus de la fille d'un honnête cultivateur. Comme si une jolie fille, d'une famille honnête n'était pas l'égale de tout le monde!

L'AUTEUR. — Parmi les femmes, les belles sont les nobles et les laides les roturières.

VIRGINIE. — Monsieur André Petit me trouve présomptueuse de vouloir l'épouser... Monsieur le commis... le commis chassé, ne veut pas descendre de son rang ; il a peur de se mésallier. Mais c'est moi qui me serais mésalliée... Ça fait pitié.

(*Entre Eusèbe.*)

SCÈNE IX.

EUSÈBE, VIRGINIE.

EUSÈBE. — Vous êtes bien bonne de m'avoir attendu.

VIRGINIE. — A vous parler franchement, je ne pensais guère à vous et c'est bien sans le faire exprès que je suis restée ici... Il faut que je me dépêche de faire mon ouvrage... (*Pendant le reste de la scène elle balaye, dérange et range les meubles, frotte, essuie, époussète, etc.*)

EUSÈBE. — Est-ce vrai, mademoiselle Virginie, que vous allez épouser Germain ? (*Gros soupir.*)

VIRGINIE. — Qui ça... Germain ? Le valet de chambre de monsieur Raymond ?

EUSÈBE. — Oui.

VIRGINIE. — Qui vous a dit cette bêtise-là... monsieur Eusèbe ?

EUSÈBE. — Quoi ! ce n'est pas vrai... Vous ne l'épousez pas !...

VIRGINIE. — Moi ! épouser monsieur Germain ? un valet de chambre qui n'a que sa place... qu'on peut renvoyer demain, et qui serait sur le pavé... Non ! Dieu merci, je ne suis pas assez folle pour y penser seulement... La ferme de mon père est en partie à lui, et il ne me mariera pas sans me donner une bonne coffrée et une petite dot.

EUSÈBE. — Ah! mademoiselle, avec votre figure on n'a besoin ni de dot ni de coffrée... Eh bien!... je suis bienheureux que ça ne soit pas vrai.

VIRGINIE. — Qu'est-ce que ça peut vous faire... monsieur Eusèbe?

EUSÈBE. — J'ai quelques économies, mademoiselle... J'ai deux mille francs... J'ai de plus un cousin qui m'a promis de m'aider à fonder un petit commerce...

VIRGINIE. — Tant mieux pour vous, monsieur Eusèbe.

EUSÈBE. — Et pour vous aussi, si vous le voulez bien...

VIRGINIE. — Comment cela... monsieur Eusèbe?

EUSÈBE. — En devenant madame Eusèbe, vous seriez la maîtresse absolue de ma personne et de mon petit bien.

VIRGINIE. — Vous n'y pensez pas, monsieur Eusèbe.

EUSÈBE. — Au contraire, j'y pense trop; ça me rend presque idiot... J'ai des distractions, des absences de mémoire... J'oublie tout! et si ça dure, je me ferai mettre à la porte par monsieur des Aulnaies.

VIRGINIE. — Eh bien! si vous y pensez, il faut vous mettre à n'y plus penser.

EUSÈBE. — Pourquoi cela?

VIRGINIE. — Parce que...

L'AUTEUR. — *Parce que* est de toutes les raisons que donnent les femmes celle qu'il est le plus difficile de réfuter... Aussi la donnent-elles souvent.... Quand une femme dit : *Parce que...* c'est qu'elle a sa résolution bien prise...

Si l'on insiste et si l'on en arrache une autre, il est probable que la seconde raison, plus clairement formulée, sera un mensonge... ou au moins une brutalité.

EUSÈBE. — Parce que... n'est pas une raison.

VIRGINIE. — C'en est une si bonne que je n'en donnerai pas d'autre.

EUSÈBE. — Il me semble cependant, mademoiselle, que lorsqu'un honnête homme de votre condition et de votre rang vous fait une proposition honorable, le moins que vous puissiez faire est d'appuyer votre refus d'une bonne raison.

VIRGINIE. — Si je ne dis pas ma raison, c'est parce qu'elle est bonne et que, précisément à cause de cela, cela vous fâcherait.

EUSÈBE. — Dites toujours...

VIRGINIE. — Ma foi, puisque vous êtes entêté, tant pis pour vous, monsieur Eusèbe ; mais je n'épouserai pas un homme de couleur.

EUSÈBE. — Me prenez-vous pour un nègre, mademoiselle ?

VIRGINIE. — Je vous prends pour ce que vous êtes, monsieur Eusèbe. Regardez-vous.

EUSÈBE. — Quoi ! vous me repoussez parce que mon teint est un peu plus coloré que le vôtre ?

VIRGINIE. — Dites beaucoup, monsieur Eusèbe.

EUSÈBE. — Le sang qui coule dans mes veines est rouge comme le vôtre ; mon cœur est aussi bon que le vôtre ; parce que je suis né plus proche du soleil que vous, vous me croyez votre inférieur ; mais les fruits les plus colorés par le soleil sont les meilleurs.

VIRGINIE. — Tout cela est possible, monsieur Eusèbe, mais ce que je vous ai dit est ma pensée; et je vous assure que ce ne serait pas ma pensée, que mon père ne donnerait pas son consentement.

EUSÈBE. — Quoi ! un paysan !

VIRGINIE. — Paysan si vous voulez, mais blanc.

EUSÈBE. — Pas déjà tant !

VIRGINIE. — Au moins il n'a pas de sang de nègre dans les veines ! Adieu.

EUSÈBE seul. — Sotte engeance ! Honnêteté, bon cœur, amour, tout cela ne compte pour rien, parce que je suis mulâtre ! Est-ce bête !

SCÈNE X.

Dans l'antichambre.

EUSÈBE, APOLLON, LE NÈGRE.

APOLLON. (*Il lui frappe sur l'épaule.*) Ah çà ! je vous cherche partout, maître Eusèbe ! Il faut m'aider à débarrasser une charrette de bois, et vite !

EUSÈDE. — Apollon, tu voudras bien ne pas me frapper sur l'épaule, et me parler plus honnêtement, entends-tu ? Que ce soit la dernière fois que je te le dise !

APOLLON. — Je ne vous parle pas malhonnêtement, monsieur Eusèbe, je vous parle comme on parle à un bon camarade.

EUSÈBE. — Nous ne sommes ni bons ni mauvais camarades, Apollon, tu as tes fonctions et j'ai les miennes... Nous ne sommes pas camarades du tout... Si nous n'étions pas en France, tu n'oserais pas me parler comme tu fais...

ou tu ferais connaissance avec un bon rotin. Que je n'aie plus à te le dire, n'oublie plus le respect que tu me dois, mauvais nègre. (*Il sort.*)

SCÈNE XI.

APOLLON seul.

Nègre... nègre... Ils n'ont que cela à dire... On dirait que parce qu'on a la peau noire on n'est pas un homme comme eux... Et ces maudits mulâtres, ils sont plus blancs que les maudits blancs... C'est-à-dire, que quoique nos prêtres disent que le diable est blanc.... je crois plutôt qu'il est mulâtre...: Ce n'était pas tant la peine de nous faire quitter le culte de nos fétiches, de nous baptiser et de nous mettre d'une religion qui prêche l'égalité, pour nous traiter comme on fait.... Nègre! Eh bien! oui, je suis nègre.... J'aime autant cela que d'être mulâtre... Au moins ma mère était la femme de mon père... Tandis qu'eux, presque toujours, ils sont le fruits d'un adultère ou d'un concubinage.... J'aime autant être nègre que blanc.... Aux yeux de Dieu, il n'y a ni nègre ni blanc... Dieu n'est ni blanc ni noir... Il est lumière... Il est soleil... Devant lui les hommes sont égaux... — Qui frappe à la porte?
(*Il entr'ouvre la porte.*)

UNE VOIX. — Un pauvre aveugle, s'il vous plaît.

APOLLON. — Encore un mendiant... Allez-vous-en, on ne donne pas ici...: On ne pourra donc jamais se débarrasser de cette vermine-là...

(*Il referme brusquement la porte.*)

SCÈNE XII.

Dans la rue.

UN AVEUGLE joueur de clarinette, conduit par un chien. — UN AUTRE MENDIANT appuyé sur des béquilles.

L'AVEUGLE. — Le brutal! Ces domestiques, ces fainéants, ça parle plus durement aux pauvres que leurs maîtres. (*Il souffle dans sa clarinette.*) Qui va là?

LE BOITEUX. — Un confrère.

L'AVEUGLE. — Un aveugle?

LE BOITEUX. — Non, un boiteux.

L'AVEUGLE *d'un ton dédaigneux*. — Ah! ce n'est qu'un boiteux?

LE BOITEUX. — Est-ce parce que tu joues de la clarinette que tu es si fier? Joli instrument, qui rend sourds ceux qui l'entendent, et aveugles ceux qui en jouent! Est-ce parce que tu es aveugle? Mais qui est-ce qui n'est pas un peu aveugle? Je ne suis que boiteux, mais je ne suis pas un boiteux comme un autre. J'ai une plaie hideuse à voir que je montre aux passants, avec l'autorisation du maire et avec garantie du gouvernement. Certes, mon confrère, je ne voudrais pas être aveugle et perdre ma plaie; je ferais un marché de dupe, j'y perdrais. Je te pardonne ta fatuité et ton ignorance, parce que tu n'y vois pas.

(*L'aveugle, un moment interdit, cherche autour de lui; puis il donne un coup de bâton à son chien.*)

BERNARD ET MOUTON.

A Edouard Ferey.

I

Il y a bien des choses que l'on m'a gâtées. Les poètes élégiaques ont mis tout homme qui se respecte dans la nécessité de ne plus aimer la lune que tout bas, et de se cacher pour regarder couler l'eau. Il y a une petite fleur que l'on appelle *pensée*, et que les nomenclatures des jardiniers disent : violette-tricolore. Cette petite fleur si connue a des pétales des plus riches nuances de violet et du velours le plus fin. Pour aucun prix je ne laisserais fleurir une pensée sur ma terrasse. Il m'est impossible de séparer dans mon esprit cette pauvre fleur des plates allusions dont elle a été l'objet. On n'a pas moins abusé de la rose, cependant elle a triomphé des poètes. On a plus encore abusé du chien ; on en a fait une foule de récits ; rien n'est plus commun dans ces narrations comme de voir un chien deviner à l'air contrarié de son maître que celui-ci voudrait bien avoir 27 francs 10 sous ; le chien part comme un trait, et au bout d'une demi-heure apporte la somme.

Un autre chien entend que l'on se permet au sujet de son maître quelques propos indiscrets ; il suit l'insolent, passe les barrières, le mord au coin d'un bois et revient apporter en signe de victoire un lambeau du pantalon du calomniateur.

D'autres calomniateurs ne se sont pas contentés de faire d'étranges fables à propos des chiens ; ils les ont forcés à force de coups à devenir *savants*. Il les font marcher sur deux pattes, *faire le mort*, manier un bâton en guise de fusil, jouer aux dominos, dire l'heure qu'il est, distinguer les couleurs ; un Allemand avait dressé le sien à dire *papa*.

Rien de plus fréquent que des scènes grotesques à propos des chiens plus ou moins savants. Un homme dans une soirée de bonnetiers amena son chien.

Quand on dit un chien en général, sans désigner spécialement son espèce, il va sans dire qu'il est question d'un barbet ; de même que lorsque vous parlez d'un soldat de l'empire, l'esprit se représente tout d'abord un grenadier de la vieille garde avec la longue capote et le bonnet incliné en avant.

— Pst ? pst ! Médor ? Médor ?

Médore arrive, la tête basse, la queue entre les jambes, car il sait très-bien qu'il va *travailler*.

— Allons, Médor, faites le beau ! faites le beau !

Faire le beau consiste à se mettre debout. Médor reste planté sur ses quatre pattes. Son maître accentue davantage son ordre, et passe graduellement par des intonations successives jusqu'à la plus véhémente colère.

Le chien se sauve sous le lit.

Les menaces, les cris ne peuvent le faire revenir; le maître se radoucit. — Allons, Médor, mon bon Médor, venez baiser ce maître, vous aurez du sucre; viens, mon petit Médor.

Le chien arrive en rampant, le maître le carresse, un moment le pauvre animal reprend sa gaieté, ses yeux s'animent ; il bondit jusqu'au visage de son tyran pour le lécher.

Celui-ci, qui a renoncé à lui *faire faire le beau*, veut au moins qu'il fasse le mort.

— Allons, Médor, faites le mort! Le chien rampe de nouveau, ses yeux s'éteignent, il tremble de frayeur. Faites le mort! faites le mort! — C'est étonnant, il le fait si bien d'ordinaire! — Médor, faites le mort!

Le maître lève la canne, le chien s'enfuit; un homme ou un hasard bienveillant a laissé la porte ouverte, il va attendre son maître dans la rue, à la pluie. Pauvres diables, qui ne peuvent pas se contenter de l'intelligence naturelle du chien et de son affection plus précieuse mille fois que son intelligence. Le chien, le seul ami, le seul qui n'exige pas que son ami ait raison pour prendre son parti, le seul qui ne renferme pas son amitié dans des limites plus ou moins étroites qu'il s'est fixées à lui-même; si doux, si soumis pour son maître, si brave, si terrible, si implacable pour le défendre.

Voici l'histoire d'un chien et d'un homme, de deux amis qui s'aimaient également ; ce qui n'arrive jamais dans les amitiés humaines, où il n'y en a qu'un qui est l'ami de l'autre.

Bienheureux quand l'autre n'est pas son ennemi ! Et alors c'est l'ennemi le plus dangereux, le plus inévitable qu'on puisse avoir:

C'est un ennemi qui vous tuera après une lente agonie.

Mes deux héros avaient une assez grande ressemblance; tous deux étaient le résultat d'une foule de croisements de races sans intelligence, de mésaillances au hasard, d'unions de rencontre.

L'homme n'était ni grand ni petit, plutôt maigre que gras, passablement laid ; ses traits étaient un assemblage confus et incohérent ; on n'aurait pu y retrouver le type d'aucune race ni d'aucune famille ; il n'était ni brun ni blond, sans être pour cela précisément châtain.

L'autre ami était également né d'une occurence fortuite. Son père ni sa mère, par une foule d'altérations successives, n'appartenaient déjà plus à aucune race quand ils se rencontrèrent ; ils participaient des deux. Ses oreilles courtes, à moitié relevées, tenaient des terreneuviens, son poil ras et fauve du carlin, son museau allongé du lévrier; une de ses pattes était blanche, les autres n'étaient d'aucune couleur. C'était un de ces individus qui ont découragé Buffon, et l'ont fait renoncer à la nomenclature des races de chiens, après en avoir classé plus de quatre-vingts espèces différentes.

Tous deux s'aimèrent d'autant plus que personne autre ne les aurait aimés ; car, outre leur laideur, ils étaient pauvres au dernier des points. Ils déjeunaient rarement, car ce repas qui commence la journée ne peut exister pour les gueux, qui doivent conquérir chaque morceau de pain ; ils dînaient par hasard, tantôt mal, tantôt médiocrement, et ne soupaient jamais ; le sommeil remplaçait ce dernier repas ; le sommeil, doux ami, qui suspend l'existence, et ne laisse à désirer que le sentiment du néant, la conscience de ne pas être.

Le sommeil n'est pas plus gratuit que les autres besoins ; il y a des lois qui obligent un homme à avoir un domicile ; ne devrait-il pas y avoir d'autres lois pour obliger les législateurs à fournir un domicile ?

Vous me direz peut-être que tout vagabond a le droit d'être arrêté et mis en prison, domicile que la loi lui accorde malgré lui. Mais je répondrai que la loi ne lui inflige ce domicile qu'en sa qualité de vagabond ; or, dès qu'il a mis le pied dans la prison, dès qu'il a pris possession de ce domicile, il n'est plus vagabond, il doit donc sortir immédiatement ; mais dès qu'il est dehors il redevient vagabond. C'est un cercle vicieux de la part de la loi ; c'est peut-être un sophisme de ma part. Mais donnez-vous donc la peine d'avoir tout à fait raison, pour mourir empoisonné ou vivre calomnié. Tous deux, l'homme et le chien, quand ils n'avaient pas d'argent, couchaient clandestinement sur le bord de la rivière, sur la grève du quai d'Orsay, dans la paille qu'on y jetait, paille provenant des vieilles paillasses des gardes du corps. Il y avait alors des gardes du corps.

II

Le chien s'appelait Mouton, l'homme s'appelait Bernard ; leurs noms ne leur allaient ni bien ni mal ; l'homme se serait appelé Mouton, le chien Bernard; que personne n'aurait pu y trouver à redire, vu que rien dans leur air ni dans leur tournure n'affirmait ni ne démentait leur nom.

Bernard faisait tous les métiers faute d'en savoir un seul; naturellement, il était condamné aux plus fatigants, lesquels sont les moins rétribués. Mouton ne savait rien faire, il suivait son maître partout, partageait son pain, lui léchait les mains, lui réchauffait les pieds la nuit, le consolait et l'aimait. Un hiver, Mouton tomba malade; Bernard fut obligé de le laisser deux jours entiers seul sur la paille du quai d'Orsay. Le troisième jour, il n'y avait plus de paille, Mouton tremblait de froid et de fièvre sur la terre humide, Bernard le porta chez un médecin de chiens pour le faire soigner. Le médecin exigea le payement de huit jours d'avance. Bernard vendit son gilet et sa troisième chemise pour le satisfaire.

Mais la maladie de Mouton était grave; Bernard venait le voir tous les jours, et passait près de lui tout le temps qu'il ne pouvait employer utilement.

Arriva l'appel des conscrits, Bernard fut obligé de partir. Cela l'eût enchanté, si Mouton avait été en état de le suivre; car, au régiment, on a du pain, un lit, des habits; mais Mouton ne pouvait encore faire un pas. Il se procura un peu d'argent de la vente de ses hardes et partit en pleurant. Le régiment changeait plusieurs fois de garnison. Bernard n'avait qu'un souci, c'était son chien. Il amassait de l'argent, sou par sou, et l'envoyait au médecin; une fois il chargea de son petit pécule un camarade qui s'en allait en trimestre à Paris. Le camarade but l'argent.

Un jour, Bernard reçut une lettre : elle portait le timbre de tous les endroits où le régiment avait passé. Elle avait quinze jours de date. Elle était du vétérinaire.

Il n'avait pas reçu le dernier envoi de Bernard ; il lui annonçait que si la pension du chien n'était pas acquittée sous quinze jours, le chien, qui était parfaitement guéri depuis longtemps, serait vendu.

Un frisson parcourut le corps de Bernard, son cœur se serra ; il courut chez son colonel la lettre à la main, mais sitôt qu'il voulut parler, sa voix se brisa en sanglots, il ne put que tendre la funeste missive, et dire, crier en pleurant: « Mouton, mon Mouton, mon pauvre Mouton vendu ! »

Le colonel le crut fou ; cependant il pleurait de si bon cœur, il avait quelque chose de si vrai dans sa douleur, de si amer dans ses larmes, que le colonel le calma, le rassura, et se fit conter l'affaire.

— Mon colonel, dit-il en finissant, au nom du ciel, au nom de ce que vous aimez le plus au monde, laissez-moi partir, laissez-moi allez chercher Mouton ; laissez-moi partir, ou je m'en irai sans permission ; je m'enfuirai, je déserterai. Il faut que je voie Mouton, je ne veux pas qu'il soit vendu ; mon Dieu ! Mouton vendu ! — Mais, dit le colonel, quand je t'aurai donné une permission, comment feras-tu ce voyage ? Tu sais que les militaires ne reçoivent rien en route pour ce genre de congé. — Oh ! je mendierai, on ne me refusera pas un morceau de pain et de la paille pour coucher. Mon colonel, mon bon colonel, laissez-moi partir!

— Un soldat ne doit pas mendier ; et d'ailleurs, arrivé à Paris, que feras-tu ? Si tu ne peux pas payer le vétérinaire, il vendra ton chien malgré ta présence. — Je ne sais ce que je ferai, mais je ne laisserai pas vendre Mouton ; c'est mon seul ami! Sans lui, sans ses caresses, sans son regard intelligent et amical, je me serais jeté vingt fois par dessus le Pont-Royal. Je ne laisserai pas vendre Mouton. Qu'il va être heureux de me revoir! je supplierai le vétérinaire, je me mettrai à genoux, je le tuerai. Il ne vendra pas mon chien! Et d'ailleurs je le payerai par petites sommes; si Stanislas ne m'avait pas volé, la pension de Mouton aurait été payée. J'amasserai sou par sou de quoi payer le médecin. Je ferai comme j'ai déjà fait, je ne vais jamais au cabaret ni nulle part. Mon colonel, laissez-moi partir !

Le colonel lui donna trois louis et lui dit :

— Va chercher Mouton.

Bernard baisait les mains de son colonel, voulait lui baiser les pieds ; le colonel l'envoya se faire délivrer sa feuille de route.

Bernard avait deux cents lieues à faire ; il partit gaiement, avec sa permission dans une boîte de fer-blanc, et ses trois louis soigneusement attachés et ficelés dans sa poche. Il marchait courageusement et bravait la fatigue, la pluie, le vent, en songeant qu'il allait revoir Mouton, son ancien camarade.

— Pauvre Mouton ! se dit-il, nous serons bien heureux maintenant, maintenant nous serons chaudement couchés, nous mangerons tous les jours; j'aurai tout le temps de m'occuper de toi, de te laver, de te savonner; tu seras beau et propre.

Et tu n'auras pas besoin de m'attendre aux portes dans la rue, comme quand je faisais des commissions ; tout le monde t'aimera : les soldats aiment les chiens; tu seras libre et maître dans la caserne; jusqu'aux sous-officiers qui te donneront des os à ronger. Je te ferai bien luisant pour te mener chez mon colonel; et dans ces longues heures où on a rien à faire, au lieu d'aller au cabaret, j'irai me promener avec toi. Comme tu seras étonné de me voir bien habillé, de manger tous les jours, de manger à la même heure! Ces pensées lui donnaient du courage pour marcher; le vingtième jour il était à Paris, fatigué ou plutôt exténué. Cependant, sans s'arrêter, il courut chez le vétérinaire.

Il était fort occupé. On dit à Bernard d'attendre : il demanda à voir son chien; le domestique n'était plus le même, le nouveau ne connaissait pas Bernard : il répondit qu'il avait défense de laisser entrer dans le chenil sans une permission expresse du médecin.

— Connaissez-vous mon chien? dit Bernard; il s'appelle Mouton. — Non, répondit le domestique; ici tous les chiens s'appellent *Pst?* — Il est, ajouta Bernard, il est jaune avec une patte blanche! — Il y en a huit qui sont jaunes, et je n'ai jamais regardé comment ils avaient les pattes.

Bernard se promenait dans l'antichambre, livré à la plus vive impatience; Mouton était là, séparé seulement par une porte; Mouton, triste et malheureux! quel bonheur de le revoir, de l'embrasser! comme il va sauter et crier! Je vais l'emmener; nous allons partir ensemble, pour ne plus nous quitter. Quelle joie de sortir d'ici avec Mouton, mon bon Mouton!

— Mon ami, dit le domestique, vous pouvez entrez.

Bernard se précipita près du médecin, il sortit de sa poche un louis et demi qui lui restait.

— Monsieur, dit-il, je viens chercher Mouton, je viens chercher mon chien.

Le vétérinaire ne le reconnut pas.

— Votre chien s'appelle Mouton? — Oui, monsieur, Mouton. Quel jour est-il entré ici? — Un samedi... février... 182... — Quel est son signalement? — Jaune avec une patte blanche. — Ah! voilà : Mouton, jaune, poil ras, pattes blanches, c'est bien cela... Ah!... il a été vendu il y a cinq jours, faute de payement de sa pension.

Bernard faillit tomber. Après quelques instants de silence, il s'écria :

— Vendu! — Oui, vendu, il y a cinq jours, faute de payement de sa pension ; il était dû douze francs ; la vente n'a produit que huit francs ; vous me redevez quatre francs ; dont je vais vous faire un reçu. — Où est-il? — Le reçu, le voici, donnez l'argent. — Où est Mouton? — Je ne sais.

Bernard prit le médecin par le bras.

— Si vous ne dites pas où est Mouton, je vous étouffe. — Rue Regrattière, île Saint-Louis ; je ne sais ni le numéro, ni le nom de l'acquéreur.

III

Bernard courut rue Regrattière ; il la parcourut dix fois dans tous les sens ; mais c'était un dimanche, les boutiques étaient fermées. Il coucha dans un mauvais petit hôtel auprès de là. Le matin, dès le jour, il se promenait dans la rue Regrattière, regardant dans les boutiques, entrant dans les portes, interrogeant les portiers, recevant plus de rebuffades que de réponses claires. Le second jour, comme il passait devant la porte d'un cloutier, un ouvrier appela *Médor*. En entendant appeler un chien, Bernard se retourna; ce chien était Mouton, qui, sortant de la boutique du cloutier, vint, en hurlant de joie, se précipiter sur son maître, Bernard le prit dans ses bras, l'embrassa et se mit à pleurer.

Le cloutier cependant sifflait Médor, et Mouton redevenu Mouton, redevenu l'ami de son ami Bernard, ne bougeait pas. Le cloutier sortit et donna un coup de pied au chien pour punir sa désobéissance. Bernard rendit à l'ouvrier un coup de poing qui l'étourdit. D'autres ouvriers sortirent pour défendre leur camarade, une lutte s'engagea, la garde vint et emmena Bernard, qui coucha à la préfecture de police.

Le lendemain, il se présenta à la boutique du cloutier, qui le reçut d'un air menaçant.

— Je ne viens pas vous chercher querelle, dit Bernard, je viens au contraire vous prier de me rendre un service. Je commence par vous demander pardon de ma vivacité d'hier, mais ce chien est à moi.

— Comment! s'écria le cloutier, ce chien est à vous! me prenez-vous donc pour un voleur? Ohé, Martin, n'ai-je pas devant toi payé Médor huit francs, en bons écus comptant?— Monsieur, reprit Bernard, je ne veux pas dire que ce chien n'est pas aujourd'hui à vous, puisque vous l'avez acheté et payé, mais il m'a appartenu, et je viens vous prier de me le vendre.

Et en parlant, Bernard s'efforçait de regarder dans la boutique pour apercevoir Mouton.

— Non, dit le cloutier, Médor fait très-bien mon état, et après tous ceux que j'ai inutilement essayé d'y accoutumer, le premier qui y réussit me devient trop précieux pour que je consente à m'en défaire.

A ce moment, Bernard aperçut Mouton : il était dans une roue et la faisait tourner ; son cœur se serra.

— Monsieur, dit-il, je vous donnerai vingt francs. — Du tout, reprit le cloutier, j'ai acheté Médor et je le garde. Et ce n'est d'ailleurs pas pour un homme qui a failli m'assommer hier, que je me priverais d'un animal aussi utile. — Je suis fâché de ce qui est arrivé ; mais c'est vous qui avez commencé. — Comment ! c'est moi qui vous ai attaqué ; je ne vous avais seulement pas vu quand vous vous êtes jeté sur moi comme un brutal que vous êtes. — Vous avez donné un coup de pied à Mouton. — J'avais bien le droit de corriger mon chien, qui ne vient pas quand je siffle. — Oh ! dit le soldat, il y avait près d'un an que nous ne nous étions vus.

Mouton fit entendre un cri déchirant.

Bernard voulut entrer dans la boutique, le cloutier l'en empêcha ; Bernard serra le poing, mais il se retint. — Mon Dieu ! fit-il, qu'a donc Mouton ? — Probablement il vous a vu, s'est arrêté et a mérité une correction. — Monsieur ! cria Bernard, je vous donne vingt-cinq francs, c'est tout ce que j'ai ; je m'en retournerai en mendiant, mais ça m'est égal si j'emmène Mouton. Tenez, prenez mes vingt-cinq francs, je vous en prie.

L'ouvrier hésita un moment, Bernard ne respirait pas ; mais la rancune prenant le dessus, le cloutier dit :

— Non, Médor m'est utile, il est à moi, je l'ai payé et je le garde ; vous m'offririez cent francs que vous ne l'auriez pas.

Bernard voulut parler ; les autres ouvriers survinrent et le chassèrent.

Le lendemain, il vint encore errer devant la boutique ; Mouton poussa encore un cri déchirant ; mais cette fois, Bernard en vit clairement la cause. En reconnaissant son maître, il s'était arrêté, la roue avait cessé de tourner, et l'ouvrier interrompu dans son travail, l'avait piqué avec une tringle de fer rougie au feu. Mouton s'était remis à tourner, Bernard voulut encore entrer dans la boutique ; Mouton s'arrêta de nouveau, et une seconde piqûre du fer rouge le rappela à ses nouveaux devoirs.

Bernard s'en alla le cœur gonflé. Il ne pouvait même passer devant la boutique du cloutier sans exposer Mouton à de cruelles blessures. Il ne revint pas le lendemain.

— Et ensuite ? — On ne le revit plus. — Il retourna donc au régiment ? — Pas davantage, et personne n'en entendit plus parler ; on n'a jamais su ce qu'il était devenu.

HISTOIRE

DES RÉVOLUTIONS DE PIRMASENTZ

VILLE DE SOIXANTE-DIX-HUIT MAISONS.

A M. Jules Cloquet.

1

Quand on analyse nos plaisirs, il est bizarre de remarquer que les plus recherchés, les plus fréquents, les plus vifs, pour beaucoup d'entre nous, sont empruntés à la tombe. Le théâtre, le plaisir des gens qui ne savent pas sentir seuls, et ne veulent pas s'exposer, sans complices, à éprouver une émotion ; le roman, le plaisir des gens qui ne veulent pas faire partie d'un public, et, par une pudeur morale que j'appelle sainte, ne veulent pas prostituer leurs larmes aux regards, ni permettre au vulgaire de sentir, en même temps qu'eux, la même chose pour le même objet, ces deux œuvres de l'esprit, — je parle en général, sans me laisser arrêter par de nombreux exemples, qui démentiraient ma définition, — ces deux œuvres de l'esprit se font presque toujours en réveillant de la mort des défunts plus ou moins illustres, en les forçant de quitter leur blanc linceul pour revêtir leurs squelettes décharnés des habits dont ils se paraient durant leur vie, et venir gambader, chanter, et réciter devant nous des vers plus ou moins français. Plus les gens ont été illustres, plus leur vie a été pleine de gloire, de succès, de tourments, de crimes, plus ils ont droit à la paix du tombeau, et plus ils sont exposés à la voir rompre. Pour nous, en rappelant les lectures qui nous ont le plus vivement intéressé, nous sommes resté convaincu que les drames les plus saisissants ne sont pas empruntés à l'histoire des grandes choses et des grands hommes, et se passent dans notre vie de tous les jours, sous les yeux de tous, sans que personne les voie, tant ils sont embarrassés de circonstances frivoles ou habituelles. Mais quand l'observateur a pu saisir ce fil si ténu d'un intérêt puissant, et qu'il l'a suivi à travers les plus vulgaires circonstances, les plus communes situations sous lesquelles il se dérobe à presque tous les yeux, comme ces fleuves qui disparaissent sous les sables sans perdre une goutte de leurs eaux, il est heureusement étonné de découvrir plus d'intérêt dans l'empreinte d'un petit pied sur le velours vert de la mousse des bois, que dans les fabuleuses histoires des Atrides, famille si féconde en forfaits, plus féconde encore en tragédies.

Ceci est la préface de la narration que nous avons résolu de faire. Peut-être trouvera-t-on que, comme bien d'autres, nous faisons les règles sur nos œuvres, plutôt que nos œuvres sur les règles. Tout bien considéré, c'est un peu notre avis à nous-même.

Ce que je vais raconter est une histoire vraie, qui a commencé et fini dans la plus petite ville du monde, sans que le bruit en ait dépassé les étroites limites.

II

A une époque fort rapprochée de nous, Pirmasentz était la capitale des États d'un prince de la maison de Nassau-Usingen. Je ne sais guère de sous-préfet qui se contenterait d'une semblable principauté ; mais un prince ne peut donner sa démission.

A entendre le conseiller intime, commandant des troupes et ministre des relations extérieures, baron de Robrecht, rien n'aurait été plus magnifique que la cour de Pirmasentz. Quand on le voyait sortir de chez lui le matin en habit de cour, parce que le prince recevait ce jour-là dans la *salle du trône*, ou en grand uniforme avec un arc-en-ciel de cordons et une ménagerie d'animaux honorifiques sur la poitrine, parce qu'on passait une grande revue, on eût cru le baron de Robrecht la cheville ouvrière d'un des plus grands empires du monde..

Au jour où il nous plaît de commencer notre histoire, le baron de Robrecht trouva le prince Richard enfoncé dans un grand fauteuil de velours rouge râpé. Le prince était un homme de trente-deux ans, d'une physionomie douce et avenante ; de beaux cheveux noirs retombaient bouclés sur ses tempes ; ses yeux bleus peignaient la bienveillance et la sérénité : il avait parfois de l'esprit ; il avait montré du cœur en diverses circonstances ; mais tout cela disparaissait, le plus souvent, sous la nonchalance, qui était sa passion dominante et le fond de son caractère. Il faut joindre à cette nonchalance l'ennui que lui causait parfois sa situation. Ses goûts étaient simples ; il chassait, herborisait, pêchait à la ligne, et faisait de la musique. Avec 3,000 florins de rente, il eût été le plus heureux des hommes. Mais son petit revenu était absorbé, et au delà, par les dépenses de représentation que lui faisait faire, bien malgré lui, le baron de Robrecht, et par l'entretien de la plus pacifique armée du monde.

Malgré la difficulté qu'il éprouvait parfois à payer cette armée, c'était de ses charges celle qu'il regrettait le moins. Il avait obéi à son goût en y introduisant le plus de musiciens possible. Chaque soldat qui quittait le service par une cause quelconque était remplacé, en cachette du baron, par un instrumentiste ; de telle sorte que l'armée de deux cents hommes du prince Richard se composait de quatre-vingt-dix musiciens et de cent vingt soldats. Habile musicien lui-même, le prince conduisait sa musique. Les jours de revue étaient des jours de fête pour la ville, et les populations empressées, au nombre de trois à quatre cents habitants, se précipitaient dans les jardins du palais.

— Je vous attendais, Robrecht, dit le prince ; je reçois à l'instant une lettre d'un cousin qui m'annonce sa visite prochaine, et s'invite, sans façon, à passer un mois *à ma cour*. Il faut répondre à cette lettre, et ensuite aviser aux moyens de recevoir dignement mon cousin. Ce qui m'inquiète, Robrecht, c'est que notre caisse doit être à peu près vide, que mes fermiers ne me payent pas, et que, si je vous abandonne à vos goûts de représentation, vous allez me ruiner et m'endetter. Ne croyez-vous pas convenable de recevoir mon cousin sans façon, ainsi qu'il s'est invité? Notre ordinaire n'est pas mauvais; il partagera mes plaisirs et mes habitudes. Il y a dans la petite rivière des truites superbes; on commence à tuer des cailles; ma musique est aussi bonne qu'on en puisse rencontrer en Allemagne; nous ferons valser les filles.

— Votre Altesse me permettra, reprit Robrecht, de lui faire observer qu'il s'agit ici de son honneur et de sa considération dans les cours étrangères. J'étais attaché à la personne du prince votre père, et dans de pareilles circonstances nous avions coutume de ne rien épargner, dussions-nous, le reste de l'année, réduire notre ordinaire à la soupe, au bouilli, et à un plat de pommes de terre. Plus d'une fois nous avons mis en gage chez des juifs les diamants de la princesse votre mère; mais aussi nous avions dans les principautés voisines la réputation de la cour la plus polie et la plus élégante.

— Mon cher Robrecht, mon père était un prince fort à son aise, ma mère lui avait apporté 10,000 florins de revenu.

— Et, interrompit le baron, à qui dut-il ce mariage, si ce n'est aux délices de sa cour, à la bonne réception que nous fîmes au duc votre oncle, qui nous donna sa sœur en mariage? Agissons comme votre père, et un mariage viendra rétablir nos affaires.

Au mot de mariage, le prince soupira, et dit : — Allons, Robrecht, tu es toujours sûr d'avoir raison; j'aime mieux te laisser agir à ta fantaisie que de discuter avec toi sur les choses les plus ennuyeuses. Reçois mon cousin comme tu l'entendras.

Le baron s'inclina. Le prince prit une gazette pour changer d'ennui. Pendant qu'il la parcourait des yeux, le baron faisait la longue nomenclature de tout ce qu'il y avait à inventer pour préparer sa réception; et le prince ne l'écoutait pas. Mais quand il en vint à dire : — Et je vais aller chez le tailleur pour faire habiller à neuf les domestiques du palais, le prince sortit tout à coup de son apathie, et dit :

— J'irai moi-même.

— Accompagnerai-je Votre Altesse ?

— Comme vous voudrez, Robrecht.

Dans les petites principautés allemandes, la popularité est une chose presque nécessaire; le prince connaît par leur nom tous les habitants de la capitale.

Ainsi Richard, chemin faisant, parlait à tout le monde.

Bonjour, Vilhem; tes foins sont-ils beaux cette année?

Bonjour, Ludwig; comment se porte ta femme ?

Bonjour, jolie Marthe ; quand vous marie-t-on ? Vous savez que je danserai à votre noce.

A chacune de ces interpellations familières, le baron Robrecht, qui suivait le prince à une distance respectueuse, faisait involontairement une petite grimace de mauvaise humeur; mais c'était là une habitude dont il n'avait pu corriger Richard.

La maison du tailleur était, sans contredit, la plus belle de Pirmasentz ; on y arrivait par une quadruple rangée d'acacias, qui étaient alors en fleurs.

— Bonjour, maître Hubert, dit le prince en entrant, Robrecht va vous expliquer le sujet de notre visite; pendant ce temps, je vais me promener sous vos acacias et ensuite vous me ferez donner un verre de bière.

— Il s'agit, dit Robrecht, d'habiller de neuf les domestiques du palais; il nous faut quinze habillements complets d'ici à la fin de la semaine.

— D'ici à la fin de la semaine, c'est impossible.

— Il le faut absolument : Son Altesse Royale le duc *** nous fait une visite, et nos livrées sont hors de service.

— J'attends également mon neveu, et les quelques jours qui vont suivre son arrivée sont destinés à la joie et aux fêtes.

— Allons, maître Hubert, voici une plaisante raison; vous vous amuserez plus tard... Voilà le fruit des excessives bontés de Son Altesse, la familiarité qu'elle permet à ses sujets les rend impertinents.

— Monsieur le baron, vous avez le droit de donner à un autre tailleur la clientèle du prince; je ne vous la demande pas, je ne vous réclame même pas les quelques centaines de florins que vous me devez personnellement. Grâce à Dieu, je ne suis pas à en avoir besoin.

— Oh! murmura entre ses dents Robrecht, voilà bien l'insolence de l'*aristocratie financière*. Hubert est le plus riche particulier de Pirmasentz, et un pareil drôle s'arroge le droit de parler sur ce ton, non-seulement au représentant du prince, mais encore au descendant d'une des plus anciennes familles autrichiennes; il faut incliner mon blason devant l'argent de ce tailleur riche des morceaux de drap qu'il a volés à ma famille.

— Mais, ajoute le tailleur, pourquoi me demandez-vous quinze habits, puisqu'il n'y a au palais que huit domestiques, dont un invalide qui ne sort pas de son lit?

— C'est, reprit Robrecht, que je vais doubler le nombre de nos domestiques pour recevoir notre cousin. — Voyons, cher maître Hubert, faites cela pour le prince; on ne regardera pas au prix.

— J'attends mon neveu, qui est allé à Paris après avoir étudié à Gottingue; homme qui, à en juger par l'argent qu'il me coûte, doit être un rare sujet; ainsi, il ne faut pas penser à vos quinze habits; tout ce que je puis faire pour le prince, c'est de vous prêter les habits de mes gens : mon neveu ne trouvera pas mauvais qu'on ne le reçoive pas en grande livrée.

— Allons, maître Hubert, que le prince prenne votre livrée! vous n'y pensez pas.

— Je ne puis offrir davantage. Si cela ne vous convient pas, n'en parlons plus.

— Écoutez, vous ferez changer les collets pour les mettre à la couleur de notre livrée.

— Volontiers. Et maître Hubert tendit la main au baron; celui-ci, profondément blessé de cette familiarité, se crut cependant obligé d'en passer par là, et se laissa secouer la main.

— N'oubliez pas, maître Hubert, qu'il nous faut les habits dans trois jours.

— Je tâcherai.

— Il les faut absolument.

— Je tâcherai. Un honnête homme ne promet que ce qu'il peut faire.

— Ah! dit Robrecht en s'en allant rejoindre Richard, si le prince veut m'en croire, nous établirons sur son peuple quelque impôt qui nous mettra à même de rabattre un peu l'importance que se donnent ces gens à argent. En s'avançant sous les acacias, Robrecht entendit que le prince n'était pas seul, et qu'une voix de femme répondait à la sienne; il se retira sans bruit, et alla s'occuper des nombreux soins qui venaient de tomber sur lui.

Cependant le prince, par un hasard qu'il espérait bien et qui était le seul et réel but de sa visite chez le tailleur, avait rencontré sous les acacias la belle Vilhelmine.

— Je ne sais, Vilhelmine, lui dit-il, ce qui doit arriver de mon amour pour vous, mais il remplit toute ma vie; il est la cause et l'objet de toutes mes actions, de toutes mes pensées. Si je fais orner de fleurs les parterres de mon jardin, c'est parce que vous vous y promenez quelquefois le dimanche et que vos yeux en seront réjouis; je cherche à deviner la musique qui vous fera éprouver les plus douces sensations. Dans les moments où vous êtes le plus loin de moi, vous êtes présente à ma pensée; je vis, je rêve, comme si vous assistiez à mes actions et à mes songes; vous êtes pour moi une douce conscience dont l'approbation récompense de tout. Dans cette ridicule position où le sort m'a placé, forcé d'acheter de ce qui ferait mon bonheur un simulacre de dignité et de grandeur, je ne puis vous épouser; mais je n'épouserai pas une autre femme. Quelques instants passés près de vous me font oublier tous mes ennuis. Du grotesque diadème que la naissance m'a mis au front, chaque fleuron est une épine; mais par votre amour, cette couronne d'épines se pare et se parfume des roses fleurs de l'églantier.

— Et moi aussi, reprit Vilhelmine, je resterai fille;

toutes ces joies d'épouse et de mère que la nature m'avait promises, je les ajouterai à votre part de bonheur.

III.

Au jour indiqué pour l'arrivée du prince, Robrecht, magnifiquement vêtu, se para de toutes ses croix, et vint apporter à la signature du prince un papier tout couvert d'écritures : c'était le consentement à la vente d'une ferme.

— Le moyen est violent, dit Robrecht, mais la circonstance le rend nécessaire ; nous pourrons ainsi recevoir votre cousin magnifiquement.

Richard signa sans lire.

Vers onze heures, Robrecht vint annoncer qu'on avait vu une chaise de poste relayer à deux lieues de là ; que cette chaise de poste était précédée d'un homme à cheval.

Le prince monta lui-même à cheval accompagné de Robrecht. Il était enchanté de sortir de chez lui n'importe sous quel prétexte ; depuis deux jours tout y était sens dessus dessous. Son valet de chambre avait été, par le baron, métamorphosé en maître d'hôtel, et le matin même il avait été obligé de s'habiller lui-même. Un horrible bruit rendait le palais inhabitable ; il avait fallu, à force d'industrie, meubler tous les appartements depuis longtemps abandonnés, avec les meubles qui garnissaient médiocrement l'appartement particulier du prince.

Comme on approchait de la frontière, c'est-à-dire à un quart de lieue environ du palais, un nuage de poussière s'éleva sur la route. Robrecht fit ranger l'armée en bataille, et les musiciens commencèrent à se mettre d'accord.

Après quelques minutes, le nuage s'approcha; Robrecht donna le signal, et une ravissante musique se fit entendre.

Alors sortit du nuage sur un cheval dégouttant de sueur un jeune homme vêtu en partie de costume des étudiants allemands et partie de celui des fashionables français. Il s'arrêta surpris d'une telle réception. Robrecht s'avança vers lui, et lui dit :

— Qui êtes-vous ? Précédez-vous de beaucoup votre maître ?

— Je suis Henreich, le neveu de M. Hubert; je n'ai pas de maître; et si vous voulez savoir qui vient derrière moi, vous n'avez qu'à attendre.

Puis il passa outre sans saluer le prince.

— Henreich est devenu beau garçon? dit Richard, qui n'y fit pas attention.

— Henreich est devenu fort impertinent, murmura Robrecht.

Alors on s'avança davantage sur la route. Une heure après, une chaise de poste s'arrêta; et il en sortit, non pas le prince, mais un Français, qui salua poliment.

Robrecht s'était tellement occupé de la réception, qu'il avait oublié de répondre à la lettre. Le prince avait changé son itinéraire, ainsi que le certifia le voyageur qui l'avait rencontré.

Robrecht était désespéré, Richard était enchanté. — Monsieur, dit-il à l'étranger vous dînerez avec moi. Robrecht, la fête que tu avais préparée n'aura pas moins lieu. Invites-y tous les habitants de Pirmasentz.

Richard écrivit de sa main au père de Wilhelmine pour l'inviter à dîner, ainsi que sa fille et son neveu.

Henreich, qui, dans son séjour à Paris, avait fait énormément de politique dans les estaminets, répondit fièrement qu'il ne s'asseyait pas à la table des tyrans.

— Mon neveu, dit maître Hubert, vous êtes un imbécile.

— Mon oncle, reprit Henreich, vous êtes un adulateur du pouvoir.

Le dîner fut très-beau, on y mangea la ferme dont le prince avait signé le matin l'acte de vente. Maître Hubert y fut d'une familiarité désespérante pour Robrecht; le Français y fut un peu bavard, mais amusant; le feu d'artifice manqua, une averse interrompit la musique et les danses, toute la fête alla mal, mais Wilhelmine était là, vêtue de blanc, avec des rubans bleus, parce que le prince aimait le bleu. Richard n'avait jamais été si heureux de sa vie.

— Robrecht, dit-il le soir, ta fête était charmante, et je m'y suis beaucoup amusé. Tu peux vendre encore une ferme demain.

IV

Il faut croire que le Français se trouvait bien à la cour du prince Richard, car il ne parlait plus de s'en aller; Richard trouvait sa société de quelque agrément ; il était de première force aux dominos, savait une infinité d'anecdotes et en inventait encore davantage. M. de Robrecht lui-même voyait sans jalousie sa faveur croissante. M. Rhoseville savait si bien témoigner son respect pour la capacité et la haute naissance du baron ! il se rangeait si noblement à l'avis de M. de Robrecht, même contre le sien propre ! il s'occupait si peu des affaires de l'Etat !

Un jour M. Rhoseville trouva le prince et son ministre fort occupés ; il voulut se retirer, mais Richard lui dit :

— Entrez donc, monsieur Rhoseville, il y a une heure et demie que je prie inutilement le ciel d'envoyer quelqu'un nous déranger ; Robrecht m'a surpris une audience, et il en abuse d'une façon horrible ; voici deux heures qu'il m'explique, de la plus claire façon, que je suis le prince le plus pauvre qu'il y ait en Europe.

Ici M. de Robrecht fit au prince un geste suppliant pour l'empêcher de faire à un étranger de semblables confidences.

— N'ayez donc pas peur, Robrecht ; croyez-vous que M. Rhoseville ne s'est pas aperçu de nos misères ? Tenez, monsieur Rhoseville, riez avec moi de ma ridicule position ; j'ai dépensé mes revenus pour deux ans à l'avance. Le juif, qui me prête de l'argent, prétend n'en plus avoir. Je n'ai pas la ressource de mettre ma couronne en gage, attendu que ma couronne n'est qu'une figure, un sybmbole, un mythe.

Ecoute-moi, Robrecht ; jusqu'à nouvel ordre, tu vas mettre la plus grande économie dans la dépense de ma maison. Tu vas renvoyer à leur charrue ces nouveaux domestiques que tu as pris. Nous allons vivre comme des étudiants. — Monsieur Rhoseville, vous avez été jusqu'ici reçu comme un étranger ; si vous voulez rester avec nous, et nous en serons enchantés, il faut que vous passiez à la condition d'ami ; il n'y a qu'à un ami que nous puissions faire partager notre pauvreté.

— Votre Altesse, dit Robrecht, prend la chose comme un simple bourgeois. N'avez-vous pas une foule de nobles et riches cousines à épouser? et quelque gâtées que soient vos affaires, ne seront-elles pas parfaitement rétablies par votre mariage?

— Certes, dit M. Rhoseville, c'est surtout dans la mauvaise fortune que l'on reconnaît les grands princes, et Votre Altesse supporte les désagréments de sa situation avec une rare philosophie ; mais que de ressources il vous reste, même sans celle qu'entrevoit avec tant de sagesse et de raison M. le baron de Robrecht ! Avant de vous croire ruiné, avez-vous donc tenté les chances de l'industrie et des entreprises commerciales?

— Tenez, monsieur Rhoseville, regardez sur les lèvres contractées de Robrecht l'effet que produirait sur la noblesse allemande l'idée d'un prince allemand se faisant marchand.

— Aussi, reprit M. Rhoseville, n'ai-je pas pensé un moment à faire figurer Votre Altesse dans une position indigne de son rang ; seul je courrai les risques de l'entreprise, quoique je n'en voie aucun. En France, la noblesse ne déroge plus pour se livrer au commerce. Les plus vieilles familles de France ont des usines ; un des plus beaux noms vend des ananas.

Ici M. de Robrecht fit un mouvement de tête et d'épaule,

qui voulait dire, en allemand, bien des choses désagréables pour la noblesse de France.

— L'entreprise que j'ai à vous proposer, continua M. Rhoseville, est une entreprise colossale. La première année, — comme en toutes choses les commencements sont difficiles, — la première année, nous ne ferons que doubler nos capitaux; mais, par la suite, les bénéfices deviendront incalculables. Je ne demande à Son Altesse, ajouta-t-il en tirant de sa poche un papier, que l'autorisation de m'établir dans ses États et d'y créer une immense fabrique de papier.

— Mon cher Rhoseville, dit le prince, à quoi servira votre papier, si ce n'est à faire des cornets pour le poivre? Pirmasentz ne fournit guère d'écrivains; on n'y lit pas beaucoup, et il n'y a pas d'imprimerie à dix lieues aux environs.

— Alors, dit M. Rhoseville tirant un autre papier, nous ferons une magnifique entreprise pour l'éducation des vers à soie. Je ne demande que deux arpents de terre pour y planter des mûriers, et une vingtaine de mille francs pour la mise en train.

Ce sera pour vous une grande et belle chose, prince, que d'avoir fait le premier couler dans vos États le Pactole de l'industrie. L'industrie est la reine du monde ; c'est une magnifique, souveraine qui répand l'or sur ses pas. M. Rhoseville fit, pendant un quart d'heure, sur l'industrie, des phrases d'un goût assez médiocre, que je crois devoir vous épargner.

— Il n'y a à cela qu'une petite difficulté, dit le prince. Vous parlez de doubler mes capitaux, et je n'ai pas de capitaux. Le double de rien est encore rien. Je ne refuse pas de m'associer à votre entreprise, mais je n'ai pas d'argent; je vous ferai baron si vous voulez; je vous décorerai d'un rhinocéros noir ou d'un écureuil blanc; mais c'est tout ce que je puis offrir. Misérable comme je suis, je ne puis donner que des honneurs.

— Il n'y a que l'or qui engendre l'or, *aurum auro gigniur*. Cependant nous pourrons alors commencer l'entreprise sur des bases moins larges, quelques milliers de francs suffiront. Et quand vous aurez vu les admirables résultats que nous obtiendrons, vous n'hésiterez pas à chercher de nouvelles ressources.

— Vois, Robrecht, si ton juif veut te prêter quelques milliers de francs. Il a déjà à toucher nos revenus pendant deux ans ; il devrait bien se faire prince pendant le même temps, cela me reposerait un peu.

L'homme qui prêtait de l'argent au prince et lui achetait ses terres arpent par arpent était un pauvre juif ouvrier chez le père de Vilhelmine. M. Hubert, qui n'était pas bien sûr qu'on ne traiterait pas d'usure ses opérations d'argent, n'était pas fâché de ne point paraître. Pour quelques florins, le juif endossait tout l'odieux de l'affaire et ne laissait à son patron que les ducats. M. Hubert était déjà propriétaire d'un tiers des propriétés de Richard ; il avait acheté à vil prix des fermes, des bois, des étangs, et il jetait parfois sur le reste un dangereux regard de convoitise.

M. Rhoseville ne tarda pas à faire un nouvel appel de fonds. Les premiers mûriers produisirent des chenilles; il en fallut planter d'autres. Il était nécessaire, pour le succès de l'entreprise, que M. Rhoseville pût recevoir convenablement les négociants avec lesquels il se trouvait en relation. Une sorte de luxe devait inspirer la confiance. Successivement il démontra qu'il lui fallait une maison montée, plusieurs domestiques, un cuisinier français.

Le juif représentant du tailleur qui avait consenti à prêter la somme qu'on lui demandait, fut encore sollicité, et demanda un gage. Ce gage était le palais du prince. Si, à une époque fixée, les dernières sommes prêtées n'étaient pas rendues, il devenait *propriétaire du palais*.

Le prince, cependant, faisait comme beaucoup d'autres ; à mesure que ses affaires s'embrouillaient, il lui devenait plus désagréable de s'en occuper, et il les laissait aux mains de Robrecht et à celles de Rhoseville, et il vivait paisiblement au milieu de sa musique.

D'autre part, l'étudiant Henreich mécontentait un peu tout le monde. Son oncle avait l'intention de lui faire épouser Vilhelmine ; et, outre que ses façons un peu vulgaires et excessivement bruyantes déplaisaient beaucoup à la jeune fille, il ne faisait de son côté aucun effort pour triompher de cette visible antipathie. Il passait son temps dans les cabarets, à débiter des lieux communs à quelques jeunes désœuvrés. Il leur expliquait les droits des peuples ; il leur faisait comprendre que les rois étaient nécessairement des tyrans. Il appliquait à la politique ce que les écrivains dramatiques ont érigé en loi au théâtre : — Tout baron est pour le moins faussaire ; — Un comte fait la montre ; — Un marquis empoisonne, — Un duc coupe les femmes en morceaux.

Mais les rois et les prêtres ! — Ils sont incendiaires,

— voleurs, — faussaires, — assassins, — empoisonneurs, etc., etc.

Pauvres nobles, — pauvres rois, — pauvres prêtres!

Les nobles ont été tour à tour : — Protecteurs, — oppresseurs, — opprimés.

Aujourd'hui, qui nous délivrera de la tyrannie des faibles et de l'oppression des petits ?

Henreich parlait de Brutus, et, dans ses discours, attribuait au gouvernement, quel qu'il fût, tout ce qui pouvait arriver de fâcheux au gouverné. Quand on est renfermé sans contradiction dans un cercle de gens tous du même avis, on ne tarde pas à pousser les idées beaucoup au delà de l'absurde. Le club formé par Henreich avait des séances régulières et quotidiennes qui absorbaient la plus grande partie du temps que chacun des membres qui le composaient auraient dû donner à ses affaires ou à la profession qu'il avait embrassée. Ces affaires et cette profession n'en allaient pas mieux pour cela, et l'on aimait mieux attribuer les désagréments qui en résultaient au prince qu'à soi-même. Quand on avait développé des théories anarchiques sur les gouvernements en général, on les appliquait sans hésitation, sans examen, au gouvernement que l'on avait sous la main. De cet axiome, — les rois sont des tyrans, — on arrivait à ceci : — le prince Richard est un tyran. — De celui-ci, — les peuples doivent renverser la tyrannie, — il n'y avait qu'un mot à dire : les habitants de Pirmasentz doivent renverser le prince Richard. Puis, sous forme d'amour du peuple et pour montrer du désintéressement, on attribuait au peuple les maux dont on souffrait soi-même. Celui auquel sa stupidité ou sa paresse fermait les moyens de parvenir s'écriait : Le peuple ne peut arriver à rien. Celui dont les bottes s'usaient allait criant : Le peuple n'a pas de bottes ; et l'on terminait en maudissant les tyrans.

Or, le peuple de Pirmasentz, comme celui de la plupart des principautés allemandes, se composait de gens fort heureux, tous propriétaires ou fermiers ; tous travaillant et vivant bien ; faisant ce qui leur plaisait sans que Richard songeât jamais à s'en occuper. Tout le monde vivait en famille ; et le soir, sous les acacias ou les tilleuls qui ombrageaient le devant des maisons, on entendait des chants accompagnés par des clavecins.

Il arriva qu'une grosse grêle fit quelque tort à la récolte ; Henreich et ses acolytes se répandirent partout, plaignant les cultivateurs, et leur donnant l'exemple des peuples qui ont reconquis leurs droits ; laissant entendre, sans oser cependant le dire tout à fait, qu'un des droits du peuple est de ne pas avoir ses champs hachés par la grêle.

Les plus désagréables des malheurs sont ceux dont on ne peut se prendre à personne. Aussi ne néglige-t-on rien pour éviter cet embarras. C'est pour cela qu'on a inventé le *sort*, espèce de puissance ennemie et taquine, qui n'est occupée que de tourmenter notre vie, et que l'on a la consolation de maudire et d'invectiver faute de mieux. Je dis faute de mieux, parce que ce n'est qu'au défaut de tout autre prétexte plus voisin que l'on se résigne à se prendre au sort d'un chagrin que l'on s'est quelquefois donné beaucoup de peine et de fatigue pour s'attirer soi-même. Les malheurs qui n'ont pas de causes, du moins palpables, peuvent durer toujours : ceux dont on connaît l'origine ne dureront que jusqu'au moment où l'on aura détruit cette origine.

On aime mieux être lapidé par un homme dont on peut se venger que de recevoir deux aérolithes dont personne n'est responsable.

Poussés par le club, les fermiers du prince profitèrent de la grêle pour ne pas payer leurs redevances, et par-dessus le marché, ils se plaignirent et jetèrent les hauts cris.

Les vers à soie de M. Rhoseville furent attaqués de la dyssenterie ; il demanda de l'argent à Richard, qui fut forcé de ne lui en pas donner. Il forma alors une société d'actions pour faire un chemin de fer — allant d'un endroit où personne ne demeurait à un endroit où personne n'allait.

Richard supprima trois domestiques, et vendit deux des trois chevaux qu'il possédait. Il se consolait de tout cela en faisant apprendre à ses musiciens de nouvelles symphonies, en pêchant à la ligne, en allant herboriser dans les bois qui avoisinaient la maison du tailleur, et où il rencontrait par un hasard fréquent et régulier la belle Vilhelmine.

V

Un jour l'étudiant Henreich monta sur une table chargée de pots de bière, et parla ainsi :

« Il est temps, mes amis, que les grands cessent de s'engraisser de la substance du peuple et de s'abreuver de ses sueurs. C'est la lâcheté des peuples qui fait l'insolence des rois. Brisons les fers de *notre belle patrie!* (Pirmasentz, ville de soixante-dix-huit maisons!) Brisons le joug de la tyrannie!

« Marchons à ce palais où le tyran se livre à d'impures délices, entouré de ses féroces satellites ; réclamons nos libertés, et périssons tous s'il le faut : *Pulchrum est pro patriâ mori.* »

A ce moment, Richard se promenait dans son jardin, et s'amusait à débarrasser lui-même ses œillets des feuilles jaunies qui les fatiguaient et diminuaient leur éclat.

Il y a des gens qui n'ont en politique qu'une opinion, qu'un parti, qu'une conviction ; ces gens-là sont nombreux, et meurent volontiers pour la cause qu'ils ont embrassée. Cette opinion, ce parti, cette cause, cette conviction, c'est le tapage ; il n'y a pas de foi qui puisse compter autant de martyrs.

Aussi les conjurés arrivèrent-ils au nombre de quatre-vingts à la porte du palais.

Les féroces satellites se composaient pour le moment d'un soldat qui jouait de la flûte, et achevait d'apprendre sa partie dans la symphonie en *la* de Beethoven, qu'on devait exécuter le surlendemain, et qui les laissa passer quand ils eurent dit qu'ils voulaient parler au prince, en leur recommandant seulement de marcher dans les allées.

Le prince fut peu surpris de ce tumulte, sa contenance calme et indifférente embarrassa la troupe ; et quand il demanda ce qu'on voulait de lui, personne n'ayant l'aplomb nécessaire pour parler, on répondit tous à la fois par des cris confus et presque inintelligibles, parmi lesquels on discernait cependant : — Vive la liberté ! — à bas les tyrans ! A quoi le prince comprit qu'il s'agissait d'une émeute. Il sourit, et dit d'une voix forte qui se fit entendre malgré les murmures des factieux : Que l'un de vous parle pour tout le monde! car si vous parlez tous l'un après l'autre, ce sera trop long; si vous parlez tous à la fois, ce sera trop bruyant.

Tout le monde se tut; et on recula, laissant à l'étudiant Heinreich le droit de prendre la parole et d'expliquer des griefs dont personne n'était bien certain.

— Nous venons, dit Henreich, au nom du peuple.

— En êtes-vous bien sûrs? reprit Richard, et surtout le peuple en est-il bien sûr?

— Nous venons, continua l'orateur, réclamer contre des abus trop longtemps soufferts.

— Mon bon ami, dit le prince, je ne sais d'autre abus Pirmasentz que celui que vous faites de ma patience. Que diable venez-vous me chanter? Mon peuple, puisque vous venez me rappeler que j'ai un peuple, n'est pas si nombreux qu'il ait besoin de mandataires. Il voudra bien me parler lui-même ; qu'il se rende demain dans la grande cour du palais, et nous causerons.

— Le peuple ne transige pas, reprit Henreich irrité de se voir prendre par Richard aussi peu au sérieux; le peuple commande.

— Je voudrais bien alors être peuple pour pouvoir vous commander de me laisser tranquillement soigner mes œillets; je ne suis qu'un pauvre prince, je vous en prie.

— C'est ainsi, dit Henreich, que les intérêts du peuple sont sans cesse sacrifiés aux intérêts privés. Le peuple n'a pas le temps d'attendre.

— Mon pauvre Henreich, dit Richard, mon métier de

prince n'est pas assez amusant pour que je le fasse tous les jours. Je serai prince demain ; aujourd'hui je suis un simple particulier, fort inquiet d'un bel œillet qu'il a marcotté lui-même. Comme particulier, je veux être maître chez moi. Ainsi donc, mes amis, allez-vous-en, et ne marchez pas sur mes œillets.

Henreich se retourna vers ses amis.

— Vous contenterez-vous de ces réponses évasives, et de la farouche ironie qui dicte les paroles du tyran?

— Mon ami Henreich, vous me traitez en tyran de théâtre, celui d'entre les hommes auquel on dit le plus d'injures. Je vous le répète, c'est comme particulier que je corrige moi-même les impertinences avec ma canne.

— Je le vois, dit Henreich, les défenseurs du peuple entreprennent une tâche périlleuse. Je vois qu'au bout de la carrière que je commence, je ne trouverai que la couronne du martyre ; mais je suis prêt à verser mon sang pour le peuple. Prenez ma tête!

— Que ferais-je de votre tête? si ce n'est de tirer les oreilles qui y sont attachées. J'attends mon peuple demain au palais ; nous boirons de la bière et nous causerons. En cas de mauvais temps, on sera à couvert partout.

Quand ils furent partis, Richard fit un bouquet de ses plus beaux œillets pour Vilhelmine, et lui écrivit pour lui rappeler qu'il devait le soir valser avec elle.

Le lendemain, dès le jour, l'armée vint au palais pour la dernière répétition de la symphonie en *la* de Beethoven, qui devait se jouer le soir.

— Que diable me veut mon peuple, pensait Richard, et quel accident a pu lui rappeler que j'étais son prince? Rincez des verres pour mon peuple. Heureux le souverain qui peut trinquer ainsi avec tous ses sujets !

Il vint une centaine de personnes d'une façon un peu tumultueuse, une centaine d'autres vinrent pour voir ce que venaient faire les cent premiers, et le reste des habitants de Pirmasentz pour voir ce qu'étaient venus faire les seconds.

— Mes amis, dit Richard, buvez la bière pendant qu'elle est fraîche. Maintenant, que venez-vous me demander ? Vous ai-je jamais gênés dans vos plaisirs ni dans vos affaires ? Sais-je seulement ce que vous faites ?

— A bas les tyrans ! cria Henreich !

— A bas les tyrans ! crièrent les amis d'Henreich.

— A bas les tyrans ! cria le peuple.

— Pourquoi le prince est-il entouré de sicaires ? demanda Henreich.

— Je suis entouré de mes musiciens ; les autres soldats sont, je crois, allés se promener. Faites un moment silence, et écoutez-moi. Avez-vous à vous plaindre ? êtes-vous malheureux ? Je ne suis pas riche, mais celui d'entre vous qui a voulu venir manger ma soupe a toujours été le bienvenu.

— Par ma voix, dit Henreich, le peuple réclame ses libertés.

— Vous me trouverez bien ignorant, mon pauvre Henreich, mais je vous jure que je ne sais pas quels droits le peuple peut réclamer dans un pays où le prince n'en réclame aucun.

— Nous voulons la liberté de la presse, dit Henreich.

— Nous voulons la liberté de la presse, dit le peuple.

Le prince attendit que le tumulte fût passé, et il dit :

— Que diable ferez-vous de la liberté de la presse? il n'y a pas de presse à Pirmasentz, et bien peu d'entre vous savent lire.

— Le peuple saura mourir pour ses droits, dit Henriech.

— Oui, nous saurons mourir, dit le peuple.

— Je serais fâché, dit Richard, de vous voir mourir pour cela.

Pendant ce temps, Robrecht avait rassemblé les soldats et avait fait cerner la cour; il revint et dit :

— Je préviens Votre Altesse que l'armée entoure les factieux, et qu'ils sont en notre pouvoir.

— Eh bon Dieu! dit Richard, que voulez-vous que j'en fasse, de vos factieux? il n'y a qu'une prison à Pirmasentz, et j'en ai fait une serre pour mes orangers. Renvoyez les soldats.

— Mais je ferai remarquer à Votre Altesse que sa sûreté personnelle....

— Ne vous inquiétez de rien, Robrecht, et faites ce que je vous dis.

— Trahison! cria Henreich comme les soldats se dispersaient, le palais du tyran va se rougir du sang du peuple...

Le prince fit signe qu'il voulait parler : un long murmure s'apaisa graduellement.

— Vous voulez la liberté de la presse; mais vous ai-je jamais dit que je m'opposais à ce que vous écrivissiez ce qui peut vous passer par la tête? qu'est-ce que cela me fait à moi? seulement, je ne vous conseille pas de passer beau-

7.

coup de temps à écrire; par la sécheresse qu'il fait, les champs et les jardins n'ont pas trop de bras.

Et tout le monde partit.

Le soir, la symphonie fut admirablement exécutée; puis on valsa, et le prince valsa avec Vilhelmine. Elle avait des œillets à sa ceinture.

— Pauvre Richard! lui dit-elle.

Et Richard, qui avait senti le cœur de Vilhelmine battre si près du sien, ne comprenait pas trop de quoi elle le plaignait.

Tout alla bien pendant quelque temps. Henreich fit un journal, manuscrit; mais la vie de Richard était si simple, si ordinaire, qu'elle ne prêtait guères aux attaques, cependant il y a pour cela des thèmes tout faits. Robrecht surtout était peu ménagé. Il vint prier le prince de lui permettre de faire aussi son journal.

— On m'a demandé la liberté de la presse, dit Richard; usez-en tout comme vous l'entendrez.

Alors Robrecht et Henreich s'évertuèrent à faire leur journal chacun de son côté.

Les journaux paraissaient le matin. Mais comme on s'était de tout temps couché de bonne heure à Pirmasentz, et que les deux copistes, qui tiraient chaque journal à deux exemplaires, ne voulaient pas veiller, il fallait en faire une partie d'avance.

Henreich savait que les tyrans ne font rien que de criminel; Robrecht que les rois ne font rien que de sublime. Aussi ne se gênaient-ils ni l'un ni l'autre pour porter et écrire d'avance durant le jour leur jugement sur les événements de la journée, en laissant des *blancs* pour mentionner lesdits événements. Les événements étaient si peu communs à Pirmasentz, que c'était sur les mêmes qu'ils avaient à parler. Le soir on n'avait qu'à remplir les blancs, et le journal était tout fait pour le lendemain matin.

Journal de Henreich. — Jusques à quand le peuple muselé souffrira-t-il que le pouvoir....? Jusques à quand tiendrons-nous la tête courbée sous un joug odieux?

Journal de Robrecht. — Chaque jour nous apporte de nouvelles raisons de bénir le prince que le ciel nous a donné. Encore aujourd'hui...... Que répondront à cela les fauteurs de l'anarchie?

Puis, si le soir il arrivait qu'il ne fût rien arrivé, si l'homme le mieux instruit disait : — Tout ce que j'ai pu apprendre, c'est que le prince a mangé des haricots verts ; — on lisait le lendemain :

Journal de Henreich. — Jusques à quand le peuple muselé souffrira-t-il que le pouvoir mange des haricots verts? Jusques à quand tiendrons-nous la tête courbée sous un joug odieux?

Journal de Robrecht. — Chaque jour nous apporte de nouvelles raisons de bénir le prince que le ciel nous a donné : encore aujourd'hui il a mangé des haricots. Que répondront à cela les fauteurs de l'anarchie?

— C'est, ajoutait Robrecht, un encouragement à l'agriculture.

— C'est, disait Henreich, une amère dérision pour le peuple, qui ne peut manger des haricots de primeur.

Vilhelmine montra les deux journaux au prince. Il rit beaucoup de celui Henreich, et défendit à Robrecht de continuer le sien.

Richard finit par se trouver fort obéré. Rhoseville s'en alla un matin sans rien dire.

Le prince assembla son armée et dit à ses soldats : — Je n'ai plus le moyen de payer votre solde. Je vous ai loués à une grande puissance qui va vous emmener en Afrique. Vous aurez double solde.

Mon histoire est la plus vraie de toutes les histoires. — L'armée, en partant, fit sa première station à Zweibrücken (Deux-Ponts), et on s'y rappelle encore la chanson qu'ils chantaient en route, chanson qu'ils avaient composée eux-mêmes :

>   Auf, auf ihr Brüder und seit stark
>   Der abschits tag ist da...

J'ai oublié le troisième vers.

>   Wir mussen uber land und mener
>   Insheissen Africa.

René d'Anjou a dit : « Un roi sans musique est un âne couronné. »

Richard se trouva, après le départ de son armée, le plus malheureux d'entre les petits potentats ; Vilhelmine seule le consolait. Mais, à quelque temps de là, elle partit avec sa nourrice, et resta un mois absente. La raison du voyage était une visite à une vieille parente.

Pendant ce temps, la ville de Pirmasentz continua de suivre la voie du progrès. On vint un matin en tumulte demander à Richard l'autorisation de planter un arbre de la liberté.

— Plantez des arbres tant que vous voudrez. Celui qui plante un arbre fait une bonne action. S'il vous était égal que votre arbre de la liberté produisit des cerises ou des pommes, ce n'en serait que mieux.

On se rassembla sur la place. — Mes amis, dit Henreich, vous voyez comme nous arrachons un à un tous ses priviléges à la pâle tyrannie. Quel arbre choisirons-nous ?

Ici un grand bruit commença ; chacun avait son arbre de prédilection.

— Le chêne est l'emblème de la force.

— Le peuplier s'élance vers le ciel.

— Le mélèze est toujours vert.

La discussion s'anima ; beaucoup d'injures et quelques coups furent échangés. Enfin on se décida pour le chêne, et on alla arracher un jeune arbre dans la cour d'un fermier. Le fermier voulait défendre son arbre ; on menaça de le pendre à son arbre.

Ce ne fut que le soir qu'on alla planter l'arbre. Henreich ordonna d'illuminer toutes les maisons en signe de joie, et on cassa à coups de pierres les vitres de ceux qui n'illuminaient pas. Puis on chanta autour de l'arbre jusque fort avant dans la nuit.

Le lendemain matin, le juif fit savoir à Richard que, le délai étant expiré, il allait faire vendre le palais pour rentrer dans les sommes qu'il avait avancées. Au même moment, les jardins du prince se trouvèrent pleins de monde ; c'étaient des bourgeois de Pirmasentz d'une part, et d'autre part Henreich et ses partisans. Tout le monde parlait à la fois :

— Nous voulons la liberté de faire illuminer !

— Nous voulons la liberté de ne pas illuminer !

— Nous voulons la liberté d'arracher des arbres !

— Je veux la liberté de garder les miens !

— Nous voulons la liberté de faire du bruit la nuit !

— Nous voulons la liberté de dormir !

— Nous voulons la liberté de casser les vitres !

— Nous voulons la liberté de ne pas avoir nos vitres cassées !

— Vive la liberté !

— Je répondrai à vos demandes demain matin, reprit Richard.

Quant tout le monde fut parti, il donna une lettre à Robrecht, pour son oncle, sans lui en faire connaître le contenu.

« Mon cher oncle,

« Je ne peux ni ne veux plus être prince. Quand vous recevrez cette lettre, j'aurai quitté Pirmasentz. Je vous abandonne tous mes droits moyennant une pension viagère de quinze cents florins. Je vous ferai savoir où vous aurez à me faire payer cette pension. Gardez auprès de vous Robrecht, c'est un bon et loyal serviteur.

« Je vous embrasse affectueusement. Richard. »

Et le lendemain matin, dès que le soleil levant colora de ses premiers reflets roses la mousseline de ses rideaux, — il n'y avait de rideaux de soie que dans la salle du trône, — il mit dans une valise ses objets les plus précieux.

Trente ducats, une ceinture bleue ayant appartenu à Vilhelmine, les lettres de Vilhelmine, la flûte dont lui Richard jouait fort bien.

Il plaça la valise sur son cheval, et sortit de Pirmasentz pour n'y jamais rentrer.

A la sortie de la ville, il se retourna, et ses yeux s'arrêtèrent sur les acacias qui ombrageaient la maison du tailleur : un long soupir sortit de sa poitrine : — Qu'est-elle devenue? pensa-t-il ; m'a-t-elle donc aussi abandonné? quel sot préjugé m'a empêché de l'épouser au temps de ma grandeur ? Maintenant son père me la refuserait, et ce serait elle qui ferait la mésalliance. Je lui enverrai une lettre quand je serai loin de Pirmasentz.

Puis il laissa son cheval suivre un sentier dans le bois. Vers le milieu du jour, il dîna chez un bûcheron, et se remit en route pour A...

Mais il s'égara ; et comme le jour baissait sensiblement, comme le soleil ne lançait plus que d'obliques et pâles rayons orangés à travers les arbres, la perspective de passer la nuit à la belle étoile lui fit presque un moment regretter Pirmasentz. Mais ce regret s'évanouit lorsqu'il se rappela le bruit qui l'aurait éveillé le lendemain. Alors il se fit un lit de feuilles, mit son épée nue à côté de lui, et s'endormit. La fraîcheur qui précède le lever du soleil le réveilla le lendemain. Les oiseaux secouaient leurs ailes engourdies, se baignaient dans la rosée scintillant au soleil levant, et chantaient joyeusement. Alors Richard vit qu'il avait passé la nuit à cinquante pas d'une petite maison où il eût pu reposer à couvert.

La petite maison était d'un aspect ravissant : elle était entourée de fossés remplis d'eau, et alimentés par une source vive ; elle était entourée d'acacias ; et cette vue, qui lui rappelait la maison du tailleur, fit soupirer tristement Richard. Il y avait encore de grandes pelouses vertes et des platès-bandes, des fleurs parfaitement soignées. Richard regretta ses œillets.

Il entra; on le reçut poliment. Il demanda à déjeuner; un domestique lui servit un excellent repas. Comme il finissait de déjeuner, il aperçut au détour d'une allée deux femmes qui approchaient. — C'est, dit le domestique, ma maîtresse qui vient de se lever. Richard alla au-devant de ses hôtesses pour les saluer. L'une d'elles était une vieille femme, d'une physionomie douce et avenante; l'autre était une charmante jeune fille, et cette jeune fille était Vilhelmine.

Vilhelmine et Richard s'étonnèrent, et la tante s'étonna de leur étonnement.

Richard, en peu de mots, mit les dames au fait de ce qui lui était arrivé.

— Vilhelmine, Vilhelmine! dit Richard, quelle charmante retraite! et que la vie y aurait été douce avec vous! Je ne puis aujourd'hui vous demander votre main, après avoir eu la lâcheté de ne pas vous épouser quand j'étais prince.

Voici aujourd'hui toute ma fortune. J'ai trente ducats dans ma valise, et je me suis assuré une rente de quinze cents florins.

— Mon prince, dit la tante, il n'y a rien de désespéré; Vilhelmine vous aime, restez ici. Vilhelmine viendra me voir tous les mois; et quand j'aurai vu que votre résolution de l'épouser n'est pas le résultat d'un moment d'exaltation, quand je me serai convaincue que vous ne regrettez pas votre palais de Pirmasentz, que vous a si bien volé quelqu'un que je ne nommerai pas, parce qu'il est mon frère, nous arrangerons tout pour le mieux.

Richard ne put faire d'autre réponse que de baiser la main sèche de la vieille dame.

Et quand elle lui eut donné à baiser la petite main de Vilhelmine, il s'écria : — Adieu, adieu à Pirmasentz! adieu au triste passé, et qu'il soit béni, s'il est le prix de l'avenir! J'ai passé bien des jours d'ennui, mais un riant horizon m'apparait.

Il n'y a pas d'épines sans roses.

. . . .

Voici, du reste, ce qui arriva à Pirmasentz. Le jour où le prince partit, il y avait à midi huit princes de Pirmasentz; le soir il y en avait trente-deux. Le lendemain matin, l'oncle de Richard, qui avait accepté avec empressement l'offre de son neveu, envoya un caporal et dix hommes qui arrêtèrent en deux heures l'élan des révolutions.

UN VAUDEVILLE

A Toirac.

I

SUR LE PONT DES ARTS.

Il faut croire que sur la page consacrée dans le livre du destin aux diverses corvées qui devaient composer la vie d'Olivier, il était écrit qu'un des premiers jours du mois de juin il passerait deux heures à bouquiner sur les quais de Paris. En effet, la Seine, qui, hors de la ville, coule lentement entre des rives vertes, ombragées de saules et de peupliers, roule ses eaux dans Paris depuis le pont de l'Hôtel-Dieu jusqu'au pont Louis XV, entre d'innombrables vieux livres et bouquins entassés sur les parapets de ses quais.
— Olivier, à cinq heures, se rappela qu'il avait un rendez-vous important rue de Seine à quatre heures et demie. — C'était l'horloge de l'Institut, en face duquel il se trouvait

alors, qui lui avait dit l'heure qu'il était, et l'heure qu'il n'était plus. Aussitôt Olivier hâta le pas, et il se disposait à passer le pont des Arts, lorsqu'en fouillant dans la poche de son gilet il s'aperçut qu'il avait donné jusqu'à son dernier sou aux libraires en plein vent. Il s'arrêta, regarda encore l'horloge, suivit d'un œil découragé le long détour que, faute d'un sou pour le péage du pont des Arts, il allait avoir à faire. A ce moment s'avançait également, dans l'intention de passer le pont, un homme doué d'une figure si épanouie, d'une physionomie si bienveillante, que, cédant à une inspiration subite, Olivier le salua et lui dit :

— Monsieur, voulez-vous avoir l'obligeance de payer pour moi le passage du pont?

— Ah diable! répondit l'inconnu. — Et après un moment de silence : C'est égal, ajouta-t-il en tendant à Olivier un sou qu'il tira de la poche de son gilet. — C'est tout ce que j'ai sur moi, mais je ne suis pas pressé, et je ferai le tour par le Pont-Royal. Puis, sans attendre les remerciements ou le refus d'Olivier, il le salua et continua sa route en longeant le quai. Pour Olivier, il traversa la rivière avec rapidité et ne tarda pas à arriver à la rue de Seine. — Mais il était cinq heures un quart, on l'avait attendu jusqu'à cinq heures, et l'on était parti. Il s'en alla de mauvaise humeur, et reprit le quai en se dirigeant vers un pont qui lui permît, sans rétribution, de regagner la rive droite de la Seine. Il n'avait fait que quelques pas dans cette direction lorsqu'il se trouva en face de l'homme qui lui avait si obligeamment prêté un sou.

— Ah! Monsieur, dit-il, je suis enchanté de vous retrouver, j'étais si pressé que j'ai manqué à deux devoirs ; le premier était de refuser votre offre par trop obligeante, et le second de vous en remercier.

— Êtes-vous arrivé à temps à vos affaires?

— Non, mais je ne vous en dois pas moins de la reconnaissance.

— Vous m'en devez pour un sou. — Combien donne-t-on de reconnaissance pour un sou? Ça ne doit pas être beaucoup, car on dit que c'est une marchandise assez rare.

— Il ne s'agit pas du sou, mais de la complaisance, qui, pour obliger un passant, un inconnu, vous a fait faire un long détour par une chaleur étouffante.

— Ce n'est pas à cela que je pensais, monsieur. — Car lorsque vous m'avez abordé, je vous avoue que je songeais au trait sublime dont vous me louez avec magnificence, mais ce qui me frappait, c'était la rencontre de deux hommes qui ne possédaient qu'un sou à eux deux.

— Enfin, monsieur, je sais bien que je ne puis, ni vous beaucoup remercier, ni vous demander votre adresse pour me libérer de la dette que j'ai contractée, surtout si vous faites semblant de prendre le change sur l'expression de mes sentiments et de les tourner en plaisanterie. Mais je vais vous dire tout nettement ma pensée : je vous crois un homme excellent ; dans les grandes choses on se montre, dans les petites on se laisse voir. Je voudrais que nous devinssions au moins des connaissances, et ça m'ennuie de penser que nous ne nous reverrons peut-être jamais.

— C'est un très-bon sentiment dont je vous sais gré, et je ne négligerai pas non plus l'occasion d'acquérir un ami pour un sou.

— Tenez, pas de cérémonie entre jeunes gens, — venez dîner avec moi à mon cabaret.

L'inconnu tira un très-petit livre de sa poche, glissa une épingle entre les feuillets, ouvrit le livre, y jeta un coup d'œil et dit :

— Très-volontiers, mais j'ai une course à faire.

— Nous la ferons ensemble.

Les deux jeunes gens se prirent par le bras et se dirigèrent vers une maison de la rue Jacob. — L'inconnu déposa un paquet chez le portier. — C'est, dit-il, une petite commission pour un de mes amis. Où est votre cabaret ?

— De l'autre côté de l'eau, — au Palais-Royal, — nous passerons par chez moi, je demeure rue Vivienne.

— Nous sommes voisins; mon logis est rue des Filles-Saint-Thomas ; nous passerons aussi devant ma porte; j'entrerai chez moi un instant.

— Pourquoi faire ?

— Mais pour prendre de l'argent ; nous n'avions qu'un sou à nous deux et nous l'avons dépensé.

— Vous n'avez pas besoin d'argent, puisque je vous ai invité à dîner, et que j'en vais prendre chez moi.

— C'est égal, j'ai des emplettes à faire et je ne vous demande que deux minutes.

Ils passèrent par la rue Vivienne et la rue des Filles-Saint-Thomas, et chacun des deux attendit l'autre à sa porte tandis qu'il gravissait rapidement ses escaliers, puis ils s'installèrent dans un café-restaurant du Palais-Royal. Après le dîner Olivier demanda la carte, son ami la prit aux mains du garçon; — il s'éleva un débat.

— Êtes-vous très-riche ? demanda l'étranger.

— Non.

— Ni moi non plus ; si nous devons continuer à nous voir il serait prudent de mettre fin tout d'abord aux effets somptueux, — je ne dépense jamais plus de quarante sous à mon dîner, — mais en voici un qui vous va coûter vingt francs, je serai obligé, si nous jouons ce rôle-là tous les deux, de vous en rendre un qui me coûtera trente francs. — Payons celui-ci à nous deux, ce sera un festin donné en l'honneur de notre future amitié, puis à l'avenir, quand il nous arrivera de dîner ensemble, nous n'essayerons pas de nous éblouir par de mutuelles magnificences, nous dînerons selon nos habitudes, en payant chacun notre écot.

Il y eut alors une série de « je ne le souffrirai pas » et de « je l'exige, » auquel le bienfaiteur d'Olivier mit un terme en disant : Je vois avec peine que vous êtes d'un caractère hargneux et querelleur. — Moi-même je suis un peu opiniâtre. — Je vais vous faire une proposition qui empêchera notre amitié de mourir en bas âge. Ma proposition est que nous appliquions aux différends qui s'élèveront entre nous, le procédé que j'emploie pour les discussions que j'ai avec moi-même. — Car il m'arrive parfois de ne pas être parfaitement d'accord avec moi, et de me sentir tiraillé par deux volontés en sens contraire.

— Voyons le procédé, dit Olivier, car je n'aime pas non plus l'hésitation ; il vaut mieux se décider pour le mauvais chemin, car on peut ensuite revenir sur ses pas, et en prendre un autre, que de rester comme un poteau au milieu du carrefour.

— Parfaitement vrai. Voici mon procédé ; il n'est pas de mon invention, je le tiens d'un vieil Allemand avec lequel j'ai essayé d'apprendre la musique. Numa avait dans un bois une nymphe Égérie qu'il allait consulter dans les circonstances embarrassantes. — Quelques savants ont trouvé quelque chose d'assez joli — pour des savants. — Ils ont dit qu'*Égérie* c'était la pauvreté, — *egestas*. Mais pour moi, la pauvreté ne m'a jamais donné que d'assez mauvais conseils. Mon Égérie, c'est le hasard. — Croyez-vous au hasard? J'ai toujours pensé que la Providence a craint que l'homme, à force de bêtise ou de malice, ne se contentât pas toujours des menues choses qu'elle lui permet de déranger et de classer dans l'ordre universel, et ne s'avisât quelque jour de vouloir rompre quelque rouage nécessaire. — C'est pourquoi, au milieu des actes, des fantaisies, des projets humains, elle s'est réservé une part qui lui permet de déjouer quelques-unes de ces tendances et de rétablir l'ordre compromis ou menacé. C'est ce que la foule appelle le hasard. — J'ai, moi, mon Égérie dans ma poche. — C'est plus commode que d'aller la chercher dans les bois.

Et il sortit de sa poche une toute petite Bible, édition diamant. — C'était le livre qu'il avait tiré de sa poche lorsque Olivier l'avait invité à dîner.

— Voici la chose et la manière de s'en servir : — tantôt, quand vous m'avez engagé à dîner avec vous, comme ce dîner pouvait être le commencement d'une liaison d'amitié, j'ai consulté l'oracle, et voici ce qu'il m'a répondu :

« Et il dit : Buvez maintenant et mangez avec joie. »

— Savez-vous quelle conclusion je tire de cela? dit Olivier, c'est que nous n'avons pas assez bu.

— Nous allons donc savoir, si vous le trouvez bon, si je

dois vous laisser payer le gala que nous venons de faire, ou si j'en dois payer la moitié.

Et, insinuant son épingle entre les tranches du livre, il l'ouvrit et lut la ligne sur laquelle l'épingle s'était arrêtée.

« N'empêche pas de bien faire celui qui le peut. »

— Payez donc la carte, si ça vous fait plaisir, et si vous avez assez d'argent. Moi, je vais demander du punch et des cigares.

Et les nouveaux amis fumèrent, burent et causèrent jusque fort avant dans la soirée. — Lorsqu'ils se séparèrent, Olivier dit : Ah ça, mon ami, comment t'appelles-tu ?

— René Guichard. — et toi ?...

. . . .

II

LE NEVEU SUPPOSÉ.

La ville de Rouen, pour ceux qui la voient seulement en descendant le fleuve ou en passant sur ses quais, a l'aspect d'une ville toute neuve et régulièrement bâtie. — Ses quais sont bordés d'une rangée de hautes maisons plates et jaunes, dont le plus grand nombre des habitants sont très-fiers ; ça sert à cacher la ville qui est pleine de rues étroites, tortueuses, un peu humides, il est vrai, mais aussi de monuments précieux et de maisons pittoresques, avec des corniches et des frises curieusement sculptées. Les habitants veulent bien vous montrer la cathédrale, Saint-Ouen, Saint-Patrice, etc., magnifiques églises, mais ils sont un peu honteux de vous faire traverser les rues plantées de maisons du même âge, en harmonie avec ces chefs-d'œuvre; ils n'aspirent qu'à voir un jour ces monuments au milieu d'une ville neuve, toute régulière, toute plate et toute jaune, comme les quais; ce qui leur donnera l'air étrange et dépaysé, — qu'aurait eu, pour ne pas remonter plus haut, Sully à la cour de Louis-Philippe.

A une des vieilles maisons du vrai Rouen, maison dont les voûtes, les fenêtres et la porte étaient richement sculptées, frappa un matin un jeune homme de vingt-trois à vingt-quatre ans, simplement, mais convenablement vêtu. — Une sorte de domestique sauvage vint lui ouvrir, c'était un homme de cinquante ans, dont les cheveux épais, à peine grisonnants, étaient tellement touffus et mêlés, que si on avait voulu les rendre moins incultes, on aurait naturellement songé, non à les peigner, mais à les carder. Ses yeux, d'un bleu pâle, ne regardaient pas en face, sa voix était traînante et paraissait psalmodier. L'étranger demanda M. Hamel en donnant sa carte, à quoi le domestique répondit :

— Je vais voir s'il y est.

Il laissa l'étranger à la porte, qu'il referma à moitié, et rentra dans la maison. Il ne tarda pas à revenir, et dit : M. Hamel est encore couché, mais entrez la même chose; on vous attendait, vous allez trouver mademoiselle Anastasie qui vous mettra au courant.

En effet, en entrant dans *la salle*, l'étranger trouva une fille fraîche et dodue qui paraissait âgée de vingt-quatre à vingt-six ans. Elle était évidemment en toilette, — ainsi qu'en faisaient foi un bonnet bordé de dentelles, un fichufoulard posé en pointe sur le col, mais plissé au moyen d'une épingle, de façon à laisser la nuque à découvert, et un tablier de soie couleur gorge de pigeon. Elle avait les yeux bleus découpés en amande des filles de la Normandie; mais ces yeux clairs, transparents, profonds, semblables à une glace sans tain, regardaient à la fois de toute la largeur de la pupille, regard large, sans pointe, qu'on ne pouvait rencontrer ni arrêter par un autre regard, que celui d'Anastasie aurait cerné et enveloppé.

— Vous êtes, dit-elle à l'étranger, M. Ernest Giraud?

— Oui, Mademoiselle.

— Très-bien, vous venez pour être le secrétaire de M. Hamel.

— Oui, Mademoiselle, si j'ai le bonheur de convenir à vous d'abord et à lui ensuite.

— Très-bien. — Vous savez que M. Hamel est vieux et malade.

— Oui, Mademoiselle, et qu'il sait apprécier les bons soins que vous prenez de lui en vous donnant toute sa confiance.

— Très-bien... — Papa, va-t'en, dit-elle au domestique qui avait introduit Ernest Giraud.

Le domestique se retira.

— Nous avons à causer, monsieur Giraud... dans l'intérêt de M. Hamel... car je l'aime comme un père. M. Hamel est trop bon, trop généreux, trop sensible à tout, se sont les seuls défauts que je lui connaisse... je n'ai pu l'en corriger tout à fait... toujours dans son intérêt. Il faut que je voie toute lettre qui arrive ici et qui en part, non par curiosité, Dieu merci! je n'ai pas ce défaut là, — mais pour écarter de lui tout ce qui pourrait l'affliger ou le jeter dans des imprudences. Je vous montrerai surtout une certaine écriture qui doit être l'objet d'une surveillance particulière.

Mademoiselle Anastasie sonna, — le vieux domestique parut.

— Papa, lui dit-elle, va chercher dans ma chambre une boîte noire qui est sur la commode.

— Mais, dit Ernest Giraud, pendant que le père Vimeux faisait la commission qu'il avait reçue, — pourquoi M. Hamel prend-il un secrétaire?

— Pour lire auprès de lui une partie de la journée, et quelquefois la nuit quand il ne dort pas. — J'ai longtemps hésité à céder à cette fantaisie, je craignais qu'une nouvelle figure ne déplût à M. Hamel, ou vînt déranger l'état de douce tranquillité dans lequel je le fais vivre avec tant de peine et de soins... Mais M. Guichard m'a dit tant de bien de vous, m'a si bien assuré que vous ne me contrarieriez en rien de ce que je fais pour assurer le bonheur des derniers jours de M. Hamel, que j'ai consenti à vous voir remplir ces fonctions. J'ai d'abord essayé de les remplir moi-même, tant je suis dévouée à mon respectable maître. — J'ai appris à lire à vingt-quatre ans, — mais il était trop tard; je sais lire, — Dieu merci, mais je ne puis lire à haute voix, mon ton est traînant, monotone, et le fatigue.

Le père Vimeux rentra avec la boîte.

— Ah çà, papa, tu as mis le temps... ça n'était pourtant pas bien difficile de prendre une boîte noire sur une commode, dans une chambre où il n'y a qu'une commode et qu'une boîte noire. — Tâche donc d'être un peu plus vif.

— Maintenant tu vas allumer le feu dans la cuisine, et quand il sera allumé tu mettras chauffer le lait.

Mademoiselle Anastasie ouvrit la boîte avec une petite clef choisie dans un paquet de clefs attaché à sa ceinture et en tira une lettre qu'elle présenta à Giraud. Cette lettre commençait ainsi : Comment se fait-il, mon cher oncle, que toute mes lettres restent sans réponse, etc.

— Cette écriture est celle du neveu de M. Hamel, dit mademoiselle Anastasie, — un mauvais sujet qu'il faut éviter à tout prix de laisser pénétrer ici, il ruinerait son oncle, et abreuverait d'amertume les quelques années qui lui restent à vivre. — Vous comprenez qu'il me serait bien plus commode de lui voir une famille à ce pauvre M. Hamel, et de me débarrasser sur quelqu'un d'une partie des soins fatigants auxquels mon affection pour lui me condamne. — Mais ce neveu, qu'il n'a pas vu depuis sa première enfance, dont le père, frère de M. Hamel, est mort brouillé avec lui, — ce neveu ne pense qu'à l'héritage de son oncle et en ferait le plus mauvais usage. Il a fini par cesser d'écrire à son oncle, si ce n'est une ou deux fois dans l'année, lettres qui ne parviennent pas à M. Hamel, qui croit que son neveu ne pense pas à lui.

Croyez-vous que vous reconnaîtrez bien cette écriture ?

— Je le crois, Mademoiselle ; mais dans le doute, je ne cachèterai ni ne décachèterai pas une lettre pour M. Hamel sans vous l'avoir préalablement soumise ; par ce moyen, je vous aiderai de mon mieux dans les soins que vous prenez avec tant de zèle et de persévérance.

— Vos appointements sont faibles, mais j'aurai soin de les faire élever, à mesure que... M. Hamel sera content de vous, car je n'ai d'autre but que son bonheur, — le pauvre homme n'a plus que moi.

Voilà donc Ernest Giraud installé chez M. Hamel. — Le vieillard était fort décrépit : l'esclavage et la solitude dans lesquels le tenaient Anastasie, l'avaient fait presque tomber en enfance. Ernest fut pendant quelque temps soumis à des épreuves minutieuses ; pendant qu'il était seul avec M. Hamel, les cloisons, comme certains murs, avaient des oreilles et même des yeux. — Le père Vimeux, qui exerçait par cumul les fonctions de père, de domestique de mademoiselle Anastasie, trouvait d'ailleurs toujours quelque prétexte pour entrer dans la chambre de M. Hamel.

Celui-ci ne tarda pas à prendre Ernest en affection. — Ernest lisait bien et écoutait volontiers les histoires du vieillard, qui ne parlait jamais de son existence actuelle, et vivait entièrement dans le passé.

Mademoiselle Anastasie ne s'en rapportait pas même à son père pour les soins qui regardaient la personne de M. Hamel ; elle ne reculait devant rien pour qu'il lui dût tout plaisir, tout bien-être, tout soulagement, et, ainsi qu'elle l'avait avoué à Ernest, ce n'était qu'après de longs et héroïques efforts restés infructueux, qu'elle s'était décidée à s'adjoindre quelqu'un.

Ernest sortit triomphalement des épreuves de mademoiselle Anastasie, et fit dans sa confiance des progrès qui ne pouvaient se comparer qu'à ceux qu'il faisait dans l'affection de M. Hamel. Bien plus, le cœur de mademoiselle Anastasie s'entrouvrit à des sentiments qu'elle n'avait jamais éprouvés, et Ernest prit sur elle une influence qu'elle fut assez longtemps à s'avouer.

8.

— Papa, dit-elle un jour au père Vimeux, — les souliers étaient bien mal cirés ce matin, — et il n'y avait pas une goutte d'eau dans la fontaine. — Voilà bien des fois déjà que je te reproche ta négligence, mais c'est comme si je chantais : « Va t'en voir s'ils viennent. » Si tu ne veux pas mettre plus de soin à ta besogne, tu n'as qu'à parler, ton compte sera bientôt fait, et je ne serai pas embarrassée, avec les gages que nous donnons, pour trouver un autre domestique.

Le père Vimeux s'excusa de son mieux.

— Il faut continua Anastasie, que ce soit moi qui fasse tout. — J'ai usé toute ma jeunesse à faire la fortune de la famille ; j'ai consacré toute ma vie à ce vieillard horrible, et je ne trouve pas dans les autres le moindre appui. — Tu restes au cabaret dans les moments où j'ai besoin de toi ; et hier encore je t'ai sonné trois fois. Où étais-tu ? Dans quelque bouchon. Et cependant nous voici près de notre but ; le vieux s'éteint à vue d'œil. — Mais je traiterai chacun selon son mérite. — Je ne te laisserai pas manquer du nécessaire, mais je ne serai pas pour toi ce que j'aurais été si j'avais été plus contente de toi.

— Je fais de mon mieux, dit le père Vimeux, — et ce matin encore j'ai passé trois quarts-d'heure dans une armoire pour ton service, — et je venais te dire ce que j'avais entendu.

— Dis donc vite.

— Le vieux parlait de son neveu. — Je ne sais quel livre M. Ernest lui lisait, — mais tout à coup il l'a arrêté, en disant : Ce livre m'attriste beaucoup ; il me rappelle mon cher frère.

— Vous avez eu un frère? dit M. Ernest.

— Oui, dit M. Hamel, et un frère avec lequel j'étais brouillé, par ma faute, quand il est mort. — C'est un regret, un remords même dont je n'ai jamais pu me débarrasser. Mon frère est mort en me maudissant.

— Soyez sûr du contraire, dit M. Ernest.

— Comment le savez-vous?

— Est-ce qu'on maudit son frère!

Et cœtera, et cœtera. Il paraît que M. Ernest a dit des choses très-belles, car le vieux pleurait.

— Il pleurait, — dit Anastasie, je lui ferai défendre de pleurer, par son médecin, — et je défendrai à M. Ernest de le faire pleurer : c'est très-dangereux... pour moi. — Ensuite?

— Ensuite, on a parlé du neveu.

— Ah! ah!

— On a dit : C'est un mauvais sujet; — il a oublié entièrement son oncle.

— Qui disait cela?

— Je ne sais plus lequel, mais ça se disait.

— Répondait-on?

— Oui; on disait : Ça n'est peut-être pas vrai?

— Très-bien. — Tu vas dire à M. Ernest de venir me parler... et en même temps tu resteras près du vieux.

Le père de mademoiselle Anastasie s'empressa de lui obéir. Ernest ne se montra pas moins empressé.

— Monsieur Ernest, dit Anastasie, — M. Hamel vous a parlé de son neveu?

Ernest rougit et dit : Oui, mademoiselle; — j'attendais

à ce soir pour vous le dire, car il est nécessaire que vous sachiez tous les détails de cette conversation.

— Je les sais déjà à peu près, monsieur Ernest, dit Anastasie en souriant. Quel est le résultat de cette conversation? Dans quelle disposition d'esprit a-t-elle laissé M. Hamel?

— Il va faire revenir son neveu.

— C'est impossible; — je ne le veux pas; ça ne sera pas. — Ce mauvais sujet le fera mourir de chagrin. — C'est sans doute vous qui écrirez.

— J'ai déjà écrit.

— Il faut brûler la lettre.

— Cela ne dépend ni de moi ni de vous; il l'a prise et l'a mise dans sa poche. — Je ne sais qui lui a inspiré cette défiance, mais il veut la remettre lui-même au facteur de la poste aux lettres.

— Nous saurons bien l'en empêcher; mais nous l'en empêcherons une fois, deux fois, dix fois peut-être, puis il finira par réussir, et le neveu, dont les dernières lettres étaient très-tendres et très-respectueuses, arrivera ici en trois heures, et détruira tout ce que j'ai fait... pour la tranquillité de son oncle. Il faut d'abord parer au plus pressé; faites une lettre tout à fait semblable par l'extérieur à celle que vous avez écrite à ce maudit neveu. — Mettez dedans tout ce que vous pourrez trouver de plus décourageant; vous me la donnerez, et c'est celle-là que M. Hamel mettra à la poste. — Je m'en charge. Puis il faudra que nous trouvions moyen d'écarter à jamais ce neveu. — J'ai besoin de causer sérieusement avec vous, monsieur Ernest. — Ce soir, pendant son plus fort sommeil, à onze heures, revenez dans cette salle. — S'il se réveille, j'entendrai d'ici sa sonnette

même sa voix. — Ayez soin de me donner la lettre avant dîner. — C'est dans la poche de côté de son habit, me ites-vous, qu'il a mis la première lettre?
— Oui.
— Très-bien. — Je vous attends à onze heures.

Pendant le dîner, le père Vimeux, qui servait à table [M]. Hamel, Ernest et sa propre fille, — laissa tomber la sauce [d']un gigot sur l'habit de M. Hamel; Anastasie jeta un cri, [s]e précipita sur M. Hamel, lui demanda avec une telle ter[r]eur s'il n'était pas brûlé, que M. Hamel commença à n'être [p]as bien sûr du contraire, et dit qu'il ne le croyait pas, — [q]ue cependant...

Anastasie envoya son père chercher la robe de chambre [d]e M. Hamel, et lui ôta elle-même l'habit, qu'elle alla net[t]oyer dans la chambre à côté, habit sur lequel elle avait [t]ransporté tous les bons sentiments dont elle n'avait plus [l']emploi depuis qu'il était constaté que M. Hamel n'était [p]as personnellement brûlé. — Un si bel habit, — d'un si [b]eau bleu, — qu'il n'avait mis que trois fois. — Tout à [c]oup, M. Hamel pâlit — Anastasie! s'écria-t-il, — appor[t]ez-moi mon habit.

Et en même temps il se leva pour aller le chercher lui-[m]ême. — Mais Anastasie le lui rapportait. Il se jeta sur la [p]oche et en tira la lettre qu'il y avait mise le matin. — [P]uis il dit : Laissez l'habit, et venez dîner.

Mais Anastasie ne revint qu'après avoir réparé la maldresse de son père.

On sonna; c'était le facteur de la poste. M. Hamel or[d]onna qu'on le fît monter, et lui confia lui-même sa lettre. — Anastasie sourit.

Le soir, Ernest, après avoir attendu longtemps Anastasie dans la salle où elle lui avait donné rendez-vous, avait fini par s'endormir dans un fauteuil. — Elle arriva vers minuit et demi. — Elle était émue et sa voix tremblait. Monsieur Ernest, dit-elle, — quand elle se fut assise auprès de lui, vous avez pris une grande influence sur M. Hamel ; une influence qui pourrait presque contre-balancer la mienne et m'inquiéter ; une influence que je me mettrais en devoir de briser par tous les moyens, si je n'y avais cédé moi-même, et si vous ne m'aviez inspiré autant d'*estime* que vous en avez inspiré à notre maître. Cependant, il est temps de nous expliquer ; jusqu'ici, vous avez tenu les promesses que vous m'avez faites ; vous m'avez aidé dans mes projets sans les connaître, et sans y voir aucun intérêt pour vous qu'une misérable augmentation de vos misérables appointements. Vous ne pouvez plus être mon subordonné, il faut que vous soyez mon allié, mon associé. Il faut que nous réunissions nos efforts, mais pour un but commun. Monsieur Ernest, s'il n'arrive pas de malheur, à la mort de M. Hamel je serai riche ; il a fait un testament en ma faveur, qui, sauf quelques legs, me laisse toute sa fortune. Un danger menace cependant mes projets. — Mais avant de vous dire quel est ce danger, et ce que j'ai imaginé pour le conjurer, il faut que vous répondiez franchement à une question : ces projets qu'il s'agit de défendre, voulez-vous qu'ils soient *nos* projets ? — Cette fortune qu'il faut achever de conquérir, voulez-vous qu'elle soit à nous deux ?

— Ah ! Mademoiselle, dit Ernest, comment ai-je pu mériter tant de bontés ?

— Ça ne se mérite pas.

— Vous me voyez confus ; les expressions me manquent.

— Tâchez d'en trouver assez pour ne pas me donner de charade à deviner, dit sèchement Anastasie. Voulez-vous, oui ou non?

— Mais..., Mademoiselle, ai-je besoin de dire que je suis trop heureux...

— L'êtes-vous seulement assez?

Ernest lui baisa la main. — Jamais on n'avait baisé la main d'Anastasie ; elle demeura ravie et confuse. — Cependant elle se remit bientôt et dit : Travaillons donc ensemble. — Il faut en finir avec ce neveu. Tant qu'il ne l'aura pas vu, il se fera de lui des images charmantes ; il faut qu'il vienne ici.

— Que dites-vous?

— Il faut qu'il vienne ici, et que ce soit lui qui nous débarrasse de lui-même.

— Mais...

— M. Hamel n'a pas vu son neveu depuis son enfance ; sept ou huit ans. — C'est vous qui serez ce neveu.

— Moi !

— Vous-même, — vous êtes à peu près de son âge.

— Mais il me connaît comme Ernest Giraud !

— C'est égal, — nous allons jouer une petite comédie bien facile, et dont il sera la dupe. — Vous êtes venu ic sous le nom d'Ernest Giraud, mais c'est un faux nom ; vous êtes en réalité Olivier Hamel, neveu de M. Hamel, — désespéré de l'éloignement que vous témoignait votre oncle, repentant de quelques torts de négligence que vous avez eus à son égard, — désireux d'exécuter les dernières volontés de votre père qui, mourant brouillé avec votre oncle, vous a cependant dit à son lit de mort : — Aime et respecte ton oncle; vous avez appris qu'il avait besoin de secrétaire, — vous vous êtes fait présenter sous ce titre et sous un faux nom, et vous vous réservez de lui avouer que Ernest Giraud est son neveu, lorsque le secrétaire aura, à force de soins et de tendresse, reconquis l'affection qu'avait perdue le neveu.

— Quelle imagination !

— C'est très-vraisemblable.

— Mais à quoi cela vous avancera-t-il ? Car voilà la suite naturelle de la comédie : — M. Hamel embrasse son neveu d'attendrissement, — il se repent d'avoir repoussé si longtemps de son cœur le fils de son frère, il déchire le testament qu'il vous a fait, déclare son neveu son héritier, et vous laisse six cents francs de rente, — que vous m'offrirez généreusement de partager avec moi, et nous n'aurons fait que les affaires du neveu que vous voulez évincer et qui viendra alors me mettre à la porte, si je suis assez sot pour l'attendre, et me reprendre et son nom et son héritage.

— Est-ce tout?

— Mais... c'est tout ce que je prévois.

— Eh bien !... vous n'êtes pas un homme très-habile... vous, qui avez étudié. — Ah ça ! qu'est-ce qu'on vous apprend donc? je regrette moins de ne rien savoir.

— C'est qu'il ne s'agira plus alors de tromper un vieillard prévenu et depuis longtemps sous votre dépendance, — nous aurons à subir l'examen des gens de loi, — et je ne compte pas soutenir le rôle en face du véritable Olivier Hamel, ni me faire mettre aux travaux forcés; — c'est précisément là que s'arrête mon dévouement pour vous.

— Écoutez-moi, monsieur Ernest; vous me paraissez n'avoir rien d'assuré dans l'avenir, — le présent n'a rien non plus de bien magnifique, — que diriez-vous d'un projet qui vous donnerait d'ici à quelque temps une femme jeune... qui pourrait se croire jolie si elle écoutait les flatteurs, — et qui vous apporterait en dot la fortune de M. Hamel !

— Ah ! Mademoiselle...

— Eh bien ! pour cela, — il ne s'agit que de vous laisser diriger par moi et de m'aider à conquérir cette fortune. Je vous promets que vous n'aurez rien à démêler ni avec le neveu, ni avec la justice.

— Je ferai tout ce que vous voudrez, Mademoiselle.

Et tous deux se séparèrent.

— Ah ! l'imbécile ! disait Anastasie en s'en allant.

— Ah ! la coquine ! pensait Ernest en dépliant les journaux de M. Hamel.

De ce moment, Ernest Giraud et Anastasie ne furent plus occupés que de préparer le coup de théâtre convenu. Ernest avait pour le vieillard les soins tendres et assidus d'un fils. — Anastasie ne laissait rien perdre et faisait remarquer à M. Hamel les moindres circonstances de la conduite respectueuse et dévouée de son secrétaire.

— Ah ! Monsieur, disait-elle, — quel bon, quel aimable jeune homme que ce M. Ernest ! quelle assiduité au travail, — et comme il aime Monsieur ! comme il est inquiet à la moindre indisposition de Monsieur ! Si Monsieur s'est couché un peu fatigué ou légèrement indisposé, M. Ernest attend à peine qu'il fasse jour pour me venir demander de ses nouvelles. Il y a une semaine, quand Monsieur a eu cet accès d'asthme, il a voulu absolument veiller avec moi. — C'est quand il parle de vous, qu'il faudrait l'entendre, — quand il vante votre douceur et votre bonté !

Et une autre fois :

— Est-il vrai, Monsieur, que ce M. Ernest soit aussi savant que vous l'avait annoncé M. Guichard ?

— Bien plus, répondit M. Hamel ; non-seulement il est fort savant, mais encore il a un goût excellent en littérature.

— C'est bien singulier.

— Que voyez-vous là de singulier, Anastasie ?

— C'est que c'est précisément ce qu'il disait hier de Monsieur.

— Ah !

— Oui ; il disait : M. Hamel a un discernement, un goût exercé et sûr qui me rendent nos lectures très-intéressantes, et c'est moi, ajoutait-il, qui devrais le payer pour tout ce que j'apprends dans nos conversations.

— C'est une grande modestie qui rehausse ses autres qualités.

— Et comme il est poli avec tout le monde, Monsieur ! — Ses parents doivent être bien fiers d'avoir un pareil fils.

— Il n'a plus de parents.

— Ah ! Monsieur, quel malheur ! le pauvre jeune homme ! — et quand on pense qu'il y a tant de mauvais sujets qui ont des parents excellents.

— Anastasie, c'est encore pour mon neveu Olivier que tu dis cela.

— Et quand ce serait pour lui, Monsieur, — je ne puis supporter sans indignation l'oubli et l'abandon dans lesquels il laisse le frère de son père. — Ah! s'il était comme M. Ernest, — que je serais heureuse de le voir auprès de vous!

— En effet, Anastasie, il est bien triste, à mon âge, de n'avoir pas un seul parent auprès de moi, Olivier surtout, — le fils d'un frère que j'ai tant aimé, — qui m'aimait tant lui-même, — et qu'une mort subite m'a enlevé pendant la seule brouille que nous ayons eue de notre vie.

Les qualités réelles du jeune secrétaire, sans cesse mises en lumière par les soins d'Anastasie, finirent par le rendre nécessaire à M. Hamel. Lorsque la gouvernante se fut aperçue du point où était arrivée cette affection pour Ernest Giraud, elle pensa qu'il était temps de frapper un grand coup. — Elle en prévint Ernest. — Je suis inquiète, lui dit-elle, de la manière dont vous jouerez votre rôle, — c'est le seul endroit un peu difficile; pour le reste, pour la partie de mon plan que vous ignorez encore, vous n'aurez qu'à me laisser faire, — cela ira tout seul. Mais je crains que vous n'ayez pas assez d'élan dans la scène que je prépare pour ce soir, — et c'est cependant du succès de cette scène que dépend notre fortune. — Vous rappelez-vous bien tous les détails que je vous ai donnés pour que vous puissiez jouer au naturel le rôle d'Olivier Hamel?

— Parfaitement, et je le jouerai peut-être mieux que vous ne pensez.

— Je le désire bien vivement, car cette scène manquée, nous serions perdus tous les deux.

— Soyez tranquille.

Malgré l'assurance que lui donnait Ernest Giraud qu'il n'avait rien oublié, Anastasie lui raconta encore l'histoire d'Olivier Hamel, de son père et de son oncle.

Ce jour là, c'était la fête de M. Hamel. — A l'heure du dîner, Anastasie, comme de coutume, vint lui dire qu'il était servi ; il passa dans la salle à manger, appuyé sur le bras d'Ernest Giraud. — Le dîner se passa à peu près comme de coutume, mais au dessert on vit paraître sur la table un magnifique gâteau — et d'énormes bouquets. — Anastasie embrassa son maître en lui souhaitant les prospérités ordinaires.

Ernest Giraud lut une pièce de vers pleine d'allusions à l'abandon où se trouvaient et lui-même et M. Hamel. — J'ai retrouvé en vous un père, disait-il, puissiez-vous quelquefois croire que vous avez un fils.

Ernest lisait d'une voix émue, le vieillard pleurait, — Anastasie s'écria : — C'est fini, — il faut que je parle.

— Eh ! qui vous en empêche, mon enfant? dit M. Hamel.

— Monsieur Ernest, dit-elle, je sais tout, — un hasard m'a fait tout découvrir, — je ne saurais rien que votre émotion en ce moment me ferait tout deviner, — ce n'est pas la peine de faire des signes. — Monsieur Hamel, ce jeune homme, — ce jeune homme depuis trois mois vous entoure de soins, et vous avez pris pour lui une vive affection. — Eh bien ! c'est la nature qui parlait dans votre cœur ; ce jeune homme que vous appelez Ernest Giraud, — c'est... le fils de votre frère, — c'est votre neveu... Olivier Hamel.

— Osez dire, Monsieur, que vous n'êtes pas Olivier Hamel ! Allons, embrassez votre oncle, qui vous pardonne votre négligence, et qui regrettait sans cesse de ne pas voir auprès de lui le fils de son frère.

M. Hamel était tremblant. — Est-ce vrai? dit-il ; es-tu le fils de mon pauvre frère? — es-tu Olivier ?

— Oui... Monsieur... oui, mon oncle.

— Alors, viens dans mes bras.

Ernest se jeta dans les bras du vieillard, — Anastasie vit des larmes dans les yeux du jeune homme.

— Diable! dit-elle, il est plus fort que je ne croyais, — il pleure!

Il fallut donner des explications, — raconter comment on s'était trompé de part et d'autre, — comment le neveu avait cru son oncle égoïste et dur, ou encore injustement irrité contre son frère mort, — tandis que l'oncle croyait que son neveu était négligent ou avait hérité du ressentiment de son père, avec lequel une mort imprévue l'avait empêché de se réconcilier, etc. — Ernest ne fit pas une seule erreur et répondit juste à tout. — Le vieillard, du reste, était si heureux, si ému, qu'il aurait encore été satisfait, même avec moins de correction que n'en mit Ernest dans son rôle.

Il fut convenu qu'il prendrait dans la maison le titre et les droits de neveu, mais il voulut absolument conserver ses attributions de secrétaire.

Quand Ernest se retira dans sa chambre, — Anastasie resta auprès de M. Hamel.

— Eh quoi! Monsieur lui dit-elle, — ne vous étiez-vous donc douté de rien?

— Non, vraiment, Anastasie; — cependant j'aurais dû être averti par la ressemblance avec mon pauvre frère.

— Comment, vous pensiez que c'était pour cent misérables francs par mois que vous donniez à un jeune homme aussi distingué, — qu'il consentait à passer sa vie dans votre maison, à ne prendre aucune distraction au dehors,

— et d'ailleurs ne voyiez-vous pas qu'il y avait de l'affection, de la tendresse même, dans ses soins pour vous? — Ah! Monsieur, il y a des choses qu'on n'a pas pour de l'argent, fussiez-vous dix fois plus riche que vous ne l'êtes; — c'est comme si vous pensiez que c'est pour de l'argent que je suis à votre service.

— Oh! vous, Anastasie, — c'est bien différent.

— Non, — ça n'est pas différent, car c'est précisément ce qui m'avait fait soupçonner M. Olivier, jusqu'au moment où j'ai trouvé une lettre à son adresse, — Olivier Hamel, — puis un mouchoir marqué O. H., puis vingt preuves à l'appui.

— Hélas! ma chère enfant, — c'est précisément ce désintéressement dont vous me parlez, et que j'ai reconnu en tout temps chez vous, sur lequel j'ai bien besoin de compter aujourd'hui.

— Comptez-y, Monsieur.

— Enfin, — voici mon neveu chez moi, — je ne puis plus déshériter le fils de mon frère?

— L'aviez-vous donc déshérité, Monsieur?

— Mais vous avez vu le testament par lequel je vous institue ma légataire universelle.

— Oh! Monsieur, je n'ai jamais pensé que ce testament subsisterait, il faut le déchirer.

— Mais, Anastasie, je ne veux cependant pas être ingrat envers vous.

— Si j'ai le malheur de vous survivre, Monsieur, il ne me faudra que de quoi me retirer dans quelque endroit tranquille, — à la campagne, — dans une communauté, — Cinq ou six cents francs de rente me suffiront et au delà.

— Excellente fille !

Il fut, en conséquence, convenu que le testament serait déchiré et qu'un autre testament rétablirait Olivier Hamel dans tous ses droits. — Cependant l'exécution de ce projet fut tantôt ajournée sous divers prétextes, tantôt oubliée par diverses raisons.

Il vint un jour où Anastasie dit à Ernest Giraud :

— Voici joué et avec succès le premier acte de la comédie, — le bonhomme y a mis de la complaisance, — il a été jusqu'à vous trouver de la ressemblance avec son frère; vous avez été admirable de naturel et de vérité. — Nous allons passer au second acte, votre rôle maintenant est beaucoup plus facile.

Comme vous me le disiez lorsque, pour la première fois, je vous ai confié des espérances et des projets qui sont aujourd'hui à nous deux, — non-seulement si nous en restions là, cela ne nous avancerait à rien, — puisqu'à la mort du bonhomme vous ne pourriez continuer à passer pour son neveu, mais, bien plus, nous aurions détruit nos espérances et nous aurions fait la fortune du véritable neveu. Ce n'est pas mon intention.

Depuis quelque temps M. Hamel parlait souvent de son frère et pensait à son neveu sans en parler. — Ce jeune homme n'a, à l'égard de son oncle, que des torts négatifs qu'il lui aurait été bien facile de faire oublier. — La moindre tentative de sa part aurait réussi en ruinant toutes nos espérances. — Nous en avons eu la preuve. — Ce vieux grigou a bien vite consenti à me reprendre tout ce qu'il m'avait donné pour prix du sacrifice de presque toute ma jeunesse, pour le donner à un neveu qu'il ne connaissait pas.

Maintenant il faut que ce neveu n'ait plus seulement de légers torts d'oubli et de négligence, il faut qu'il ait des torts graves, des torts que M. Hamel ne pardonne pas. Il faut, d'ici à quelque temps, lui donner de tels sujets de mécontentement qu'il vous mette à la porte, et que si le vrai neveu s'avise de faire une tentative de rapprochement, je sois armée d'une défense formelle de le laisser pénétrer ici. — Il faut que M. Hamel ne réponde pas à une lettre, n'écoute aucune proposition. Pour cela, vous n'aurez qu'à suivre mes conseils, et il vous aura bientôt pris en grippe. — Vous vous ferez renvoyer. — Vous écrirez une ou deux lettres impertinentes. — Il m'ordonnera de les brûler désormais sans les lire. — Que le véritable neveu arrive ensuite quand il voudra, — je ne le craindrai plus.

Pour nous, nous nous verrons le plus souvent possible, jusqu'au jour où la mort de M. Hamel nous permettra de mettre à exécution nos autres projets.

Vous allez commencer par devenir inexact dans vos fonctions. — Vous rentrerez tard pour le dîner, vous sortirez le soir, — puis vous découcherez, puis vous répondrez sèchement aux observations, puis vous parlerez avec insistance du testament, vous le ferez penser à sa mort, — vous menacerez de vous en aller si vous n'avez pas entre les mains un testament qui vous donne toute sa fortune, — vous demanderez de l'argent souvent et beaucoup, — enfin, si ce n'est pas assez, je me plaindrai de vous, — j'irai jusqu'à dire que vous êtes amoureux de moi, — que vous me persécutez, — que vous avez essayé de vous introduire dans ma chambre, etc.

Enfin dans un mois il faut que le neveu, notre ennemi

commun, ait été chassé, déshérité, et qu'il n'y ait pour lui, dans la mémoire de M. Hamel, que des sentiments de colère, d'indignation et de haine.

Vous me comprenez bien.

Le lendemain, Anastasie fut fort surprise de voir Ernest Giraud n'apporter aucun changement dans ses habitudes. — Il fut aussi soigneux, aussi respectueux avec M. Hamel. — Il fut exact aux repas et ne sortit pas le soir.

Elle lui en fit des reproches. — Il allégua la crainte d'aller trop vite et de choquer la vraisemblance.

Quelques jours après, à de nouvelles observations, il répondit qu'il avait demandé de l'argent, — qu'il avait parlé de testament, et que M. Hamel en avait paru fort contrarié.

Mais Anastasie s'aperçut bientôt que le vieillard ne diminuait rien de son affection pour Ernest Giraud.

Elle fournit au secrétaire divers moyens de choquer M. Hamel, mais il n'en tint aucun compte.

— Vous gâterez tout, lui dit-elle, si vous voulez agir à votre tête, laissez-vous guider par moi, — sinon, faute de vous faire chasser aujourd'hui en assurant notre fortune, vous nous ferez chasser plus tard tous les deux, et chasser honteusement ruinés.

Enfin il vint un jour où il parut évident à Anastasie qu'Ernest la trompait, — d'étranges soupçons lui traversèrent l'esprit. — Quel intérêt, pensa-t-elle, — peut-il avoir à se séparer de moi? prolonger encore quelque temps la situation qu'il a ici? — Mais il doit bien comprendre que tout s'écroulera aussitôt que je le voudrai. — S'entendre avec le vrai neveu?... Ça, ça serait assez fort, — et ça ne m'étonnerait pas, depuis que je l'ai vu pleurer dans la scène de la reconnaissance.

Elle eut avec Ernest une dernière explication. — Il répondit avec insouciance qu'il ne voulait pas être pressé, — que, d'ailleurs, il se trouvait bien comme cela, — qu'il verrait plus tard ce qu'il ferait, — qu'il avait pris M. Hamel en affection, et que ça le chagrinerait de s'en séparer, — qu'il aviserait, — etc.

Anastasie vit que l'alliance était rompue. — Elle n'était pas fille à reculer ; elle engagea résolument le combat.

Un soir, après qu'Ernest se fut retiré, elle resta dans la chambre du vieillard.

— Monsieur, dit-elle d'un air solennel et mystérieux, j'ai fait une horrible découverte... vos pistolets sont-ils chargés ?

— Quoi ? qu'est-ce qu'il y a ? — demanda le vieillard effrayé.

— Reprenez votre sang-froid, — monsieur, — il n'y a peut-être pas de danger pour cette nuit ; — mais, enfin, il vaut toujours mieux être sur ses gardes.

— Enfin... parlerez-vous ?

— Monsieur... l'homme qui sort d'ici...

— Qui ça ? — Olivier ?... mon neveu.

— Il n'est pas votre neveu. — Il ne s'appelle pas Olivier.

— Allons donc.

— Peut-être même ne s'appelle-t-il pas Ernest Giraud. — Ces gens-là, ça n'a pas de nom... de nom que ça puisse avouer.

— Ah çà, allez-vous vous décider à parler ?

— Eh bien, — monsieur, — il faut que ce soit un malfaiteur, — un voleur... peut-être même un assassin, — mais, à coup sûr, ce n'est pas votre neveu Olivier, et alors pourquoi s'introduirait-il ici sous ce titre?

— Allons donc, Anastasie, vous rêvez ; mon neveu n'est plus mon neveu ?

— Il ne l'a jamais été, monsieur.

— Mais c'est vous qui avez découvert qu'il l'était.

— Il m'avait trompée la première, — voilà tout ce que cela prouve.

— Mais sa ressemblance avec mon frère ?

— Elle n'existe que dans votre cerveau ; et, à vous parler franchement, je ne l'avais jamais trouvée, à en juger par le portrait de lui qui est dans le salon.

— Mais alors, que viendrait-il faire ici ?

— C'est précisément ce que je me suis demandé à moi-même, et ce que je vous demandais tout à l'heure.

— Appelez-le.

— Auprès de vous ! la nuit ! — Quand il se verra découvert, il est capable de nous assassiner tous les trois. — Enfermez-vous, barricadez-vous dans votre chambre, avec vos pistolets chargés sur votre table de nuit. — Puis demain matin, au jour, j'irai lui porter une lettre de vous, — une lettre courte, mais de la bonne encre. Une lettre qui dira : — je sais tout ; vous êtes un imposteur ; — vous n'êtes pas mon neveu Olivier. — Aussitôt la lecture de cette lettre, quittez cette maison sans bruit ; — autrement, vous ne vous en prendrez qu'à vous de ce qui arrivera, lorsque la Justice aura pris connaissance de votre imposture.

— Non, Anastasie, je veux le voir ; — je veux voir encore si cette ressemblance avec mon frère est, comme vous le prétendez, un jeu de mon imagination.

— Au nom du ciel, monsieur, ne vous exposez pas.

— Je veux que vous l'appeliez, Anastasie, ou bien je vais me lever et aller le trouver.

— Ne vous en donnez pas la peine, me voici, dit, en entrant dans la chambre, le secrétaire de M. Hamel, qui s'était douté de ce qui se passait, et avait écouté à la porte.

Anastasie eut peur, non de ce qu'elle voulait qu'on crût qu'elle redoutait, mais d'une explication qui allait probablement leur faire donner leur congé à tous deux.

— Sortez, sortez! — s'écria-t-elle, — sortez! ou je crie, j'appelle au secours, j'appelle à la garde!

— N'en faites rien, Anastasie, dit sévèrement M. Hamel; — et vous, monsieur, approchez. — Vous êtes ici sous le nom de mon neveu Olivier?

— Oui, monsieur.

— Anastasie prétend que ce nom ne vous appartient pas.

— Anastasie se trompe, mon cher oncle; — voici mon extrait de naissance, — l'acte de mariage de ma mère, — et la dernière lettre que mon père mourant m'a adressée.

. . . .

UNE
HISTOIRE INVRAISEMBLALE

Au comte Adolphe d'Houdetot.

— Parbleu ! voilà de ces choses qui n'arrivent qu'à moi. — Pas tout à fait, monsieur, reprit l'aubergiste, car voici de l'autre côté de la rue un monsieur auquel il arrive précisément la même chose. — Ce monsieur est arrivé *cinq minutes*, trop tard pour la voiture ! — Cinq minutes trop tard, monsieur, ou, si vous l'aimez mieux quarante-sept heures et cinquante-cinq minutes trop tôt pour l'autre voiture qui partira après-demain. — C'est-à-dire que cette maudite voiture ne passe devant votre baraque que tous les deux jours. — Pardon, elle repassera demain. — Ah ! — Mais dans le sens opposé, pour retourner à l'endroit d'où vous venez. C'est du reste bien assez pour ce qu'il y a de voyageurs. — Que peut-on faire dans un trou pareil pendant deux jours ? — Mais, monsieur, ce que vous faites, se fâcher, s'impatienter, jurer même un peu, si cela est agréable, puis déjeuner, dîner et souper dans ma maison; c'est ce que j'ai toujours vu faire aux personnes qui manquaient la voiture. — C'est en effet bien récréatif... Qu'est-ce que c'est que ce monsieur? est-ce quelqu'un *comme il faut?* — Qu'est-ce que cela veut dire, monsieur? — Imbécile! cela veut dire : Est-ce un monsieur?—Je ne crois pas, monsieur; il est trop poli et trop modeste, il m'appelle monsieur, et m'a demandé la *permission* de laisser dans *ma maison* une petite valise qu'il porte avec lui... Ce n'est qu'*un homme.*

L'étranger parut ne plus écouter l'hôtelier, et examina son compagnon d'infortune, qui, marchant lentement de l'autre côté de la rue, semblait chercher à prendre une résolution. Son costume était simple : une redingote de voyage boutonnée jusqu'au col, de gros souliers aux pieds et un bâton à la main. Tandis que celui dont il fixait l'attention était vêtu avec recherche et avec une élégance qui ne manquait de distinction qu'aux yeux des gens qui savent qu'un homme *très-bien mis* dans un salon ne continuera à être bien mis en voyage, ou dans une voiture publique, ou à la campagne, qu'à condition de l'être tout différemment. L'étranger avait des bottes vernies et des gants jaune-paille, deux riches épingles étaient attachées à la cravate au lieu d'attacher la cravate, une chaîne d'or soigneusement étalée descendait du col à la poche du gilet. Il se décida à traverser la rue avec l'intention de demander à son compagnon de séjour forcé s'il savait quelque moyen de passer outre, et de ne pas demeurer deux jours dans cette auberge. Il allait probablement commencer son interpellai tion par « Brave homme » ou par « Dites donc, » lorsque la figure distinguée de l'inconnu lui fit sentir que cette formule ne serait pas convenable. Il se décida à dire : — Il paraît, monsieur, que vous avez, comme moi, manqué la voiture? — Oui, monsieur. — Et vous savez qu'il n'en passe une autre qu'après demain ? — Oui, monsieur. — Et vous paraissez plus résigné que moi. Vous êtes heureux. — Mon bonheur consiste peut-être à avoir assez de grands ennuis pour être peu sensible aux petits. — Hélas! monsieur, il n'y a de petits ennuis que ceux auxquels on est insensible; il y a telle vieille femme qui exhale pour la mort d'un perroquet tout le chagrin qu'il semble qu'elle aurait pu réserver pour la perte d'un parent ou d'un ami, et elle n'en est pas moins malheureuse. Que comptez-vous faire? — Attendre, puisqu'on ne peut faire autrement.

Puis, ayant prononcé ces mots, le second voyageur salua poliment son interlocuteur, et continua sa promenade devant l'auberge. Pour celui-ci, il retourna près de l'aubergiste, et s'informa de l'heure du dîner. Le dîner réunit nos deux voyageurs, et avec eux plusieurs personnes qui, les unes à pied, les autres en carrosse, venaient attendre au passage la voiture du lendemain. M. Octave trouva tout mauvais, demanda de la glace, et fut aussi surpris qu'indigné quand le garçon de l'auberge lui répondit qu'il n'y en avait plus dans le pays depuis près de trois mois, car on était alors au commencement de mai, et qu'on espérait n'en pas revoir avant le mois de novembre. Il en fut de même pour les cure-dents et de même pour un bol que M. Octave demanda avec l'intention conforme à l'usage dégoûtant établi depuis quelques années dans la société, de faire ses ablutions à table. Pour l'autre voyageur, il trouva tout excellent, et parut faire un très-bon dîner.

Afin d'occuper la soirée, quelques hommes restèrent à table, l'on fit du punch, et l'on fuma. M. Octave était furieux contre son valet de chambre, qui avait négligé de mettre dans sa poche de ses excellents petits cigares, un peu chers il est vrai, mais si parfaits, et que lui seul possédait. L'autre en tira une poignée de sa poche, et en donna à tout le monde, ils étaient délicieux. M. Octave se plaignit amèrement d'être ainsi obligé d'attendre une modeste carriole; mais, dit-il, il n'y a cependant pas moyen de voyager avec ses chevaux par une route de quelque longueur et en assez mauvais état; à quoi la plupart des assistants se dirent : il paraît que ce monsieur a des chevaux, et lui témoignèrent une plus grande somme de considération. Ce qui ne les mit pas beaucoup en frais, parce qu'ils diminuèrent d'une somme égale celle qu'ils auraient pu accorder à l'autre, qui ne dissimula pas assez qu'il était venu à pied.

Je m'aperçois ici et un peu tardivement que j'aurais évité beaucoup de répétitions, si j'avais usé dès le commencement de mon récit de l'excellente habitude qu'ont les auteurs dramatiques de donner au début de leurs pièces une liste des noms et prénoms de leurs personnages. L'*autre voyageur*, auquel pour la dernière fois je donne ce nom, qui a paru déjà plus souvent qu'il n'en avait le droit, s'appelle Henri. On en revenait de temps en temps à parler du chemin qu'on avait à faire : c'était un intérêt commun entre tous les voyageurs. Un d'entre eux fit remarquer que ce chemin réputé détestable cesserait d'être mauvais si, au lieu d'avoir à monter et à descendre une côte fort rapide, on pouvait tourner cette côte en prenant quelques toises sur un terrain stérile qui appartenait au gouvernement, et ne rapportait rien à personne. Octave blâma le gouvernement, et dit qu'à son retour à la ville il en parlerait au ministre.

Le lendemain, au nombre des voyageurs était un jeune paysan qui semblait bien affligé ; sa mère et sa sœur l'avaient accompagné jusqu'à la voiture pour rester avec lui plus longtemps ; il allait rejoindre un régiment qui lui avait été désigné. C'était un pauvre diable que le sort avait fait soldat. Seul soutien de sa mère veuve et de sa jeune sœur, il n'avait pu trouver d'appui dans la loi, qui n'exempte du service militaire que le fils *aîné* ou *unique* d'une femme veuve, sans prévoir le cas où l'aîné serait un égoïste, un mauvais ouvrier et un ivrogne, tandis que le cadet nourrirait la pauvre veuve du fruit de son travail. C'était précisément ce qui arrivait dans la famille du jeune paysan. Tous les voyageurs ne purent s'empêcher d'être un peu émus de la douleur de ces pauvres gens, et quand le jeune soldat dit en pleurant : Ce n'est pas le service militaire qui me fait peur, ce n'est pas non plus d'aller me battre ; mais ce qui me fend le cœur, c'est de penser que vous, ma pauvre mère, et toi, ma pauvre Élisabeth, vous allez être réduites à mendier votre pain. Henri proposa aux voyageurs de faire une collecte, et lorsqu'il tendit son chapeau, cette idée était si bien venue à tout le monde que plusieurs avaient déjà la main à la poche. Le chapeau vidé, entre les pièces de monnaie qui s'y trouvèrent en assez grande abondance, on trouva un double louis en or ; tout le monde l'attribua sans hésiter à Octave, qui était sans contredit le plus somptueux des voyageurs réunis, et on appuya cette opinion du soin qu'il avait eu d'enfoncer sa main dans le chapeau en y déposant son offrande. Quelqu'un même dit à un autre : Ce monsieur qui a fait la collecte n'a peut-être pas donné grand'chose ; mais c'est toujours lui qui a eu l'idée, et qui sous un certain point de vue a donné tout l'argent. Octave lui-même, qui savait fort bien n'avoir pas mis le double louis, et qui n'avait si profondément plongé sa main dans le chapeau que pour cacher la modicité de son don, Octave fut loin de soupçonner Henri, qui avait su cacher jusqu'au soin qu'il avait pris de se cacher. Octave crut devoir faire un discours sur ce qu'il y avait d'odieux à priver ainsi toute une famille de son seul appui. Il demanda à la mère du conscrit si elle avait réclamé auprès de l'autorité, parce que le fils *aîné*, ou le fils *unique* d'une veuve... Elle répondit que son fils n'avait pas droit à cette exemption, parce qu'elle avait un autre fils plus âgé qui les avait quittées et abandonnées depuis longtemps. Octave prit le nom et l'adresse de la veuve, lui promit de ne pas l'oublier, et dit qu'il consentait à perdre son nom si dans un mois le jeune soldat n'était pas rendu à sa famille. Les remerciements dont il fut l'objet ne furent interrompus que par l'invitation que le conducteur adressa aux voyageurs de monter en voiture. Le départ fut cependant retardé encore quelques instants par Henri, qu'on alla avertir dans sa chambre, où il était remonté ; il donna à l'aubergiste une lettre qu'il vint cacheter au feu de la cuisine, et qu'il le pria de faire partir sans délai, ce qui fit dire à Octave, avec l'approbation du reste des voyageurs : Ce monsieur prend vraiment bien son temps pour songer à sa correspondance. Octave s'empara sans façon de la meilleure place de la voiture ; Henri monta dessus avec le conducteur et le jeune soldat.

A la dînée, il s'attabla avec le conscrit dans un coin de la salle. Le lendemain matin de très-bonne heure, on arriva au but du voyage. Quelques voyageurs montèrent dans un autre véhicule ; quelques autres étaient arrivés. On se sépara probablement pour ne jamais se revoir. A peine si quelques-uns échangèrent un léger salut. Henri, qui paraissait connaître la ville parfaitement, se mit en marche pour la maison de M. de Riessain. Pour cela, il quitta la partie habitée de la ville et passa par plusieurs rues où il n'y avait que des jardins au milieu desquels s'élevait çà et là une maison isolée. Il ne fut pas médiocrement surpris lorsqu'il rencontra dans une de ces rues son compagnon de voyage Octave, qui, d'abord derrière lui, ne tarda pas à marcher à ses côtés. Sans aucun motif bien sérieux de cacher son nom ni le sujet de son voyage, Henri ne se sentait porté envers Octave à la confiance à aucun titre ; d'ailleurs, Octave avait en route parlé de la ville où ils se rendaient ensemble comme s'il y connaissait plusieurs personnes, et la recommandation qu'avait reçue Henri de M. de Riessain de le venir voir sans parler de son voyage, tout en paraissant se borner aux gens de leur connaissance, n'avait cependant pas de limites assez fixes pour qu'il l'enfreignît sans raison, et surtout sans plaisir. Aussi, quand Octave le salua, et sembla vouloir engager une conversation, Henri commença à ralentir sa marche, et à la première rue par laquelle il devait tourner, il s'arrêta tout à fait pour laisser le temps à Octave de continuer tout droit. Celui-ci s'arrêta de même et continua à causer. Henri, après quelques instants, le salua, et tourna par la rue voisine.—Ah ! vous allez par là ?

dit Octave. Et, comme c'était son chemin, il continua de marcher à côté d'Henri. Le même manége se renouvela à la première rue qu'on rencontra ; mais alors Henri, décidé à se défaire de cet opiniâtre compagnon de voyage, prit résolument un chemin opposé à celui qui menait chez M. de Riessain ; puis, quand il se trouva à l'autre extrémité de la ville, il s'arrêta à un carrefour, et ayant demandé à Octave par où il continuait, il le salua, et prit le côté opposé, bien décidé qu'il était à en prendre un autre si Octave avait pris celui-là ; puis, par de nombreux détours, il regagna la maison de M. de Riessain, où il trouva, tirant la sonnette, le même Octave qu'il espérait avoir perdu dans la ville. Tous deux échangèrent en souriant un salut silencieux, et demandèrent M. de Riessain. On les fit entrer dans un salon où M. de Riessain ne tarda pas à venir les trouver ; il accueillit Henri presque comme un inconnu, et en le priant de l'excuser, il emmena Octave dans son cabinet. Un quart d'heure se passa, pendant lequel Henri, après avoir regardé tous les tableaux, après avoir compté le nombre de pas que l'on pouvait faire dans le salon tant en large qu'en long, commençait à se trouver en peine de nouvelles distractions. M. de Riessain entra, et lui serrant la main avec effusion, lui dit :

— Enfin, nous voilà ensemble, mon cher Henri, et nous voilà seuls. Vous avez voyagé avec cet écervelé d'Octave, et vous ne lui avez pas dit votre nom. Vous avez bien fait. — Je ne lui ai pas dit mon nom, mais sans savoir bien faire. Quelle importance cela peut-il avoir? — Mais beaucoup, parce qu'il vous cherche. — Vraiment? — Et il ne venait ici que pour me demander où vous demeurez.— Mais alors, mon cher monsieur de Riessain, pourquoi ne pas lui avoir dit.. — Il vous cherche pour vous couper la gorge. — Raison de plus ; il m'aurait sans doute dit pourquoi, ce qu'il me sera autrement impossible de deviner. — Vous n'aurez pas besoin de le deviner, Octave m'a parfaitement mis à même de vous l'apprendre. Il a vu ma fille cet hiver dans je ne sais quelle maison où ma folle de sœur l'a conduite. Il se croit amoureux. Il a appris de ma bouche, à sa première ouverture, que vous êtes destinés l'un à l'autre, et naturellement il veut vous tuer. Ce qu'il y a de plus curieux dans ceci, c'est qu'Octave d'Hervilly, qui a voyagé avec vous, qui est venu ici avec vous, prétend vous connaitre et vous avoir provoqué devant plusieurs personnes sous un prétexte, dit-il discrètement, qui ne peut en rien compromettre ma fille ; il ajoute qu'on vous a accommodés, mais que cette fois l'affaire ira jusqu'au bout. — Eh quoi ! s'écria Henri, monsieur de Riessain, vous l'avez laissé partir sans me mettre à même de le convaincre d'un lâche et odieux mensonge ; vous m'avez fait perdre cette occasion de tirer sûrement de lui et de son impertinence une vengeance légitime ! — Légitime, c'est possible, mais sûre, c'est autre chose. J'ai fait mieux, je vous ai vengé. Je lui ai promis de lui être favorable dans ses amours. Je compte l'appuyer auprès de ma fille, et même consentir à leur union. — Pardon, monsieur de Riessain, dit Henri ; mais est-ce que par hasard je rêve, ou est-ce que je suis devenu fou ? Depuis que j'ai mis le pied dans votre maison, je n'ai absolument rien compris de ce que j'ai vu ni de ce que j'ai entendu. Ma rencontre avec ce M. Octave, dont je n'ai pu me débarrasser, a plutôt, en effet, l'air d'un cauchemar que d'une rencontre ordinaire... — Il n'y a cependant là dedans rien que de fort simple, mon cher Henri; mais il faut avant tout que je vous donne connaissance d'une correspondance un peu singulière que j'ai interceptée. — Mais, monsieur, je ne puis cependant laisser impuni... — Octave d'Hervilly?... je vous dis que je m'en charge. — Mais votre manière de me venger est plus que bizarre, et j'ai l'habitude de faire moi-même ces sortes de choses. — Voulez-vous m'accorder un quart d'heure? — Volontiers. — Eh bien! asseyez-vous et écoutez!

« Vous avez raison, ma bonne tante... » C'est ma fille qui écrit à ma sœur. J'ai regretté, et vous regretterez comme moi, j'en suis sûre, de ne connaître qu'une des deux lettres de cette raisonnable correspondance, mais celle que nous possédons nous met à peu près à même de deviner celle qui nous manque.

« Vous avez raison, ma chère tante, je suis bien malheureuse.... » Sotte créature! dix-huit ans, fraîche et rose comme une pêche, riche, bien élevée, adorée par son père, destinée à être la femme d'un jeune homme beau, distingué, au moins aussi riche qu'elle, d'un jeune homme qui ne l'a vue qu'une fois et qui l'aime comme un fou, *bien malheureuse*, vraiment. J'ai peine à retenir mes larmes quand je vois de pareilles infortunes!

« Sacrifiée par la volonté aveugle de mon père à un époux que je n'ai pas encore vu, pour lequel je n'éprouverai sans doute aucune sympathie, je suis condamnée à traîner une vie décolorée dans une union qui est la plus dure des chaînes quand elle n'est pas formée par le cœur. » Je vous prie de croire, mon bon Henri, que ma fille ne tire pas de semblables phrases de sa tête ni de son cœur. C'est sa tante, une vieille fille féroce qui les lui a apprises, et qui lui fait croire qu'elle est *malheureuse*. Ma fille malheureuse! Mais, mon cher Henri, je donnerais ma fortune et ma vie pour lui éviter un chagrin réel... Jamais je n'en ai laissé approcher d'elle, je vous le jure, et c'est pour cela que je veux que vous soyez son mari, parce que je sais combien vous êtes bon, parce que vous me continuerez, vous la gâterez comme moi : je vous assure qu'elle est au fond aussi bonne qu'elle est belle.

« Je vous avouerai cependant, ma tante, que, sur un point, j'ai de la peine à penser comme vous. » Tenez, Henri, la voici un peu plus raisonnable, cela lui arrive chaque fois qu'elle pense elle-même.

« Cet homme épris de moi, comme vous dites, qui a juré la mort de celui qu'on me destine, ce M. Octave d'Hervilly, me fit plus de peur que de plaisir ; je ne l'ai pas remarqué à cette soirée ou à ces soirées où vous me dites que je l'ai rencontré, je n'ai donc à son sujet aucune impression à vous confier. Relativement au petit maître de chant, ce sera toujours pour moi un maître de chant et rien davantage. Mon futur inconnu n'a donc point de rival ; mais cependant je le déteste cordialement, lui et le lien odieux qu'on veut me faire contracter. » Ici, mon ami, il y a quelques lignes des plus graves, et que je vous passerais dans la lecture de cette épître, si je n'espérais vous avoir bien convaincu que ce n'est pas en réalité l'œuvre de ma fille, mais le reflet des pensées saugrenues de ma ridicule sœur, et surtout si je ne voulais pas agir avec vous avec une entière bonne foi. Les voici :

« Je dois cependant tout vous dire, chère tante ; il n'est pas tout à fait vrai que le protégé de mon père n'ait point un rival, mais je suis sûre que lui-même, fût-il mon époux, ce qui, j'espère, n'arrivera pas, n'en saurait prendre d'ombrage. Vous vous rappelez ce bouquet de chèvrefeuille qui qui me fut envoyé si bien à point le soir d'un jour où la vue d'un de ces arbrisseaux m'en avait inspiré le désir ; eh bien, j'ai souvent rêvé à celui qui avait deviné et accompli mon désir ; j'ai souvent cherché si le hasard ne me le ferait pas reconnaître au milieu des hommes qui m'entouraient... Excepté cela, ma tante, il n'aura dans mon cœur d'autre ennemi que lui-même... Je vous remercie des encouragements que vous me donnez contre une volonté à laquelle je n'ai jusqu'ici pas eu de peine à prendre l'habitude de me soumettre, puisqu'elle ne s'était manifestée qu'au profit de mes plaisirs, mais je n'avais pas besoin des excellentes raisons que vous me donnez pour opposer une résistance opiniâtre au sacrifice que l'on exige de moi... Je veux être sage et fidèle à l'époux que j'aurai, mais aussi, et à cause de cela, je ne veux épouser qu'un homme que j'aimerai. Cette idée me fait de la désobéissance un devoir plus respectable à mes yeux que celui qu'on voudrait me faire de la soumission aux ordres de mon père. »

— Eh bien, Henri, que dites-vous de cela ? — Je dis, monsieur de Riessain, que cette fois j'espère que c'est dans son cœur que votre fille a trouvé ces sentiments, qui me paraissent nobles et raisonnables.

— C'est possible, Henri ; mais l'homme au bouquet ? — L'homme au bouquet ?... c'était moi. — Vraiment ! — C'est un incident bien simple. A la promenade, je me trouvais derrière des dames avec d'autres personnes, lorsque votre fille, qui avait attiré mon attention par sa grâce et sa beauté, dit à sa tante: Ah! ma tante, quel beau chèvrefeuille, et quel parfum ! Je fis quelques questions sur ces dames ; jugez de ma joie lorsque j'appris que cette charmante fille était celle dont vous m'aviez tant parlé et que, m'aviez-vous dit, vous seriez heureux de voir ma femme. Je lui envoyai un bouquet des fleurs qu'elle avait désirées. Je commençai une lettre pour vous, puis, songeant que je pouvais arriver aussitôt que ma lettre et avoir une réponse deux jours plus tôt que si j'attendais là-bas, j'accourus auprès de vous; mais, pendant ce temps-là, vous étiez allé chercher votre fille, et voilà quinze jours que je vous attends. L'avez-vous ramenée ? — Oui, elle est au couvent où elle a été élevée. Mais qu'allons-nous faire? comment triompherons-nous de cette prévention qu'elle a contre vous et que sa tante a si bien cultivée? Mais écoutez le reste de la lettre, et c'est ici que vous allez reconnaître et les billevesées de ma sœur et la fâcheuse influence que son imagination malade a eue sur celle d'Angélique.

« Mon cœur a été doucement ému, ma bonne tante, au poétique tableau que vous me faites d'un amour partagé. Non certes, je ne serais point lâche dans les traverses qui, dites-vous, viennent toujours éprouver un amour de ce genre, comme si le ciel était envieux d'un bonheur qu'il n'accorde qu'à regret aux humains, dans la crainte de n'avoir rien d'aussi beau à donner à ses élus. Non, celui auquel j'aurais donné mon cœur n'aurait rien à craindre de moi, ni perfidie ni abandon, et si des parents barbares... »

Oh! ma pauvre fille, quelles sottes choses on t'a apprises.

« Et si des parents barbares me traînaient à l'autel, je refuserais hautement l'homme assez lâche pour vouloir profiter de cette odieuse tyrannie. Mais, ma tante, il s'en faut de tout que notre petit maître de chant m'inspire de semblables idées; si sa timidité vous a touchée, je vous avoue que moi je ne la trouve pas assez complète, puisqu'il a osé vous parler de ses ridicules sentiments pour moi. Je vous prie donc, ma chère tante, de ne l'encourager en aucune façon. Il faut croire que Saint-Preux, le maître de Julie, était fait d'autre sorte. »

Voici qui est mieux, mais ma sœur fait là un joli métier. Quand les femmes ne peuvent plus s'occuper d'amour pour leur compte, il faut qu'elles se mêlent au moins dans les amours des autres, soit pour les favoriser, soit pour les traverser, et je m'aperçois en outre qu'elle lui a fait lire de bons livres ! Mon cher Henri, je vous en supplie, n'allez pas mal juger ma fille; voyez, au milieu des sottises de sa tante qu'elle récite, paraître par moments le bon sens et la dignité qu'elle ne doit qu'à elle-même; elle a toutes les qualités qui peuvent faire le bonheur d'un honnête homme. Croyez-moi quand je vous l'affirme sur l'honneur; sa beauté n'est pas une trompeuse amorce, c'est la parure d'une belle âme et d'un noble cœur; vous et moi nous effacerons jusqu'aux traces des idées absurdes qu'une vieille folle lui a mises dans la tête. — Mon cher monsieur de Riessain, je l'aime de toute mon âme. — Eh bien, mon ami, voyons donc ensemble jusqu'où va male l. Tenez, lisez vous-même le reste de la lettre, c'est l'analyse d'un roman qu'elle vient de lire, et qui l'a ravie.

L'héroïne, enlevée trois ou quatre fois, enfermée dans je

ne sais combien de cachots, au pouvoir de beaucoup de scélérats, sort pure et sans tache de toutes ces épreuves, et finit par apporter un cœur fidèle à un pauvre chevalier repoussé par des parents barbares (nom charmant sous lequel elle me désignait tout à l'heure), et qui par sa valeur devient roi de quelque île inconnue, après avoir pourfendu je ne sais combien de rivaux.

Voilà ce qu'on a fait croire à la pauvre enfant qu'elle trouverait dans la vie. Et comme au demeurant ces sottises ont un côté noble, sa jeune imagination s'y est laissé prendre. Voici donc ce que j'ai décidé. Octave s'est conduit comme un sot, il en payera la peine. Il est impossible que vous vous présentiez comme l'époux choisi, que dis-je! imposé par le féroce père que je suis. Il y aurait de quoi détruire tous nos projets, car vous n'épouseriez pas plus ma fille sans son libre consentement que je ne vous la donnerais malgré elle. Je me suis rappelé cette histoire des habitants de je ne sais quelle ville qui voulaient bâtir un pont sur je ne sais encore moins quelle rivière. A chaque tentative, l'eau détruisait et emportait l'ouvrage commencé. Enfin le diable vint voir un des principaux de la ville et dit: Je bâtirai le pont en une nuit, et il durera deux cents ans, jour pour jour, et il ne vous en coûtera qu'une bagatelle : j'aurai pour moi la première créature qui passera sur le pont. Celui auquel était faite la proposition en référa aux autres chefs, et la proposition du diable fut acceptée. Le matin du jour suivant on trouva un magnifique pont jeté d'une rive à l'autre. Que firent alors les chefs de la ville? Ils prirent un chat, et, le mettant à l'entrée du pont, ils le chassèrent et l'épouvantèrent par des cris, de sorte qu'il passa de l'autre côté. Le diable, pris pour dupe, s'empara du chat et l'emporta en grommelant. L'autorité paternelle est ce pont bâti par le diable, c'est Octave qui passera dessus.

Henri fit de nombreuses objections, mais M. de Riessain les leva toutes, et acheva de développer ses idées. Henri finit par se rendre, mais seulement devant une volonté à laquelle M. de Riessain annonça qu'il ne ferait aucune modification.

— Ici finit naturellement le premier feuilleton, dis-je à un ami qui lisait par-dessus mon épaule. — Eh quoi, s'écria-t-il, avez-vous donc un riche patrimoine que vous m'ayez caché jusqu'ici, ou êtes-vous vendu au pouvoir, ou joignez-vous à votre métier d'écrivain quelque industrie ténébreuse, que vous écrivez ainsi ?

Un peu étonné de cette sortie, je priai mon ami de s'expliquer. Il s'assit au coin du feu, en face de moi, et me tint à peu près ce langage : — Quand vous faites des romans, n'êtes-vous donc pas, comme les autres, payé à tant la ligne, à tant la page, à tant la feuille ? — Oui, certes, pourquoi ne me conformerais-je pas à l'usage établi à ce sujet ? — Conformez-vous à l'usage établi tant que vous voudrez, mais au moins étudiez les maîtres du genre et apprenez d'eux à ne pas vous livrer à un pareil gaspillage. Représentez-vous bien que, payé à la ligne, La Rochefoucauld, s'il eût vécu de ce temps, et s'il eût vécu du produit de sa plume, n'eût guère vécu qu'une ou deux semaines, de ce qu'on lui aurait payé les *Maximes*. — C'est possible, mais quelque inconvénient qu'ait cette manière de procéder, il s'en présenterait bien davantage si l'on voulait appliquer au prix des ouvrages littéraires quelque règle ayant pour base le mérite du livre.—Je ne chicane pas le mode en usage, mais je veux vous faire remarquer combien vous en usez peu fructueusement, en vous montrant comment procéderaient quelques-uns des maîtres qu'à tous égards vous devez vous proposer pour modèles. Vous avez introduit en scène un aubergiste, une demi-douzaine de voyageurs, un conscrit et sa famille ; c'étaient autant de portraits à faire. Et l'auberge donc ! croyez-vous qu'un des maîtres dont je vous parle eût laissé passer ainsi une auberge ? Il s'en faut, et si le mot auberge lui venait à la plume il l'arrêterait, ce mot, au passage, et lui ferait rendre gorge. Chaque casserole lui payerait au moins un droit de cinquante centimes. Et la cheminée ! il ne donnerait pas la cheminée pour quinze francs ; et il y a aussi une voiture dont vous pourriez tirer parti. — Vouliez-vous que je l'arrêtasse sur la route ? — Non, mais cette voiture-là vous doit dix francs qu'il ne tenait qu'à vous de vous faire payer ; et maintenant passons à l'exemple d'un autre maître : vous aviez un jeune homme qui voyage et qui à est la campagne, il fallait vous écrier : La campagne ! la jeunesse ! deux belles et ravissantes choses si vous y joignez l'amour : la jeunesse, l'amour et la campagne ! La jeunesse avec ses croyances, ses illusions, sa confiance ; l'amour avec ses dévouements, ses déceptions, ses rêves ; la campagne avec ses arbres, ses allées tortueuses, ses chants d'oiseaux ; la campagne est faite pour l'amour et pour la jeunesse ; la jeunesse et l'amour sont faits pour la campagne. C'est à la campagne qu'il faut aimer, et c'est pour aimer qu'il faut être jeune ; la jeunesse sans l'amour n'est pas la jeunesse ; l'amour sans la jeunesse n'est pas l'amour ; la campagne n'est pas la campagne sans la jeunesse et sans l'amour ; à quoi servirait la jeunesse sans l'amour ! à quoi servirait l'amour sans la jeunesse ? que faire à la campagne si l'on n'y est jeune, et si l'on n'y est amoureux ? etc., etc.

Troisième procédé : Au lieu de mettre votre histoire à une époque vague et indéterminée, il fallait prendre une époque historique : Un de vos personnages serait filleul ou domestique d'un personnage célèbre, et assisterait naturellement à un bon volume d'événements ou de fêtes de cette époque que vous trouveriez écrits partout.

Quatrième procédé : Assez, dis-je à mon ami, il se trouverait des gens qui, s'ils vous entendaient, prendraient ces généralités pour des portraits. — Mais, répliqua mon ami... — Mais, repris-je, je ne veux prendre ce que vous dites que pour des généralités, attendu que je compte coudre votre discours à un de mes chapitres, ce qui compensera un peu le désintéressement que vous me reprochez avec tant d'amertume. Ici donc finit un peu moins naturellement, peut-être, mais finit cependant le premier feuilleton de l'histoire invraisemblable que j'ai entrepris de vous raconter.

M. de Riessain est allé chercher sa fille au couvent et l'a installée dans la maison où il a reçu Octave et Henri. Cette maison est une nouvelle acquisition que sa fille ne connaissait pas encore, et qu'elle trouve ravissante. La maison est au milieu d'un immense jardin. La tante Eudoxie est revenue joindre son frère et sa nièce. Des affaires lui ont fait faire à la ville de***, avec sa nièce, un séjour qui devait être de deux mois, et qui a duré plus d'un an, parce que M. de Riessain, obligé lui-même de faire un voyage, n'a pas cru devoir les faire revenir à la campagne. Le lendemain de leur arrivée à toutes deux, M. de Riessain annonce froidement qu'il attend la visite de l'époux qu'il destine à sa fille. Angélique pâlit et regarde sa tante d'un air désespéré. La tante Eudoxie fait quelques questions : — Eh ! mon frère, dit-elle, comment est le jeune homme, car je ne mets pas en doute un seul instant qu'il s'agisse d'un jeune homme ? — Ma sœur, répond M. de Riessain, j'aurai l'honneur de vous le présenter demain. La tante Eudoxie et la nièce Angélique se retirent de bonne heure pour pouvoir librement causer de l'événement. Angélique, déjà fort disposée à la rébellion, reçoit à ce sujet de sa tante les plus grands encouragements ; puis la tante reprend la lecture d'un roman qu'elles ont commencé. A chaque instant, de frappants rapports entre la position d'Angélique et celle de l'héroïne, arrachent à la nièce et à la tante des exclamations suivies de longues réflexions.

En effet, la jeune et belle Floreska est malgré elle, et par un père barbare, traînée à l'autel, où elle doit épouser le cruel et farouche Nérisko ; mais Floreska aime un certain Oswald, et trouve dans son amour une fermeté inébranlable contre le tyranique auteur de ses jours. La tante s'interrompt ici pour faire remarquer à sa nièce que le petit maître de chant s'appelle Oswald, mais Angélique prie sérieusement sa tante de ne plus lui parler du maître de chant. Elles se séparent, et se disposent à se coucher ; mais au bout de quelques instants, Angélique, émue et tremblante, revient dans la chambre d'Eudoxie.

— Oh ! mon Dieu ! ma tante, si vous saviez... — Que se passe-t-il donc, Angélique ? tu as la figure bouleversée. — Venez, ma tante, venez voir dans ma chambre. — Ne vaudrait-il pas mieux sonner ? — Ma tante, cela n'a rien de dangereux ; mais c'est bien extraordinaire. Vous savez, l'inconnu ? — L'homme au chèvrefeuille ! Il est dans ta chambre ? — Ah ! ma tante, dit Angélique en rougissant, quelle idée ! — Qu'y a-t-il donc, alors ? — Il y a dans un vase, sur ma cheminée, un bouquet de chèvrefeuille. — Ce n'est pas possible ! — Je sais bien que ce n'est pas possible, ma tante ; mais cela est, et c'est ce qui m'étonne.

Elles retournent ensemble dans la chambre d'Angélique. C'est bien un bouquet de chèvrefeuille, la chambre en est toute parfumée. On sonne la femme de chambre attachée au service des deux dames, ce n'est pas elle qui a placé là le bouquet. Elle ne sait ce que cela veut dire. On la renvoie, et la tante et la nièce passent une partie de la nuit à raisonner et à déraisonner. — Oh ! maintenant, dit Angélique, je suis comme Floreska, je suis aimée et de l'amour le plus tendre et le plus constant : pensez, ma tante, voilà plus d'un an ! Je serais ingrate de ne pas ressentir un peu de reconnaissance d'une flamme si pure et si fidèle... Je suis aimée, ô... Il faut avouer, ma tante, que c'est bien désagréable de ne pas savoir le nom de celui dont on est aimée, qu'on est si près d'aimer soi-même.

La tante ajoute qu'il n'est pas moins embarrassant de ne l'avoir jamais vu... Qui peut-il être ? Est-ce ce grand brun qu'on appelait M. de Wolstein ? — Oh non, ma tante, il est commun au dernier point. — Serait-ce donc ce jeune homme blond si frais et si rose ? — Fi donc ! ma tante, je n'aime pas les hommes frais et roses. — Je m'y perds, alors.

Il est près de trois heures du matin lorsque Eudoxie annonce qu'elle *meurt de sommeil*. Angélique lui demande la permission de partager son lit, d'abord parce qu'elle n'a point de sommeil, et espère pouvoir parler encore un peu de l'inconnu, et aussi parce qu'elle ne peut songer sans un trouble ingénu et sans une crainte pudique que l'inconnu est entré, et peut entrer dans sa chambre fermée. Ce n'est qu'aux premiers rayons du jour qu'elles finissent par s'endormir. Angélique a emporté dans la chambre de sa tante le bouquet de chèvrefeuille. Il a son premier regard quand elle s'est endormie. Pendant toute la nuit ses rêves lui montrent l'inconnu, mais il lui tourne le dos, ou il a un masque sur le visage.

Le matin, au déjeuner, M. de Riessain demande si l'on ne veut pas faire un peu de toilette... Quand elle est seule avec sa tante, Angélique annonce qu'elle n'en fera pas, qu'elle ne veut faire aucun frais pour ce monsieur si protégé par son père. La tante objecte qu'il ne faut pas cependant *faire peur* aux gens. Angélique répond qu'elle ne demande pas mieux que de faire peur à M. d'Hervilly... Son père vient enfin de lui dire le nom de l'homme qu'il lui destine... Je voudrais savoir si cependant, le prétendant parti, Angélique apprendrait avec plaisir qu'il a refusé sa main parce qu'il l'a trouvé trop laide. Dans l'histoire de l'héroïsme féminin, histoire qui serait longue et belle, si ces grands combats, ces grandes victoires et ces grandes défaites n'avaient pas lieu en silence, on trouve des femmes en grand nombre qui ont tout sacrifié pour l'homme qu'elles aimaient, rang, honneur, fortune, quelques-unes ont préféré la mort à l'infidélité; mais on n'en voit pas qui aient attenté à leur beauté, et se soient un peu défigurées pour déplaire à des oppresseurs épris de leurs charmes. Peut-être, du reste, en faut-il chercher la cause dans l'ingratitude des hommes, car, certes, ce n'est pas le courage qui leur manque aux femmes, et elles en ont plus que les hommes, mais elles craindraient sans doute de déplaire, après un pareil sacrifice, au moins autant à l'homme qu'elles aiment qu'à celui qu'elles n'aiment pas.

Ce n'est pas cependant ce qui arrive : Angélique a fait de toilette tout juste ce qu'il faut pour ne pas fâcher son père, et cependant Octave *ne trouve pas d'expressions* pour dire à M. de Riessain combien il la trouve belle. Angélique au contraire, s'irrite contre sa tante qui dit que ce jeune homme n'est pas mal ; elle se rappelle alors parfaitement l'avoir rencontré dans le monde l'hiver précédent, et, des hommes qu'elle voyait, c'était sans contredit celui qui lui déplaisait le plus... Non, dût son père *la maudire*, elle n'épousera pas M. d'Hervilly ; elle voudrait pouvoir dire combien est différent l'homme au bouquet de chèvrefeuille ; mais quoiqu'elle en soit certaine, elle n'ose exprimer tout haut sa conviction. Le soir, elle se jette en pleurant aux genoux de M. de Riessain, et le supplie de ne pas l'obliger d'épouser un pareil homme. M. de Riessain lui demande, de son air le plus terrible, si par hasard elle aurait disposé de son cœur. Angélique répond que son cœur est libre, et elle ajoute comme Floreska, que *l'amour de son père lui suffit*, qu'*elle est bien jeune*, etc. M. de Riessain est inflexible ; la tante intervient et demande au moins un délai ; le père hésite, se fait longtemps prier, et finit par accorder trois mois ; mais ce terme passé, il n'écoutera aucune réflexion. Angélique, qui n'a jamais vu à son père une pareille sévérité, se retire dans sa chambre, fort triste ; mais la tante Eudoxie la rassure... On ne sait ce qui arrivera d'ici à trois mois. Floreska n'obtint qu'un délai de trois jours, et cependant elle épousa Oswald, après qu'il eut vaincu et tué Nérisko. La tante Eudoxie a bon espoir ; Angélique préfère la mort et même le couvent à une pareille union. Nous les laisserons dans ces dispositions, qui leur fournissent abondamment de quoi alimenter leur conversation.

Henri avait repris la voiture qui l'avait amené ; le temps était beau, et il s'était assis sur le faite de la voiture à côté du conducteur... Quand on arriva à l'auberge que nous connaissons, il vit sortir de l'intérieur du carrosse le même Octave d'Hervilly, à l'endroit duquel il avait remplacé l'indifférence par un sentiment voisin de la haine. A peine les voyageurs étaient entrés dans la salle où l'on dîne, que des cris se firent entendre : C'est lui ! le voilà ! — Ah ! monsieur, dit l'hôte à Octave, vous ne nous avez pas oubliés : quelques heures après votre départ, il est arrivé l'autorisation de faire passer le chemin par cette terre en friche qu'on refusait depuis si longtemps. Ah ! monsieur, vous êtes le bienfaiteur du pays.

Octave et Henri furent aussi étonnés l'un que l'autre. Octave cependant se remit le premier, et répondit que ce qu'il avait fait n'était rien, qu'une simple lettre au ministre avait suffi pour l'éclairer. — Oui, monsieur, très-bien, une simple lettre ; mais nous en avons écrit cent, des lettres, et nous n'avions jamais obtenu de réponse ; et le pauvre Pierre, ou plutôt l'heureux Pierre, vous lui aviez dit que dans un mois il serait auprès de sa mère. Il n'a pas fallu un mois : il est arrivé ce matin... On est déjà allé le prévenir que vous êtes ici.

Si Octave était étonné de voir que le hasard avait si promptement réalisé des promesses qu'il avait faites sans intention et sans puissance de faire davantage, Henri, de son côté, ne pouvait se lasser d'admirer l'assurance avec laquelle Octave acceptait la responsabilité de services qu'il n'avait même pas songé à rendre. Octave était de ces gens qu'on rencontre fréquemment, qui tiennent moins à être qu'à paraître, qui emploient tous leurs efforts à *faire de l'effet*. On ne sait pas à combien de pauvretés ils se résignent pour paraître riches : quels minces dîners, quels jeûnes même accusent leurs bottes vernies et leurs gants jaunes. Je connais de ces gens qui aimeraient mieux passer pour être l'amant d'une femme, que l'être en effet, si personne ne devait rien savoir de leur bonheur. Bientôt arriva le jeune conscrit avec sa sœur et sa mère. La joie la plus vive avait succédé aux larmes. La sœur, une belle jeune fille, baisa la main d'Octave. Tout en acceptant ces témoignages de reconnaissance, M. d'Hervilly aurait beaucoup donné pour savoir par quel mystère, l'espoir qu'il avait fait naître pour se donner un moment d'importance, et de la portion de terrain nécessaire à l'amélioration du chemin, et de la libération du jeune conscrit, se trouvait aussi bien à point réalisé par un événement qu'il n'osait pas appeler un hasard... L'hôte, qui était sorti pour surveiller ses fourneaux, rentra dans la salle, et dit : M. le baron de Horrberg est servi. A ces mots, Henri se retourna brusquement ; mais il s'aperçut aussitôt que c'était à Octave d'Hervilly que s'adressait l'aubergiste. Octave demanda à l'hôte pourquoi

il lui donnait ce nom. — Pardon, monsieur le baron ; répondit-il si je dévoile votre incognito, mais il n'est personne ici qui ne soit heureux de savoir comment s'appelle un homme aussi généreux, et la mère et la sœur de Pierre sauront sous quel nom elles doivent adresser leurs vœux au ciel pour votre bonheur. — Mais, mon ami, ce nom...
— Je sais bien que M. le baron avait l'intention de cacher son nom, mais il s'est trahi lui-même : l'autorisation de prendre le morceau de terre qui nous avait été si longtemps refusé, et l'acte de libération de Pierre portent également que c'est à la recommandation de M. le baron de Horrberg. Or, comme c'est après la promesse que nous avait faite M. le baron, que ces heureuses choses nous sont arrivées, comme au premier moment, ne pouvant maîtriser sa douce émotion en présence des heureux qu'il a faits, M. le baron a reçu avec une noble franchise, nos remerciments et nos actions de grâce, il n'y a plus à douter un moment que Votre Excellence ne soit le baron de Horrberg. Octave répondit par un sourire un peu embarrassé, et néanmoins accepta la politesse que lui firent ses compagnons de voyage qui voulurent qu'il passât avant eux pour entrer dans la salle à manger. Il ne pouvait refuser le nom de baron de Horrberg sans avouer qu'il avait accepté des remerciments pour des services rendus par un autre ; il fallait être le baron de Horrberg, ou un insigne gredin ; il ne crut pas devoir hésiter. Octave croyait rêver, il se demanda un moment à lui-même s'il n'était pas par hasard baron de Horrberg, et si quelque voile jeté sur sa naissance ne venait pas de se déchirer subitement. Mais il n'y avait pas moyen de conserver cette idée, même quelques instants :

il était né si régulièrement, si bourgeoisement, si conformément à tous les usages et à toutes les garanties légales, qu'il n'y avait pas moyen d'espérer d'autres parents que ceux qu'il avait jusque-là reconnus pour tels.

Le dîner se prolongea assez tard, parce qu'il fallait attendre une voiture jusqu'au lendemain. Henri accabla Octave d'éloges sur sa générosité, le félicita du pouvoir qu'il avait sur l'esprit du ministre. Mais ces louanges et ces félicitations avaient quelque chose d'exagéré qui ressemblait singulièrement à de l'ironie. Octave était fort embarrassé ; il ne pouvait se fâcher de compliments qui n'étaient désobligeants que parce qu'il ne les méritait pas. Et cependant il s'apercevait de temps en temps que Henri voyait son embarras et s'en amusait. Henri, de son côté, n'était pas animé de sentiments très-bienveillants pour M. d'Hervilly, et comme chacun avait fini par déclarer ses noms et qualités, il s'efforça de provoquer une question directe, qu'il éluda pendant quelque temps, mais il conta deux ou trois anecdotes où il se donnait à jouer un rôle peu honorable ou ridicule, et enfin il avoua qu'il voyageait par mesure de prudence. Il avait eu pour rival dans une affaire de cœur une sorte de matamore qu'il ne se souciait pas de nommer. Ses principes l'avaient obligé de repousser une proposition de duel que lui avait fait faire ce spadassin. Menacé d'une insulte publique, il s'éloignait de la ville de de ***. Tous les auditeurs stupéfaits de l'aveu d'une pareille lâcheté, gardèrent un silence profond. — Eh ! messieurs, ajouta Henri, je ne suis pas honteux de mes principes. J'ai horreur du duel, je ne veux pas me battre, et comme mon ennemi est un homme brutal qui serait capable d'employer des moyens violents pour m'y contraindre, je voyage pendant quelque temps de côté et d'autre. Peut-être dans nos confessions réciproques, personne n'a-t-il aussi franchement que moi avoué les motifs réels de son voyage. Pour terminer comme vous, messieurs, je vous dirai que je m'appelle Octave d'Hervilly. Octave bondit sur sa chaise. Quoi! c'était son propre nom que l'inconnu s'attribuait, et surtout dont il couvrait des actions au moins ridicules.. — Vous dites, monsieur, s'écria-t-il, que vous vous appelez... — Octave d'Hervilly, monsieur, pour vous servir. — Mais, monsieur, je crois connaître un Octave d'Hervilly... — Vous vous trompez, il n'existe de ce nom que le médiocre sujet ici présent.

Octave frémissait d'indignation de ne pouvoir réclamer son nom, dont on faisait un usage aussi peu honorable. Cependant il essaya encore une objection; mais Henri la releva avec hauteur, en disant : — Pensez-vous, monsieur, que je serais assez lâche et assez méprisable pour prendre un nom qui ne serait pas le mien? Puis il continua la conversation, mit en avant les idées les plus bizarres, les théories les plus inusitées et les plus immorales, en ajoutant de temps en temps : *Foi d'Octave d'Hervilly.*

Octave était sur les épines; il eût volontiers renoncé et au nom qu'il avait pris, et aux belles actions qu'il avait endossées en même temps, pour pouvoir sauver son nom des rudes épreuves auxquelles l'inconnu paraissait le vouloir soumettre, et en même temps l'obliger à expliquer les causes qui l'avaient amené à s'emparer ainsi d'un nom qui ne lui appartenait pas. Peut-être, pensait-il, ce voyageur sait que je ne m'appelle pas Horrberg; mais cela ne l'autorise pas cependant à prendre mon nom. Peut-être aussi ne le prend-il pas et s'appelle-t-il naturellement ainsi ! Quoi ! le nom et le prénom ! Cependant quelque singulier que soit ce hasard, il l'est beaucoup moins que ceux qu'il me faut mettre à sa place si je ne l'admets pas.

— Monsieur, dit-il à Henri, je ne vois pas pourquoi cela paraît vous fâcher, mais je suis persuadé de connaître un Octave d'Hervilly. — Alors, monsieur, c'est moi que vous connaissez. — Non, monsieur. — Eh bien, monsieur, je vous défie de me montrer cet Octave d'Hervilly. — Je compte, cependant, vous le faire voir quelque jour, monsieur.

Pendant ce temps on avait servi, allumé et bu du punch. Henri, d'un coup de coude, renversa le bol à moitié plein de punch enflammé et cinq ou six verres. L'aubergiste arriva au bruit en disant : — Vraiment, messieurs, cela n'a pas le sens commun. — Qu'est-ce à dire, maraud ? s'écria Henri, crois-tu que je ne te payerai pas tes verres ? — Je vous défends de me tutoyer et de m'appeler maraud. — Ah ! ah ! tu défends quelque chose à Octave d'Hervilly. Tiens, tu mettras sur la carte encore ce verre-là ; et celui-ci aussi que je jette à travers les carreaux, et les carreaux aussi ; mets tout sur la carte de M. Octave d'Hervilly, et laisse-nous tranquilles.

Ce ne fut qu'après une assez longue résistance que Henri se laissa calmer. Il était tard, chacun des voyageurs gagna la chambre qui lui était destinée. Mais pendant la moitié de la nuit, ce fut un vacarme horrible dans toute la maison. Henri errait dans les corridors, ouvrait les chambres des servantes. L'hôte se leva en chemise, voulut faire rentrer Henri dans sa chambre, et reçut de lui un coup de poing qui l'envoya tomber sur la porte d'Octave, qui se trouva réveillé à point pour entendre Henri qui criait : — Mets ton nez sur la carte, au compte de M. Octave d'Hervilly. Puis il alla se coucher.

Le lendemain matin l'hôte annonça qu'il allait se plaindre au maire de la commune. — Je ne sais, monsieur, ajouta-t-il, ce que vous avez fait; mais mes servantes prétendent qu'elles n'ont pu fermer l'œil. — N'est-ce que cela? dit Henri; mettez la vertu de vos servantes sur la carte et faites l'addition. — En vérité, monsieur Octave d'Hervilly, dit l'hôte, je n'ai jamais, Dieu merci! rencontré de voyageur pareil à vous. — C'est que vous n'aviez jamais logé Octave d'Hervilly. — Mon Dieu! pensait Octave, pourvu qu'il n'emporte pas l'argenterie.

Henri n'emporta pas l'argenterie, mais il acheva de compromettre le nom d'Octave de toutes les façons qu'il put imaginer. Octave cependant s'efforçait de faire bonne contenance vis-à-vis des autres voyageurs, et il leur dit que peut-être ne les accompagnerait-il que jusqu'à la ville voisine, où on devait changer de voiture, pourvu cependant que son domestique, aussi étourdi qu'on puisse l'être, eût pensé à lui amener sa voiture. Je ne sais ce qu'Henri fit encore d'étrange qu'il appuya de ces mots : — Foi d'Octave d'Hervilly. Mais Octave ne pouvant plus mettre en doute que ces plaisanteries d'un genre trop disparate avec l'air et les façons qu'il avait remarqués chez le voyageur lors de leur première rencontre, ne fussent dirigées contre lui, Octave se pencha à son oreille, et lui dit : Monsieur, quand ces messieurs se sépareront de nous, je serais enchanté de faire encore un bout de chemin avec vous. — Monsieur, répondit Henri, le plaisir sera pour moi.

On arriva à l'endroit où s'arrêtait la voiture ; un domestique en riche livrée entra dans le bureau du voiturier, et dit : La voiture de M. le baron de Horrberg est à la porte ! Octave se dit : J'en étais sûr, c'est un rêve, et je vais m'éveiller tout à l'heure. Henri lui dit à haute voix : Ma foi, monsieur le baron, vous me donnerez bien une place dans votre voiture. Les autres voyageurs attendaient pour voir de quelle façon M. le baron allait repousser une semblable familiarité ; mais Octave était interdit, et avait fait machinalement quelques pas vers la porte. Henri le prit par le bras : Allons, monsieur, montons, dit-il ; puisque vous êtes M. de Horrberg, cette voiture est à vous.

Octave, hors d'état de penser ni d'agir, se laissa entraîner jusqu'à la portière. La voiture était riche et simple à la fois, et les chevaux de la plus grande beauté. Henri monta en disant : Je monte le premier, nous sommes chez vous. Un moment Octave eut envie de prendre la fuite. Henri lui dit : Montez donc, monsieur, si c'est sérieusement que vous voulez voyager un peu avec moi. — Ah ! oui, monsieur, c'est sérieusement, et je monte, dit Octave en grinçant des dents.

Henri salua les autres voyageurs en disant : Messieurs, au plaisir de vous revoir ; j'en serai toujours enchanté, foi d'Octave d'Hervilly ; Octave d'Hervilly vous a peut-être paru un peu écervelé, un peu fou ; mais une autre fois vous serez plus contents de lui. Octave salua sans parler. Les chevaux partirent.

— Maintenant, monsieur, dit Octave, nous allons parler

sérieusement : le nom d'Hervilly ne vous appartient pas.— Pardon, monsieur, il m'appartient jusqu'à ce qu'un possesseur plus légitime vienne le réclamer lui-même ; je l'ai trouvé, c'est un nom abandonné, un nom hors de service que quelqu'un aura perdu ou jeté, et je l'ai ramassé.— Monsieur, en supposant que quelqu'un ait cru devoir le quitter un moment, cela ne vous donnait pas le droit de vous en affubler. — Pardon, monsieur, je me trouvais pour le moment un homme sans nom : j'ai trouvé un nom sans homme, je l'ai pris. — Cessons de plaisanter, vous savez que ce nom m'appartient, vous savez que je me nomme Octave d'Hervilly. — Je le sais, monsieur, mais je ne le crois pas depuis que je vous ai entendu dire le contraire, et prendre un autre nom. — Eh bien, monsieur, je reprends mon nom pour vous demander compte des insultes dont vous l'avez rendu l'objet depuis hier.—Vous reprenez votre nom, monsieur, je vous le rends avec plaisir, parce qu'alors vous me rendrez le mien. — Que voulez-vous dire ? — Que je suis le baron de Horrberg.

Octave resta un moment accablé, puis il dit : — Monsieur, ma situation est horriblement ridicule. Je ne puis vivre avec affront, vous me rendrez raison... — Monsieur, si vous ne pouvez vivre, il serait plus conforme à l'usage de vous *suicider vous-même*, mais je vous avouerai que je partage l'envie que vous paraissez éprouver d'avoir une affaire avec moi. Vous vous êtes permis sur mon compte des propos que je n'avais pas l'intention de tolérer, même avant le hasard qui m'a mis à même d'exercer contre vous un commencement de vengeance; d'autres causes..... — Je sais, mademoiselle... — Taisez-vous, monsieur, ne prononçons

pas son nom, puisque aussi bien nous n'avons pas besoin de prétexte pour nous battre, sans le mettre en jeu. — Vous avez raison, je suis insulté, j'ai le choix des armes, nos armes seront des pistolets. — Volontiers. — Nous les tirerons à dix pas. — A cinq, si vous voulez. — Eh bien, monsieur! à cinq, et je vous traite de lâche si vous revenez sur votre parole. — Monsieur, l'homme qui rougit de son nom, et prend celui d'un autre n'a le droit de traiter personne de lâche. — Ah! monsieur! c'en est trop... et si vous osiez...
— Quoi, monsieur? je crois pouvoir tout oser vis-à-vis de vous. — Eh bien!... si vous n'êtes pas un lâche, si vous ne voulez pas que je vous fasse la plus grave des insultes.... nous ne chargerons qu'un pistolet... le hasard nous donnera à chacun le nôtre, vous placerez le vôtre sur ma poitrine, moi le mien sur votre cœur, et nous tirerons; l'osez-vous?
— Oui, monsieur, puisque vous avez plus de confiance dans le hasard que dans la fermeté de votre bras, je ne veux pas abuser de mes avantages, j'accepte. — Où, monsieur? — Près d'ici, si vous voulez; entre ces saules que vous voyez là-bas, est un espace caché qui servira de champ clos à tous deux et de tombeau à l'un de nous. — L'endroit le plus proche me conviendra; avez-vous des armes? — Oui, j'ai dans les poches de cette voiture des pistolets de voyage, ils sont à côté de vous; voulez-vous me faire le plaisir de me les donner? — Les voici; sont-ils chargés? — Oui. — Il faut en décharger un. — C'est très-facile; ce sont des pistolets à balle forcée, vous n'avez qu'à en dévisser un.

Octave dévisse le canon d'un des pistolets, et jette sur la route la balle et la poudre. Henri met les deux pistolets dans son chapeau et place un foulard par-dessus, puis tous deux restent silencieux en attendant qu'ils arrivent aux saules, dont on voit déjà distinctement le feuillage bleuâtre. Tous deux sont occupés de sérieuses pensées. Octave, dont tous les défauts viennent d'une incroyable vanité, se sent un peu écrasé par la supériorité de son adversaire. Il sait que les torts, du moins les premiers, sont de son côté : s'il n'était qu'offensé sans être ridicule, il ferait noblement l'aveu de ses torts; plusieurs fois dans sa vie déjà il a donné des preuves non-seulement de courage, mais de témérité, qui lui permettraient cette démarche, sans que son honneur pût en souffrir; mais le rôle qu'il a joué est si ridicule, qu'il hait mortellement Henri, qui en a été le spectateur. Henri se reproche d'avoir accepté ce genre de combat, et d'avoir ainsi abandonné au hasard une vie que l'espoir de posséder Angélique lui fait paraître si heureuse. Il eût mieux fait, certes, s'il n'eût pas cédé à un mouvement irréfléchi, de refuser d'accepter le hasard seul pour juge de son bon droit, sans y joindre son courage et son adresse éprouvée. Certes, s'il ne s'agissait que de l'échange de leur nom, il redeviendrait sur cette parole trop prompte; mais il aime mieux mourir que de céder, non-seulement en courage, mais même en folle témérité à l'homme qui ose lui disputer Angélique; sans cela, peut-être, trouverait-il qu'il a un peu trop abusé d'une sottise que la vanité a fait faire à Octave.

La voiture est près des saules; Henri fait arrêter, et ordonne au cocher d'aller attendre en haut de la côte. — Écoute, dit-il, nous allons à cette ferme qui est là-bas, derrière les saules; si j'étais forcé d'y rester, si monsieur revenait sans moi, tu le conduirais à la ville de***, à une lieue d'Horrberg.

Octave se sentit presque touché de ce soin de loyal chevalier que prenait Henri d'assurer la retraite de son ennemi, si le sort lui était contraire, mais sa colère s'accrut de cette nouvelle preuve de supériorité. Dieu seul peut savoir ce qui se passa dans le cœur des deux jeunes gens lorsqu'ils entrèrent dans l'enceinte des saules. Un doux et riant soleil pénétrait à travers le feuillage, et colorait de vie, de joie et d'amour toute cette belle nature qu'un des deux ne devait jamais revoir. Chacun des deux se croyait aussi obligé d'aller en avant, que si déjà les deux détentes des pistolets eussent été lâchées. Henri présenta son chapeau à Octave, qui mit la main dedans et tira l'un des deux pistolets. Henri prit l'autre. L'orgueil les empêcha l'un et l'autre de chercher à voir quel était celui qu'il avait dans la main. — Monsieur, dit Henri, êtes-vous prêt? — Monsieur, dit Octave; je vous attends.

Alors, tous deux, pâles mais calmes, se placèrent vis-à-vis l'un de l'autre, se tendirent la main libre, et de l'autre main chacun appuya son pistolet sur la poitrine de son ennemi.

Il faudrait que je n'eusse de ma vie lu un seul roman pour dire un mot de plus, et ne pas finir là ce second feuilleton.

Il est huit heures du soir, le jour baisse. A la lueur d'une lampe que l'on vient d'allumer, Angélique et sa tante Eudoxie sont dans le salon de la maison de M. de Riessain. Angélique brode au métier; la tante Eudoxie tient un livre qu'elle lit à haute voix :

« Lasthénie poursuivit le fantôme, traversa derrière lui toute la longue galerie et le vit entrer dans la tour du Nord. Elle eut un moment d'hésitation; mais après s'être recommandée à Dieu; elle marcha en avant et parvint dans l'appartement du moine, où personne n'était entré depuis plus de vingt ans. Tout était resté dans l'état où on l'avait laissé depuis la fatale nuit où le moine y avait couché et où on n'avait plus trouvé que son corps sans sa tête. Le fantôme s'arrêta, et d'une voix sombre et sépulcrale dit : Arrête, et ne trouble pas le séjour de ceux qui ne sont plus... »

— Ma foi, ma tante, dit Angélique, fasse le ciel que je ne me trouve jamais dans une pareille situation ! je sens que je serais loin d'avoir la bravoure de Lasthénie. A tel point que je ne sais si je n'ai pas un peu peur, rien que d'entendre le récit de ses aventures, la nuit et à la lueur d'une lampe. Les fauteuils, depuis quelques instants, me paraissent prendre des formes suspectes, et les longs plis de ces rideaux ont un certain air de linceul qui ne laisse pas de m'inquiéter ; si vous étiez bonne pour moi, nous laisserions là le livre pour ce soir et nous parlerions d'autre chose. — Pourvu, répondit la tante Eudoxie, que ce fût de bouquet de chèvrefeuille et de ton inconnu, n'est-ce pas? Depuis que tu as un roman à toi, dont tu es toi-même l'héroïne, je comprends que tu prennes peu d'intérêt à Lasthénie et à ses infortunes. — Écoutez, ma tante, il faut tout dire : c'est que le caractère de Lasthénie ne me plaît pas tout à fait. Sous prétexte d'un respect exagéré pour la dernière volonté de sa mère, elle consent à épouser le farouche Saldorf, sans s'inquiéter de percer le cœur du tendre et fidèle Oscar, qui lui a donné tant de preuves de constance et de dévouement. Il est évident que si la mère de Lasthénie avait connu Saldorf tel qu'il était, elle se serait bien gardée d'enjoindre à sa fille de lui donner sa main. Trompée jusqu'à la fin par son hypocrisie, elle n'a vu en lui qu'un appui pour sa fille et un époux tendre et vertueux. Certes, si elle eût vécu et eût connu seulement la moitié des crimes dont s'était souillé Saldorf, non-seulement elle eût relevé sa fille de sa promesse, mais elle-même se fût opposée de tout son pouvoir à une union qui devait faire le malheur de Lasthénie. — Hélas! ma pauvre Angélique, reprit la tante Eudoxie, j'ai bien peur que tu ne tardes pas toi-même à savoir combien il est difficile de résister longtemps à la volonté et aux obsessions d'une famille. — Ma tante, ma bonne tante Eudoxie, vous m'avez promis de ne pas m'abandonner. — Oui, je te l'ai promis, et je te le promets encore, parce que je sais que le cœur a ses droits et qu'ils sont de tous les plus respectables, parce que je sais que l'autorité des parents doit avoir des bornes. Mais, ma chère Angélique, tu n'ignores pas que je n'ai aucun pouvoir sur l'esprit de ton père, le plus opiniâtre des hommes ; tu sais de quels sarcasmes il poursuit mes idées, et que c'est à peine si je puis obtenir qu'il réponde à mes questions. Je crains bien de ne pouvoir que mêler mes larmes aux tiennes... si cependant tu as jamais lieu de verser des larmes, car enfin tu ne peux aimer ton inconnu, et M. d'Hervilly est bien. Rien que son nom d'Octave, qui est tout romanesque, me donnerait pour lui une indulgence que sa figure et ses manières ne tarderaient peut-être pas à changer en un sentiment plus tendre, si (ajouta la tante en soupirant) j'avais dix-huit ans et s'il me présentait son hommage. — Quoi! ma tante s'écria Angélique, quoi! c'est vous qui me tenez un pareil langage! Quoi! vous n'êtes pas révoltée de la conduite d'un homme qui a demandé et accepté ma main, sans s'inquiéter le moins du monde de la possession de mon cœur! qui a traité votre malheureuse nièce comme une esclave qu'on achète et du consentement de laquelle on n'a pas à se soucier! Non, ma tante, non, je ne m'accommoderai jamais de pareils sentiments! Qu'ils sont donc éloignés de la flamme respectueuse de l'inconnu qui n'a encore osé exprimer son amour que par des fleurs et son empressement silencieux à prévenir mes moindres désirs! Mais voyez-vous, ma tante, je ne puis me figurer que mon père, toujours si bon et si indulgent pour moi, reste insensible à mes larmes et à mes prières. Vous avez déjà vu qu'il m'a accordé un délai de trois mois. Si vous aviez vu avec quelle tendresse il m'a embrassée lorsqu'il est parti ce matin pour ce voyage qui doit à peine durer quelques jours! — Et il ne t'a pas dit où il allait? — Non, ma tante.

A ce moment, Théodorine, la femme de chambre, vient annoncer qu'un *monsieur* demande l'honneur de souhaiter le bonsoir à ces dames. On lui demande quel est ce *monsieur*. Elle croit l'avoir déjà vu. Quel est son nom? Elle le lui a demandé, il est vrai, mais en venant elle l'a oublié. Elle va retourner auprès de lui pour le lui redemander, lorsque l'on ouvre la porte du salon et l'on voit paraître Octave d'Hervilly.

Il s'excuse de se présenter ainsi devant ces dames. En attendant le retour de Théodorine, il a voulu aller au jardin; il s'est trompé de porte et s'est trouvé tout à coup dans le salon. Sans cette erreur, il eût attendu la permission qu'il avait sollicitée, et malgré l'autorisation que lui a donnée M. de Riessain de venir chez lui, même en son absence, malgré l'ordre même positif qu'il a bien voulu lui laisser en partant de regarder cette maison comme la sienne, il est prêt à se retirer si ces dames ne sont pas disposées à lui accorder la permission de passer quelques instants auprès d'elles. Angélique fait une simple révérence, parce que c'est à sa tante qu'il appartient de répondre.

La tante Eudoxie croit devoir obéir à la volonté de son frère en recevant de son mieux M. d'Hervilly, quoiqu'elle soit un peu souffrante et qu'elle craigne d'être forcée d'abréger la soirée et de se retirer de bonne heure. Octave s'assied, adresse à Angélique quelques lieux communs de galanterie vulgaire, auxquels elle répond avec un dédain marqué. Octave, après avoir fait tous ses efforts pour soutenir la conversation, se prépare à prendre congé. Il ne va pas cependant rentrer encore chez lui. La nuit est superbe; la lune est pure, le ciel sans nuages ; il va errer dans la campagne. — En effet, dit la tante, il n'est rien de charmant comme une belle nuit, et elle avoue que chaque soir elle se promène dans le parc avec sa nièce. Hier même, elle ose à peine le dire, elles se sont oubliées jusqu'à onze heures.

Octave se retire en demandant une permission qui lui a déjà été donnée par M. de Riessain à son départ, mais il ne la veut tenir que d'Angélique et de sa tante : sera-t-il autorisé à venir prendre quelquefois de leurs nouvelles ? Angélique s'incline pour toute réponse.

Quand il est parti, elle affirme à sa tante qu'elle a vu faire à M. d'Hervilly un geste qu'elle imite et qui est en tout semblable à celui du tyran des mélodrames, quand il fait signe *à parte* qu'il abattra ses ennemis. La tante n'a point vu ce geste, mais c'est au moyen d'une glace qu'Angélique l'a aperçu, et seulement alors qu'Octave après les avoir saluées, leur tournait le dos pour gagner la porte du salon ; après quoi il s'était retourné pour leur adresser un nouveau salut et un sourire où elle avait vu tout plein d'affectation et de perfidie. Ce soir-là, Angélique n'osa pas aller, comme la veille, se promener dans le parc avec sa tante. Depuis quelques jours seulement qu'elles habitaient la maison, elles ne connaissaient pas assez les jardins, qui étaient fort grands, pour y éprouver une sécurité complète : C'est comme cette grande maison, dit Eudoxie ; je n'aime pas beaucoup que mon frère nous y laisse seules ; mais pour avoir moins peur, nous ferons sagement, quelqu'un de ces jours, de la visiter des caves aux greniers ; toute l'aile droite et le milieu nous sont inconnus. Et quelques visites empêchèrent le lendemain la réalisation de ce projet.

Le soir, Octave se présenta ; mais on lui fit dire que ces dames étaient fatiguées et ne recevaient pas ce soir-là. Elles profitèrent de leur solitude pour se promener dans le parc ; c'était en effet un grand et beau spectacle que les lueurs pâles de la lune pénétrant à travers les voûtes des arbres. Au milieu du silence un rossignol éleva la voix et fit entendre ses chants mélodieux. Angélique et Eudoxie écoutent avec recueillement et se laissent aller aux douces rêveries que cette belle nuit excite dans leur âme, lorsque tout à coup des hommes masqués, sortant de l'épaisseur des arbres, se jettent sur elles, leur enveloppent la tête d'un voile destiné à étouffer leurs cris, et les enlèvent dans leurs bras. La tante Eudoxie, à laquelle celui qui la porte affirme qu'on ne lui fera aucun mal, pourvu qu'elle s'abstienne de tout bruit, reste muette et abattue. Angélique, malgré les recommandations qui lui sont faites de garder le silence, essaye de faire entendre sa voix et appelle à son secours, et son père tout absent qu'elle le sait, et les domestiques de la maison, trop éloignés pour entendre sa voix étouffée.

Aussitôt qu'elles furent enfermées dans la voiture, les chevaux partirent au grand trot. En se prêtant un secours mutuel, Angélique et Eudoxie ne tardèrent pas à se débarrasser des voiles qui leur enveloppaient la tête et les empêchaient de parler. — Mon Dieu! ma tante que nous arrive-t-il et que va-t-il nous arriver? dit Angélique. Quel bonheur que vous soyez avec moi! Que pensera mon père? Où nous mène-t-on et que veut-on faire de nous? — Heureusement, ma nièce, répond Eudoxie, que je n'en sais pas plus que vous sur tous les sujets de vos questions, sans cela j'aurais oublié la première quand vous me faisiez la dernière, tant vous les exprimez avec précipitation. Mais vous-même, n'avez-vous fait aucune remarque qui vous puisse faire au moins soupçonner quel est l'auteur de cet acte de violence? — Je n'ai pas besoin de me livrer à des conjectures et à des soupçons, ma tante, pour des choses que je sais aussi parfaitement. L'auteur de notre enlèvement est M. Octave d'Hervilly. — Le croyez-vous, ma nièce! et quel intérêt aurait-il à compromettre ainsi un résultat sur lequel il n'a aucune crainte à avoir? Sûr du consentement de votre père, assez fat, selon ce que j'en ai pu juger, pour ne pas tout à fait désespérer du vôtre, il faudrait qu'il eût à un degré peu ordinaire la manie d'enlever les filles, pour s'aviser d'en enlever une qu'il aurait pu emmener légalement en attendant seulement deux mois. Mon avis est plutôt que l'auteur du rapt est votre inconnu, l'homme aux fleurs de chèvrefeuille! — Lui, ma tante! Vous n'y pensez pas: un homme si timide, si respectueux. Non, non, l'odieux d'Hervilly n'a pas eu de peine à voir la répugnance que j'éprouve pour la chaîne que l'on veut m'imposer ; il connaît l'indulgence et la tendresse de mon père pour moi ; il sait que la sévérité de ce tendre père ne tiendrait pas contre mes prières et mon désespoir, et il a eu recours à la violence. Où sommes-nous ? Voici plus d'une heure que nous marchons, les chevaux semblent voler, on ne voit que des arbres, toujours des arbres. Si nous traversions une ville, j'espère que nos cris feraient arrêter la voiture. — Ne criez pas si vite, ma nièce, car je maintiens que nous sommes en la puissance de l'inconnu aux bouquets. Votre prochain mariage avec M. d'Hervilly lui aura montré qu'il n'était plus temps de prétendre à vous par les voies ordinaires, et il aura employé des moyens un peu brusques, il est vrai, mais pour lesquels il espère obtenir son pardon.

Les réflexions de la tante jetaient du doute dans l'esprit d'Angélique, qui ne savait comment elle devait apprécier ce qui se passait. En effet, la colère qu'elle devait naturellement concevoir de cet enlèvement pouvait être modifiée par cela qu'il aurait été commis par l'un ou par l'autre des deux hommes que seuls elle pouvait soupçonner ; parce que, toute condamnable que fût cette manière d'agir, ce n'était rien auprès d'un crime plus grand qu'avait commis Octave d'Hervilly : ce crime était qu'il déplaisait à Angélique. C'est en effet ce qu'aux yeux d'une femme un homme peut faire de pis que de lui déplaire. Je défie l'homme qui déplaît à une femme de l'étonner par aucun forfait, et d'imaginer quelque chose d'assez horrible pour qu'elle hésite à l'en croire capable. Tous les autres crimes se confondent dans le crime de déplaire, qui suffit pour les tous absorber.

Au bout de quatre heures de marche, la voiture parut quitter la grande route et prendre un chemin de traverse. En effet, elle ne tarda pas à s'arrêter devant une petite maison aux alentours de laquelle l'œil n'en pouvait découvrir aucune autre. Là on les aida à descendre de voiture, et un des hommes masqués les avertit qu'elles passeraient là le reste de la nuit. Elles essayèrent de faire quelques questions à cet homme qui paraissait être le chef des autres; mais il ne leur fit aucune réponse, et donna ses ordres pour que de nouveaux chevaux fussent attelés à la pointe du jour. — Vous entendez, mesdames, ajouta-t-il, qu'il faut être prêtes de bonne heure. Certes, je ne vous menacerai pas, comme fait le commun des voituriers, de passer outre et de vous laisser en chemin; mais je vous jure que si vous n'êtes pas prêtes à partir à l'heure indiquée, je vous mets dans la voiture, quel que soit le négligé de votre toilette. — Mais enfin, dites-nous où nous sommes et où nous allons. — Madame, les ordres que j'ai reçus ne m'enjoignent nullement de vous faire de semblables confidences; on m'a dit de m'arrêter le moins possible et d'aller vite. — Mais... — Madame, comme ma réponse ne pourrait jamais être qu'un refus de vous répondre, trouvez bon, que je ne vous en fasse plus aucune.

A peine Angélique et sa tante furent-elles dans la chambre où elles devaient passer la nuit, que Théodorine y entra pour leur demander si elles avaient besoin de ses services et si elles voulaient prendre quelque chose. — Eh quoi ! vous ici, Théodorine ? s'écrièrent à la fois la nièce et la tante. Où sommes-nous ? que se passe-t-il ? et quel est l'auteur de notre enlèvement ? Mesdames, je n'en sais pas plus que vous à ce sujet ; mais hâtez-vous de demander ce dont vous pouvez avoir besoin, j'ai tout lieu de croire qu'ensuite on ne me refusera pas de passer la nuit dans votre chambre. — Nous n'avons besoin de rien, sinon de vous avoir près de nous pour diminuer s'il est possible nos justes frayeurs.

Théodorine sortit et revint quelques instants après d'un air tout joyeux, dire qu'on lui permettait de ne pas les quitter.—Aussi bien, a dit celui qui paraît être le chef, vous pourrez dire à ces dames qu'elles feront bien de dormir tranquilles et de ne perdre leur temps à aucune tentative d'évasion, parce que nous avons demain une longue étape à faire, et il n'est pas sûr qu'elles soient aussi bien couchées ; ensuite parce que ce serait parfaitement inutile. Et en effet, mesdames, il m'a fait voir la maison fermée par d'énormes verrous et toutes les issues garnies de grilles et de barres de fer, gardées en outre par des sentinelles. — Eh quoi ! s'écria Angélique, nous nous éloignerons encore demain toute la journée ; mais où sera donc le terme de ce voyage ? — Ils ne paraissent pas penser qu'ils arriveront demain. — Mais dites-nous maintenant, Théodorine, comment vous vous trouvez ici avec nous ?—Rien n'est plus simple, madame ; à peine étiez-vous sorties toutes deux de la maison pour aller vous promener dans le parc, qu'un homme inconnu vint me dire que l'une de vous deux s'était subitement trouvée indisposée, et qu'on l'avait envoyé me chercher. Je voulus appeler quelques autres domestiques ; mais il m'en empêcha en me disant que vous aviez recommandé de ne parler qu'à moi seule. Je le suivis donc, après m'être munie d'un flacon de sels. Mais à peine étions-nous dans le parc que mon guide, qui m'avait paru d'abord vieux et cassé, circonstance qui m'avait fort enhardie à l'accompagner, se redressa et m'ordonna de le suivre sans parler, sous peine de la vie. Nous arrivâmes bientôt auprès d'une voiture derrière laquelle était un siége où l'on me fit monter avec mon compagnon. Ce n'est qu'en route que j'appris que vous étiez dans la voiture, et qu'à ma terreur vint se mêler l'espoir de vous être utile et de ne pas vous quitter. — Ah ! ma tante ! dit Angélique, c'est absolument comme Euphrasie. — Qu'est-ce qu'Euphrasie, mademoiselle? — Euphrasie était une servante fidèle et dévouée comme toi, ma bonne Théodorine : c'était la suivante de Floreska, n'est-ce pas, ma tante?

Une bonne partie de la nuit, déjà fort avancée, se passa à chercher à tirer des conséquences des moindres circonstances de cette singulière aventure, à deviner quel pouvait être l'auteur de cet enlèvement, quel pouvait être le terme de ce voyage. Angélique pensait que l'inconnu aux bouquets devait la délivrer de ce péril ; mais ne voyant pas trop comment il pourrait savoir le péril et découvrir l'endroit où la dame de ses pensées avait besoin de son appui, elle cherchait à se rappeler, pour ranimer sa confiance, par quels heureux hasards Oswald découvre le souterrain où l'infâme Nérisko a renfermé Floreska ; mais ce que ces hasards ont de frappant prouve qu'ils pouvaient ne pas arriver ; heureusement que le sommeil vint mettre un terme à ses perplexités.

Le lendemain, on se remit en route de bonne heure, on

s'arrêta au milieu de la journée pour faire un repas et se reposer quelques heures, on changea de chevaux et on repartit. Eudoxie et sa nièce avaient compté sur cette halte pour se faire mettre en liberté ; elles étaient décidées à implorer la protection de l'aubergiste, à réclamer l'intervention de l'autorité du lieu. Mais ce jour-là, comme la veille, on s'arrêta dans un endroit désert, à une maison isolée dans laquelle il ne se trouvait personne, ou du moins Angélique et sa tante ne virent que les hommes qui les accompagnaient, qui avaient en route ôté leurs masques, mais qu'elles ne se souvenaient pas d'avoir jamais vus. Le lendemain seulement, celui qui paraissait conduire l'entreprise dit à Angélique :

— Nous arriverons ce soir. — Où arriverons-nous? demanda mademoiselle de Riessain. — Mais au bout de notre voyage, mademoiselle. — A quel distance sommes-nous de l'endroit d'où vous nous avez emmenées ? — Mademoiselle, il m'est défendu de répondre à vos questions ; mais rien ne vous empêche de calculer la distance par le temps pendant lequel nous avons marché. — Il me semble que nous avons été bien vite. — Aussi vite que possible, mademoiselle, tels sont les ordres que j'ai reçus.

Il faisait nuit déjà depuis plus de trois heures lorsque la voiture s'arrêta devant une grille ; un des conducteurs sonna du cor ; on parut du dedans demander un mot d'ordre ; et la grille s'ouvrit pour laisser entrer la voiture, et se referma derrière elle. C'était une sorte de château entouré de grands arbres, d'un aspect sombre et sévère. On introduisit la sœur et la fille de M. Riessain dans un appartement convenablement meublé. Là il leur fut annoncé que

Théodorine les servirait, qu'il était inutile de tenter aucune évasion, et à l'appui de ce conseil on leur montra d'énormes barreaux aux fenêtres, placées fort au-dessus du sol. Eudoxie demanda s'il leur était permis de savoir chez qui elles étaient. Il lui fut répondu que le maître du château aurait dès le lendemain l'honneur de se présenter devant elles. Elles virent avec plaisir que d'excellents verrous leur permettaient de fermer leur appartement au dedans, comme elles entendirent avec moins de plaisir que des verrous au moins aussi forts les fermaient au dehors. Quand elles furent seules, Angélique se prit à pleurer. — Hélas! ma tante, dit-elle, entre quelles mains sommes-nous tombées, et que va-t-il arriver de nous? En trois jours de marche nous devons être à une distance où on ne retrouvera pas facilement notre trace. — A moins, comme je persévère à le croire, que nous ne soyons chez l'inconnu avec lequel, je pense, il serait facile de s'entendre. — Oh! non, ma tante, il n'est que trop certain que M. d'Hervilly, pensant que mon père ne lui donnerait pas ma main malgré moi, et ne pouvant se méprendre sur le sentiment qu'il m'inspirait, a eu recours à des moyens qui ne me surprennent pas de sa part, car il faut lui rendre justice sur ce point, sa physionomie n'est pas trompeuse et n'annonce ni noblesse ni désintéressement.

Quoique chacune s'efforçât de trouver des arguments pour soutenir son opinion, quoique ni l'une ni l'autre ne parût changer de sentiments, il n'en est pas moins vrai que la tante et la nièce retombèrent dans une grande incertitude. Leur surprise fut grande à toutes deux lorsque le lendemain, en s'éveillant, elles trouvèrent dans leur chambre des vêtements aussi parfaitement à leur taille que s'ils eussent été faits pour elles. Elles avaient en effet depuis trois jours découvert un des désagréments de la profession de demoiselle errante et d'héroïne persécutée, en n'ayant ni vêtements ni linge de rechange, désagrément sur lequel les livres ne donnent aucun détail ; et quand elles se rappelaient que Floreska, dans une circonstance analogue avait voyagé ainsi, non pas pendant trois jours, mais pendant la moitié d'un mois; que l'auteur, qui raconte ces quinze jours heure par heure, ne fait pas mention une seule fois qu'elle ait changé de robe, ni de rien autre chose, elles durent se croire heureuses, et elles découvrirent dans les détails de l'enlèvement une foule d'inconvénients auxquels elles ne pouvaient assez se féliciter d'avoir échappé grâce à la discrétion de leurs conducteurs et à la compagnie qui leur avait été donnée de leur femme de chambre, tandis que Floreska était seule au milieu de ses ravisseurs. Le résultat de leurs réflexions à ce sujet fut que cette héroïne, au terme de son voyage, devait être au moins aussi sale que malheureuse. Une seule chose déplut à la tante dans cette prévenance, mais lui déplut beaucoup et au point qu'elle préféra garder une partie des vêtements qu'elle portait lors de leur enlèvement à la nécessité de revêtir ceux qu'on avait mis auprès d'elle. En effet, tandis qu'Angélique trouvait des habillements du meilleur goût, de la dernière mode et de la plus grande fraîcheur, ceux de la tante, faits, il est vrai, d'étoffes riches et cossues, étaient taillées sur le patron des modes du siècle précédent. Cet incident fut cause que toutes deux changèrent d'avis sur l'auteur de leur enlèvement. Angélique pensa que cette attention délicate ne pouvait venir que de l'inconnu aux bouquets, et la tante Eudoxie, s'emparant de l'avis abandonné par sa nièce, soutint que la mascarade de mauvais goût à laquelle on semblait vouloir la contraindre ne pouvait être venue à l'idée de cet Octave qu'elle avait d'abord, elle ne saurait dire comment ni pourquoi, trouvé assez bien, mais qui au demeurant est un rustre et un homme capable de tout. Pour Angélique, ses doutes sur le maître du château ne laissent pas de prolonger sa toilette. Tantôt elle pense que c'est l'odieux d'Hervilly qui va paraître à ses yeux, un homme fourbe et déloyal qui l'a enlevée à la tendresse d'un père, et elle trouve que ses bandeaux de cheveux un peu rebelles, un peu froissés dans la voiture, sont bien assez lisses pour les regards d'un criminel châtelain. Elle ne veut pas relever par la parure de *funestes attraits*, qui sont, sinon la cause, du moins le prétexte de l'indigne traitement dont elle est victime. Mais bientôt elle pense que celui qui va paraître à ses yeux est peut-être l'inconnu, qui, voyant le consentement d'un *père barbare* donner celle qu'il aime à un *odieux rival*, s'est laissé emporter à une action condamnable, il est vrai, mais que l'excès de son amour et de son désespoir finira sans doute par faire excuser; et alors elle ne voit aucune raison de lui paraître laide. Ses hésitations se terminent par ceci : que dans tous les cas il n'y a pas de raison d'être *à faire peur*, et que son indignation et le dédain profond qu'exprimera sa physionomie en présence de M. d'Hervilly suffiront pour lui donner une attitude conforme à sa situation.

On annonça M. Octave d'Hervilly, qui faisait demander si ces dames voulaient lui faire l'honneur de le recevoir. —

Entrez, monsieur, entrez, dit Angélique en ouvrant elle-même la porte; entrez, monsieur, et ne joignez pas le sarcasme et la dérision à vos infâmes procédés. Il sied bien de demander la permission de me parler à l'homme qui n'a demandé celle de personne pour s'introduire chez mon père comme un voleur et pour m'enlever avec violence de sa maison. Entrez, monsieur, pour entendre l'expression du juste ressentiment et du profond mépris que m'inspirent vos actions. — Mademoiselle, dit humblement Octave en entrant, permettez-moi d'essayer de justifier une démarche dont l'amour le plus ardent est la cause, et ne vous étonnez pas du respect que je ne cesserai jamais de vous témoigner dans toutes les occasions où son excès ne m'exposerait pas à vous perdre. Votre père ne m'avait pas caché que vous aviez fait quelques objections à l'union à laquelle il m'avait permis d'aspirer. Il vous avait accordé un délai de trois mois. Mais à moi, il m'avait dit que, à l'expiration de ce délai, il vous en accorderait peut-être un autre. Malgré sa résolution irrévocable, malgré la parole qu'il m'a donnée, et qu'il m'a renouvelée avec d'horribles serments en s'écriant que vous seriez morte à moi plutôt que vivante à un autre, s'il le fallait pour dégager sa parole; malgré ses assurances réitérées, ma tête s'est égarée à l'idée de perdre ou de voir se reculer indéfiniment un bonheur pour lequel je donnerais ma vie; je n'ai plus été maître de mes inquiétudes, j'ai voulu forcer votre père et vous à hâter ma félicité. Et, le croiriez-vous, mademoiselle? ce matin encore j'étais un peu embarrassé et presque repentant de l'audace que j'avais eue; mais en vous voyant, même irritée contre moi, en vous voyant si belle et si charmante, il m'est impossible d'éprouver le moindre regret, et j'avoue que je recommencerais si la chose était encore à faire. — Je vous ai écouté patiemment, monsieur, je vous demanderai une attention égale pour ma réponse. Le moyen que vous avez choisi pour arriver à votre but était le plus certain pour le manquer. Jamais je ne pardonnerai cet attentat à ma liberté, jamais je ne serai la femme d'un homme qui a voulu me devoir à d'autres volontés que les miennes. Finissez ce langage hypocrite, vous n'avez aucun droit de me retenir ici prisonnière. J'exige donc que les portes de cette maison soient ouvertes à l'instant même à ma tante, à moi et à notre servante. — Hélas! mademoiselle, reprit tristement Octave, vous me demandez précisément la seule chose peut-être que je doive vous refuser. — Et quelles sont vos intentions, monsieur? — Vous retenir ici, mademoiselle, jusqu'à ce que vous reveniez à de meilleures pensées, jusqu'à ce que vous soyez résignée au bonheur que je mettrai mon étude à vous présenter, jusqu'à ce que vous consentiez à être ma femme. — Est-ce tout, monsieur? — Cessez, mademoiselle, ce ton ironique; il ne me fera pas départir du respect que je vous dois, mais il ne fera, pas plus qu'aucune autre considération, rien changer à ma résolution immuable. Vous ne sortirez d'ici que baronne d'Hervilly. — Il faudrait pour cela deux choses, monsieur : d'abord que je consentisse à vous épouser, et ensuite que vous eussiez vous-même des droits au titre que vous m'offrez si généreusement. — Au nom du ciel, mademoiselle, trouvez un homme qui pour l'amour de vous consente à me répéter l'insulte qui sort en ce moment de votre bouche. — Ne vous gênez pas, monsieur, il n'est pas dangereux de faire des rodomontades avec des femmes ; mais cette conversation est inutile. Je le répète, monsieur, je vous ordonne de nous faire ouvrir à l'instant même les portes de cette prison. — Je n'en ferai rien, mademoiselle; cependant, si madame votre tante et votre femme de chambre ne veulent pas continuer à partager votre captivité, si vous consentez à leur départ... Angélique se jeta effrayée dans les bras de sa tante. — Non, non, monsieur, ma tante ne me quittera pas, n'est-ce pas ma tante? Mais nous pouvons nous passer de notre servante, et cette pauvre fille... — Vos ordres seront exécutés, mademoiselle, mais j'exigerai d'elle le serment de ne pas dévoiler à M. de Riessain l'endroit où j'attends votre consentement à mon bonheur. — C'est bien, monsieur ; nous attendrons, nous, que mon père et la justice du pays aient découvert votre criminelle retraite. — Eh bien ! mademoiselle, quand cela arrivera, ce dont je doute fort, vu les distances et les difficultés, monsieur votre père vous jugera suffisamment compromise par un séjour d'un an ou deux dans mon château pour me supplier de vous donner mon nom et ma main. — Assez, monsieur, assez ! Je n'ai plus, moi, que quelques paroles à vous dire : chaque instant qui prolonge ma captivité augmente ma haine contre vous, et met à vos vœux une impossibilité de plus ; ce n'est que malgré moi que je vous verrai jusqu'au jour, plus prochain que vous ne l'espérez, de ma délivrance. Adieu, monsieur.

Et d'un geste magnifique et presque théâtral, elle congédia Octave, qui sortit en la saluant respectueusement.

— Ma nièce, dit la tante Eudoxie, tu as été trop loin, on

peut blesser le cœur d'un homme, il ne vous en aime souvent que davantage. *Aime bien qui est bien châtié.* Mais tu as blessé sa vanité en contestant ses droits, hélas ! bien contestables, au titre de baron. J'ai vu briller dans ses yeux à ce moment un éclair de haine ; jamais héroïne persécutée n'a eu plus de dignité que tu n'en as montré dans cette entrevue ; mais tu as manqué de prudence, nous sommes à la discrétion de notre ennemi. Coupable d'une violence, il ne peut être arrêté dans cette voie que par l'espoir ; si tu réussis à le désespérer tout à fait... Je ne veux pas effrayer ta jeune imagination du tableau des excès auxquels un homme aussi épris peut se laisser entraîner. S'il croit t'avoir offensée sans retour, il ne s'inquiétera guère de t'offenser un peu plus au bénéfice de sa passion. Je pense que tu dois un peu le ménager. J'ai gardé le silence pour deux causes : d'abord parce que je ne pouvais pas me montrer moins sévère que toi, ensuite parce que tu as parlé tout le temps et qu'il m'aurait été difficile de glisser un mot dans votre conversation. — Qui, moi, ma tante ! pouvez-vous penser que j'autorise par la moindre parole un espoir offensant pour moi ?

L'auteur pourrait prolonger beaucoup cette conversation, car ce n'est qu'une heure après que Théodorine vint en réalité l'interrompre.

— Écoute, Théodorine, tu vas nous quitter, j'ai obtenu qu'on te rendît à la liberté, mais on va exiger de toi le serment de ne pas trahir le secret infâme de M. d'Hervilly, de cacher à mon père l'endroit où il nous tient enfermées ; un semblable serment, arraché par la crainte et la violence, n'engage la conscience en aucune façon ; bien plus, ce serait offenser Dieu que de le tenir et de se rendre, par un faux scrupule, complice d'une méchante action. Aussitôt que tu seras auprès de mon père... — Hélas ! mademoiselle, c'est certainement ce que je ferai avec empressement, et on me ferait prêter vingt serments de cette manière, que je ne m'en embarrasserais pas plus que d'un ruban fané ; mais on m'a avertie de mon départ, et aussi d'une précaution que l'on va prendre contre moi, et qui me mettra dans l'impossibilité de donner aucun renseignement à M. de Riessain ; on m'emmènera d'ici à la nuit, et j'aurai de plus les yeux bandés pour sortir du château. Quand j'ai appris cela, j'ai positivement refusé de me séparer de vous ; on m'a dit que ce serait comme je voudrais, à condition cependant que vous le permettriez. J'ai juré que j'arracherais le bandeau qu'on me mettrait sur les yeux, et que j'avais d'ailleurs cent moyens de reconnaître mes traces et de faire punir les ravisseurs, ce que je me serais bien gardée de dire si ça avait été vrai.

Angélique fut attristée de voir s'évanouir l'espoir qu'elle avait fondé sur le départ de Théodorine.

Cependant, quand vint l'heure du dîner, Octave fit demander si ces dames voulaient descendre dîner à la salle à manger, et si, dans ce cas, elles lui permettaient d'avoir l'honneur de dîner avec elles. Angélique répondit qu'elles étaient prisonnières ; qu'elles n'avaient point d'ordres à donner, si ce n'est celui de leur ouvrir les portes du château ; que, du reste, tant qu'elles ne seraient pas contraintes à agir autrement, elles mangeraient dans leur chambre. Eudoxie se fâcha avec quelque raison de ce que sa nièce répondait toujours pour elles deux, sans lui jamais demander son avis; elle aurait espéré au contraire, en se montrant un peu plus affable pour d'Hervilly, en lui faisant concevoir quelque vague espoir, l'amener à les délivrer, et si son cœur endurci résistait à toutes les choses irrésistibles qu'elle avait à lui dire, il s'ensuivrait toujours un peu de liberté, qu'elles pourraient mettre à profit peut-être pour s'en procurer une entière; et puis il n'y avait aucune raison d'aggraver soi-même sa situation : on était captives, bien; sous la puissance d'un homme hardi et amoureux, très-bien, mais pourquoi ajouter à cela l'ennui de ne voir aucun visage humain, de n'échanger une parole avec personne ? Le malheur se supporte, mais l'ennui c'est autre chose. Il fallait prendre encore en considération que tant qu'elles resteraient enfermées dans leurs deux chambres, ne parlant qu'à Théodorine, elles n'avaient aucune chance de changer de situation, tandis que, en se montrant un peu plus au dehors, quelque domestique peut-être, touché de leur position, ou séduit par les magnifiques promesses qu'elles pourraient faire au nom de M. de Riessain, se déciderait à faciliter leur évasion.

Floreska ne serait jamais sortie du souterrain sans l'assistance du bon Antonio. Et où rencontra-t-elle Antonio ? Dans ses promenades au jardin au clair de la lune.

— Au nom du ciel, ma tante, ne me parlez plus de promenades au clair de la lune. — Ma chère enfant, ce qui nous arrive n'est qu'un temps d'épreuve et finira bien, je l'espère; il faut que la jeunesse se passe à quelque chose, et que le cœur ait son histoire. Si vous vouliez vous mettre à l'abri de ces événements, auxquels devaient vous préparer votre beauté et l'exquise délicatesse de votre cœur, rien ne vous empêchait de finir votre roman au premier chapitre; d'épouser tranquillement l'homme que votre père vous destinait; puis « Vous auriez été heureux et auriez eu beaucoup d'enfants. » Cela dépend encore de vous : renoncez à vouloir que ce soit votre cœur qui choisisse votre époux, consentez à recevoir ici la main de M. d'Hervilly, qui, après tout, est joli homme. — Ma tante, jamais! — Alors, ma nièce, ne vous plaignez donc pas tant de ce qui vous arrive, puisqu'il dépend de vous que les choses soient autrement, et ne dites plus de mal du clair de lune. Tenez; regardez-la plutôt à travers nos barreaux : quelles douces lueurs elle répand! que de charmantes rêveries elle fait naître!

La tante fut interrompue par les sons d'une *guitare* qui se faisaient entendre sous leurs fenêtres.

— Ecoutez, ma tante, dit Angélique, écoutez, c'est une guitare. Oui, on tousse, on va chanter.

En effet, une voix contenue, qui craignait évidemment d'être entendue de trop loin, fit entendre des paroles dont le sens était qu'un amant vraiment épris retrouvait celle qu'il aime au centre de la terre; que celle qu'aimait le chanteur ne pourrait jamais être perdue pour lui; qu'il s'exhale d'elle bonheur et amour comme du *chèvrefeuille* de suaves parfums.

— Ma tante, dit Angélique à voix basse en poussant sa tante du coude, entends-tu? — Oui, oui, c'est l'homme au chèvrefeuille; écoutons.

Mais c'est en vain qu'elles prêtèrent l'oreille, on n'entendit plus ni la guitare ni la voix.

— Qui est ce chanteur mystérieux? dit Eudoxie, et

comment a-t-il suivi nos traces ? Ah ! ma nièce, je te le disais bien, tu es trop jolie pour faire un de ces mariages vulgaires et arrangés par les familles, dont la seule pensée me soulève le cœur de dégoût: tu as droit à un roman bien complet, et le voici on ne peut mieux entamé. Que de persévérance, que d'amour, que de témérité !

Angélique ne répondit pas: ses idées étaient trop semblables à celles de sa tante pour qu'elle eût envie de les exprimer. Chez elle l'admiration était trop près d'un autre sentiment pour qu'elle ne craignît pas de laisser voir le second en montrant le premier. Le lendemain, en se réveillant, elle trouva auprès de son lit un bouquet de chèvrefeuille. En le prenant à la main pour respirer son parfum, elle vit qu'il cachait un papier plié sur lequel étaient ces mots: « Votre position est mille fois plus horrible que vous ne le supposez ; mais un ami dévoué veille sur vous. Il n'est pas encore temps d'assurer votre fuite. Prenez l'habitude de vous promener le soir dans le jardin, mais sans éveiller les soupçons de votre barbare geôlier. Quand vous aurez un ordre à me donner, écrivez-moi et mettez le soir votre lettre dans le creux d'un vieux chêne qui est le dix-huitième à droite de l'avenue qui part du château. Ne vous inquiétez pas de ma réponse : je saurai toujours vous la faire parvenir. »

Angélique consulta sa tante, après lui avoir fait part de la lettre de l'inconnu. La tante Eudoxie fut d'avis qu'on devait répondre: mais il était plus difficile que ne paraissait le croire l'inconnu de se promener le soir dans le parc: la permission qu'on en demanderait à M. d'Hervilly ne pourrait que lui être suspecte. — Il faut cependant faire quelque chose pour sortir d'ici, ma nièce, et vous devez commencer à comprendre combien j'avais raison de vous dire que vous deviez ménager votre ennemi.

Lorsque l'on vint, comme de coutume, demander si *ces dames* descendraient dîner à la salle à manger et si elles feraient l'honneur à M. d'Hervilly de lui permettre de dîner avec elles, la tante Eudoxie se chargeant de la réponse, accepta le dîner en bas et la société de M. d'Hervilly. Celui-ci se confondit en remercîments et essaya à plusieurs reprises de justifier sa conduite. Eudoxie eut bien de la peine à détourner ou à couper les réponses dures qu'allait arracher à sa nièce cette humilité ridicule dans leur situation respective. Elle lui montrait des yeux les fenêtres qui donnaient sur le parc, où elles avaient tant de raison de se promener. Angélique avait écrit la lettre qu'elle devait déposer dans le chêne creux. — « Qui que vous soyez, disait cette lettre, mais à coup sûr homme généreux, ne laissez pas décourager votre pitié pour deux malheureuses captives, et recevez toutes leurs actions de grâce. Au nom du ciel, si cela est en votre puissance, arrachez-nous de ce séjour détesté. » Angélique avait longtemps cherché de concert avec sa tante une formule qui n'eût rien de blessant pour leur ami inconnu, et qui pourtant lui fît comprendre que cette facilité dont elle avait déjà eu des preuves, qu'il avait à s'introduire dans les appartements les mieux verrouillés, avait quelque chose d'assez embarrassant pour sa pudeur. Il était en effet difficile de savoir quel moyen il employait pour lui faire parvenir ses bouquets, dont elle avait reçu l'un dans la maison de son père, et le second dans le château de M. d'Hervilly, et surtout de deviner si, probablement maître de choisir ses moments, il aurait toujours assez de discrétion et de respect pour en choisir d'opportuns. Elle ne trouva que la prière de déposer sa réponse dans le creux du chêne où elle mettrait sa lettre, si toutefois elle réussissait à la confier à cet arbre vénérable.

Il faut convenir en effet qu'il devait être plus qu'embarrassant pour Angélique de ne jamais pouvoir être certaine qu'elle était seule dans son appartement.

De son côté, la tante s'efforçait de mettre Octave sur la voie de leur offrir une promenade dans les jardins du château; mais c'était en vain qu'aux allusions détournées elle avait fait succéder des allusions plus claires et plus directes, c'est en vain qu'elle parla de sa santé altérée par la privation d'air et d'exercice, qu'elle fit remarquer la pâleur de sa nièce : M. d'Hervilly ne voulut pas comprendre ou comprit trop bien le but où on en voulait venir, et à force de discours où il suppliait Angélique de combler ses vœux et ceux de son père à elle, en consentant à lui donner sa main, il la contraignit de remonter dans son appartement. Mais quel ne fut pas son étonnement lorsque, cherchant pour la relire, dans un tiroir où elle l'avait cachée, la lettre destinée à l'homme au chèvrefeuille, elle ne trouva plus cette lettre, et trouva à la place un papier plié de la même façon et contenant déjà la réponse à son billet.

« On avait compris et apprécié la charmante pudeur qui engageait Angélique à demander que les lettres qui seraient nécessaires pour travailler à sa délivrance ne fussent plus placées dans son appartement; mais l'amour que l'on avait pour elle était si plein de respect, que sous ce rapport on défiait même sa pudique sollicitude d'avoir rien à demander qui n'eût été prévu et prévenu. On suppliait Angélique de ne pas mettre, par une délicatesse exagérée, des entraves au zèle de son serviteur. Ils n'avaient pas trop de toute leur prudence et de toute leur énergie contre les obstacles qui s'opposaient à la fuite d'Angélique. On promettait de ne plus user de ce moyen de correspondre que lorsque l'urgence des événements le demanderait; si on l'avait fait ce soir encore, c'est que l'on avait prévu ce qui arriverait, à savoir, qu'Angélique ne réussirait pas à faire une promenade dans le parc. D'Hervilly, du reste, n'avait semblé refuser cette promenade que pour en faire le lendemain le prétexte d'une fête. Un moment on avait espéré pouvoir en profiter pour l'accomplissement de l'évasion, mais il avait fallu y renoncer; on priait Angélique de mettre quelques mots dans le vieux chêne, non pas pour encourager celui qui lui était tout dévoué, non pas pour récompenser celui qui n'avait que la peur d'être égoïste en lui sacrifiant toute sa vie, mais pour permettre d'agir et de dire qu'elle se confiait au zèle et au profond respect de son serviteur.

HENRI.

— Enfin.... dit Angélique, il s'appelle Henri.... C'est toujours cela que je sais de lui...... Je voudrais bien le voir, pensa-t-elle en elle-même.

Les prévisions de M. Henri ne furent pas trompées; d'Hervilly, dès le matin du jour suivant, fit demander à ses prisonnières si elles lui feraient l'honneur de dîner avec lui et de lui permettre de les accompagner dans une promenade au parc. Angélique était bien embarrassée d'accepter : c'était montrer déjà un ressentiment moins vif de l'injure qu'elle avait reçue, c'était recevoir *un plaisir*, c'était faire espérer qu'elle pardonnerait, c'était accepter la prison. Cependant cette promenade au jardin, qui serait facilement suivie d'une habitude de promenades, augmentait beaucoup les chances d'évasion. Elle pria sa tante de répondre et d'accepter pour elle la double invitation de M. d'Hervilly.

Mais lorsque après le dîner Octave lui offrit le bras pour sortir de la maison, elle lui dit assez sèchement que si elle était libre, si elle était vis-à-vis d'un homme qui sût ce qu'il doit aux convenances et aux femmes, elle lui ferait observer que c'était à sa tante qu'il devait faire cette politesse ; qu'elle ne prenait l'offre de son bras que comme un moyen de s'assurer mieux de sa captive ; qu'à ce titre seulement elle se soumettrait. Octave se récria sur l'injustice de celle dont il était bien plutôt le captif et l'esclave. Il parla des *chaînes* que lui donnaient les *beaux* yeux d'Angélique ; et, chose inouïe pour une femme, Angélique trouva sincèrement de mauvais goût la métaphore galante qu'on lui adressait. Octave se crut obligé d'offrir son bras à la tante Eudoxie, qui l'accepta.

Le parc était illuminé en plusieurs endroits, et les allées sombres qui conduisaient à ces endroits augmentaient encore l'éclat des lanternes de couleur suspendues aux arbres comme d'énormes fleurs de feu, rouges, bleues, jaunes ou vertes. Il vint un moment où des instruments se firent entendre sans qu'il fût possible d'apercevoir les musiciens. Cette musique féerique plongeait l'âme d'Angélique dans une douce rêverie qui devint encore plus profonde lorsque le silence succéda à cette mystérieuse harmonie. Au milieu de ce silence, quelques accords se firent entendre, et bientôt une voix d'une remarquable beauté chanta une romance qui parut causer à d'Hervilly autant de surprise que de mécontentement. Cette romance, adressée à une jeune prisonnière, lui disait d'espérer la fin de sa captivité. D'Hervilly appela un domestique et ordonna de battre le parc et de chercher l'auteur de cet intermède, qui n'était pas sur le programme de la fête. On obéit, mais en vain, on ne put découvrir personne. Octave proposa alors à Angélique et à sa tante de rentrer dans la maison, où un souper les attendait. Angélique répondit qu'elle n'avait point d'appétit. — Ce souper est un repas, répondit Octave, pour lequel on n'a pas besoin d'avoir faim : c'étaient quelques friandises; et Angélique répondit avec dureté qu'elle consentait à manger pour ne pas mourir de faim en attendant l'heure de sa délivrance, mais que son geôlier avait pu remarquer qu'elle ne prenait jamais que le strict nécessaire et ne touchait jamais à un fruit ni à une pâtisserie... Elle espérait que chacune de ses actions, ainsi que chacune de ses paroles, serait interprétée comme une protestation contre la violence qui lui était faite.

La tante Eudoxie annonça qu'elle avait *gagné faim* dans la promenade, et qu'elle souperait volontiers. D'Hervilly la remercia vivement et demanda à Angélique si elle voudrait quitter sa tante ; à quoi Eudoxie, répondant la première, dit que si Angélique n'assistait pas au souper, elle remonterait avec elle dans son appartement.

Pendant qu'on prononçait ces paroles, Angélique, qui

était enfin parvenue à diriger la promenade de façon à repasser devant le château pour pouvoir compter les chênes de l'avenue, venait de reconnaître le dix-huitième. C'était un arbre gigantesque, qui projetait au loin autour de lui une ombre épaisse ; elle s'approcha de son tronc vénérable pour lui confier les quelques mots que lui demandait M. Henri avec tant d'instances. Mais que devint-elle lorsqu'elle sentit la main qu'elle glissait dans le creux de l'arbre saisie par une autre main et pressée sous des lèvres brûlantes ! Elle retira brusquement sa main, abandonnant la lettre, mais elle ne put retenir un léger cri. D'Hervilly et sa tante, qui avaient fait quelques pas en avant, se retournèrent et demandèrent la cause de ce cri. — J'ai eu peur, dit Angélique ; et en effet, lorsque rentrée dans la maison, on put voir son visage, elle était extrêmement pâle. Elle s'opiniâtra à ne pas vouloir toucher au souper, auquel la tante fit honneur, puis elles remontèrent dans leur chambre. Il y eut, quand elles furent seules assises l'une près de l'autre à la lueur d'une bougie, un peu d'aigreur dans leur conversation. Angélique reprochait à sa tante d'avoir l'air de trop bien prendre son parti de la position. Eudoxie reprochait à sa nièce de ne pas ménager un homme au pouvoir duquel elles se trouvaient.

— Et pourquoi le ménager, ma tante ? n'est-il pas arrivé du premier pas au comble des mauvais procédés ? — Hélas ! ma pauvre nièce, plaise au ciel que les événements te conservent cette illusion ! — Mais, ma tante... — Nous ne serions pas d'accord ; il vaut mieux ne plus parler de cela. — Mais alors, ma tante, de quoi parlerons-nous si nous ne parlons pas de notre captivité et des moyens?...

Angélique ne termina pas sa phrase... elle demeura interdite et glacée... les yeux fixes, la bouche entr'ouverte.

— Des moyens ! demanda la tante, des moyens de nous échapper... c'est justement ce que... Eudoxie laissa également sa phrase inachevée et resta pâle, les yeux écarquillés et respirant à peine.

Quel malheur que je ne puisse terminer ici ce feuilleton! Après tout, c'est ma faute. Quelques détails sur le souper, sur la vaisselle d'argent, m'auraient donné un nombre de lignes à peu près suffisant ; mais au point où nous sommes, il n'y faut même pas songer ; l'usage ne permet pas que les aventures que je vous raconte vous soient offertes en tranches si minces. Nous continuerons donc ce feuilleton, malgré nos justes regrets.

Eudoxie la première poussa sa nièce du coude pour lui faire remarquer l'objet qui inspirait une si profonde terreur, et que sa nièce avait vu la première. Mais Angélique avait en levant par hasard les yeux, aperçu dans un angle de la chambre, un homme assis, qui, le doigt sur la bouche, faisait signe de garder le silence. Eudoxie voulut se relever et tomba sur son fauteuil... Elle voulut parler, et dit : Mais... mo...o...ssieur. Ce fut tout ce que sa voix put lui fournir. L'étranger ne répondit que par un signe plus impérieux de se taire. Les deux femmes, tremblantes, osaient à peine se consulter du regard. L'étranger se leva. Toutes deux se serrèrent l'une contre l'autre comme deux brebis effrayées, il écouta attentivement en appliquant son oreille sur la porte, puis il revint vers elles, et dit à voix basse : Silence ! Il retourna à la porte et écouta encore quelque temps, puis un sourire de satisfaction se montra sur son visage ; et se rapprochant d'Angélique et de sa tante, il leur dit : — Tout le monde est maintenant couché, nous sommes seuls... Je m'appelle Henri ; vous me pardonnerez mon apparition, elle était indispensable. Demain, au milieu de la nuit, j'espère vous sauver ; mais il me faudra m'éloigner toute la journée ; vous vous coucherez comme si vous deviez passer la nuit dans vos lits ; quand vous aurez entendu le signal que je viens d'entendre, c'est-à-dire le grincement de la grille du château qui se ferme, vous vous habillerez et vous descendrez jusqu'à la porte du jardin, vous la trouverez ouverte... Je serai là... A vous toute ma vie ! à vous l'amour le plus tendre !

Il salua avec grâce, ouvrit une armoire, y entra et tira la porte après lui. Ce ne fut qu'après un grand quart d'heure de silence et de stupeur que les deux femmes osèrent échanger les premiers mots :

— Est-il parti ? — Je ne sais. — Est-il dans l'armoire ; — J'espère que non.

Enfin, Eudoxie, s'armant de courage, finit par ouvrir l'armoire — elle était vide.

— Quel événement ! faut-il nous fier à lui ? — Mais, ma tante, nous ne pouvons être en plus mauvaises mains qu'entre celles de M. d'Hervilly. — Peut-être, ma nièce. — Il a l'air bien honnête, ma tante. — Tu veux dire qu'il est très-beau ; c'est en effet un charmant cavalier ; mais cela a coutume d'inspirer plus de confiance aux nièces qu'aux tantes. — Ce n'est pas cela que je veux dire, ma tante, mais sa persévérance, sa fidélité, les dangers que sans doute il court pour nous, notre horrible situation, tout nous donne le conseil d'accepter ses offres généreuses.

Il est décidé qu'on acceptera et que l'on se mettra sous la sauvegarde du généreux Henri pour fuir cette maison de captivité et de tristesse. Mais avertira-t-on Théodorine? Est-il prudent de confier à tant de discrétions un secret d'où dépend le résultat de l'entreprise? Car un seul mot peut faire manquer une occasion qui ne se retrouverait peut-être plus. Et Dieu seul sait comment tout cela finirait, et combien de temps M. d'Hervilly se contenterait de tenir Angélique captive! Cependant, qui sait le sort qu'il ferait subir à Théodorine, qu'il ne manquerait pas de supposer complice de leur fuite? et serait-ce reconnaître dignement le dévouement de cette pauvre fille, qui a voulu partager leur captivité, que de l'abandonner aux mains de leur *farouche oppresseur?* On convient que l'on mettra Théodorine dans la confidence du secret et du départ.

Angélique reste tout le jour étrangement préoccupée; enfin elle a vu celui qui occupait si vivement sa pensée, elle connaît maintenant sa belle figure, sa taille imposante, son geste gracieux. Elle pardonne presque à Octave, qui est cause qu'elle devra tant de reconnaissance à Henri, à Henri qui lui aura sauvé l'honneur et la vie, absolument comme *Oswald à Lasthénie.*

Vers le soir, on a consenti à descendre dîner à la salle à manger avec M. d'Hervilly, pour éviter tout soupçon. Il semble à Angélique qu'Octave a par moments un sourire sardonique; mais ainsi que sa tante, elle est pour son ravisseur d'une obligeance à laquelle elle ne l'a pas accoutumé; toutes deux espèrent lui faire penser qu'elles commencent à s'accoutumer à la prison qu'elle espèrent quitter dans quelques heures. Il propose une promenade au jardin. On accepte. Angélique répond à ses paroles d'amour sans indignation. Enfin la tante Eudoxie est fatiguée ; on va se coucher ; jamais on n'a ressenti un si profond sommeil. Les voici dans leur chambre ; elles tombent dans les bras l'une de l'autre ; encore deux ou trois heures, et elles laissent derrière elles ces murs odieux. Mais tout à coup la tante change de couleur, elle a laissé en bas son éventail ; elle veut son éventail : elle ne partira pas sans son éventail.

— Mais, ma tante, c'est nous perdre, que d'affecter ainsi un déménagement sous les yeux de M. d'Hervilly.

La tante Eudoxie est sourde à toutes les observations de sa nièce. Si Angélique savait de quelle main lui vient cet éventail !...

Angélique redouble de prières pour que sa tante ne redescende pas ; peut-être ne faut-il qu'un mot, qu'un geste pour éveiller les soupçons d'Octave ; elle n'a pas été très-contente de la manière dont il leur a dit en les quittant : A demain, mesdames ! Cela avait l'air d'une ironie et d'un sarcasme.

Peu importe ! la tante Eudoxie descend et remonte bientôt avec son éventail. Théodorine vient s'acquitter de ses devoirs auprès de ses maîtresses ; seulement alors on lui communique le plan d'évasion et l'espoir de liberté. Elle sait à quel signal elle doit se tenir prête à partir. Eudoxie et sa nièce se couchent et éteignent leurs lumières. Eudoxie, après quelques instants d'une conversation vague, entame l'histoire de l'éventail.

Pour cette fois, voici un éventail qui ne passera pas sans avoir acquitté les droits ; un éventail qui ne partira pas sans avoir payé sa rançon. C'était un éventail en satin blanc avec des paillettes d'or. Dessus étaient peints des bergers, mais quels bergers ! des arbres, mais quels arbres ! des moutons, mais quels moutons ! La bergère a un œil de poudre sur les cheveux ! un corsage de satin rose avec des nœuds verts, une jupe pareille bouffant par-dessus d'énormes paniers, et galamment relevée par des nœuds verts comme le corsage ; elle a aux pieds de petits souliers à hauts talons, à la main une houlette ornée de rubans ; elle est assise sur de l'herbe bleue et sous des arbres lilas ; le berger a un habit de satin bleu, des culottes de soie rose, des bas d'une blancheur éblouissante et des souliers à talons rouges ; il est tout boursouflé de rubans ; il joue de la flûte couché aux pieds de la bergère, qui effeuille une pâquerette. Çà et là paissent des moutons blancs, près d'un berger en bas de soie ; des nœuds roses et verts ornent leurs cous ; le chien n'est pas un de ces énormes chiens noirs, hérissés, à l'œil fauve, c'est un petit épagneul blanc et orange, dont les oreilles traînent à terre. Le berger et la bergère ont le nez retroussé.

Allons, l'éventail et le lecteur en sont quittes à bon marché. J'espère que le lecteur reviendra à moi, je n'abuse pas de sa position, je ne sais pas beaucoup de mes confrères qui lui passeraient un éventail Watteau à ce prix là ; *le plus fécond de nos romanciers*, qui après tout est un homme d'un grand talent, a fait une fois bâtir une maison avec le prix de la description d'une commode. Il ne manquait à cette maison qu'un escalier, ce qui ne doit pas être attribué à l'insuffisance de la commode, mais à une distraction de l'auteur, qui, étant son propre architecte, avait oublié d'en placer un dans le plan qu'il avait confié aux maçons, ce n'est pas chose que j'invente ni exagère. Tous les contemporains savent l'histoire, et je ne la rappelle ici que pour l'usage et l'instruction des générations futures.

La tante Eudoxie commença donc l'histoire de l'éventail.

HISTOIRE

DE L'ÉVENTAIL DE LA TANTE EUDOXIE.

— Avez-vous remarqué, ma nièce, cet hiver, un homme déjà d'un certain âge, appelé M. Briquesolles, et qui a conservé toute la plus fine fleur de l'élégance et de la galanterie ?... Angélique ne répondant pas, la tante continua : — Il ne vous semble pas possible, Angélique, que vous deviez jamais devenir telle que je suis aujourd'hui. Vous croyez qu'il y a des gens vieux et des gens jeunes, que ce sont deux races différentes, comme les blancs et les nègres ; vous ne pensez guère que ceux qui sont vieux ont été jeunes comme vous et que vous deviendrez vieille comme eux ; si par hasard vous vous avisez de remarquer qu'on *devient vieux*, vous regardez cela comme une de ces maladies qui arrivent à quelques personnes et que vous vous flattez d'éviter. J'ai été jeune, ma nièce, et qui plus est, remarquablement jolie. Si cet hiver nous revoyons M. de Briquesolles, je le prierai de vous montrer un portrait, seule faveur qu'ait reçue de moi l'amour le plus tendre, le plus constant, le plus respectueux. Tenez, vous connaissez quelqu'un qui ressemble beaucoup à ce que j'étais alors. Avez-

vous examiné la figure de mademoiselle Flavie Desroches?..
Hein!... je vous demande, ma nièce, si vous vous rappelez
la figure de Flavie Desroches?... Répondez-moi donc, Angélique... Angélique!...

Seulement alors la tante Eudoxie put s'apercevoir que sa
nièce s'était prudemment endormie cinq minutes avant le
commencement de l'histoire. La tante murmura un peu,
mais elle ne tarda pas à succomber elle-même au sommeil
et à s'endormir profondément.

Pendant ce temps, Henri attendait au jardin le signal
convenu; il était armé et couvert d'un large manteau. Auprès de lui était l'*honnête Antonio*, qui, *servant malgré lui
un maître criminel*, s'était prêté à l'évasion des captives. Il
était d'ordinaire dépositaire des clefs *du souterrain*. Il devait
guider les fugitifs dans cette marche aventureuse, leur ouvrir les portes et ensuite les accompagner, car il n'y aurait
pas moyen de détourner les soupçons, et il n'oserait affronter
la colère redoutable de M. d'Hervilly.

La nuit était déjà assez avancée, il était près de deux
heures du matin, lorsqu'on entendit enfin le signal. Mais
les prisonnières ne paraissaient pas. Qu'est-il arrivé? Ont-elles eu quelque soupçon sur la bonne foi de leur libérateur?
Quelque obstacle imprévu est-il venu s'opposer à leur fuite?
une demi-heure se passe sans qu'aucun bruit se fasse entendre. Henri commence à désespérer de les voir venir,
lorsque des pas suspendus et un frôlement de robes se
font entendre. La porte entr'ouverte laisse passer d'abord
Théodorine, puis Angélique, puis enfin la tante Eudoxie...
La tante Eudoxie est habillée en hussard...

Il est impossible que je vous dise aujourd'hui pourquoi

la tante Eudoxie est habillée en hussard, ce sera pour le feuilleton suivant.

— Ah! vous voilà, enfin, dit Henri à voix basse; j'étais plongé dans une mortelle inquiétude. C'est singulier comme le danger de ce qu'on aime rend lâche et pusillanime! Mais pourquoi madame est-elle habillée en hussard? — Chut, dit Angélique, nous ne le savons pas tout à fait; nous pensions que cela venait de vous; mais nous vous dirons plus tard tout le peu que nous savons. Ma tante est furieuse : ayez l'air de ne pas vous apercevoir de son costume. — Il n'est rien que je ne sois capable de faire pour vous obéir, reprit Henri, et je vous obéirai, quoiqu'il soit difficile de ne pas apercevoir qu'une femme est habillée en hussard. — Tiens, dit Antonio, c'est précisément le régiment dans lequel j'ai servi. — Tais-toi, bavard! interrompt Henri. Enfin, belle Angélique, le ciel semble nous favoriser; cette nuit obscure, ce silence profond, tout protége notre fuite, tout... Ici la tante Eudoxie fit avec un peu d'aigreur la juste remarque que l'on perdait beaucoup de temps en conversation et que l'on avait l'air de ces comparses d'opéra qui chantent : *Partons, courons, volons!* pendant un quart d'heure sans bouger d'un pas. Henri offrit son bras à Angélique, qui ne pensa pas cette fois à lui faire observer, comme elle l'avait fait en pareille circonstance à M. d'Hervilly, que c'était à sa tante qu'il devait offrir cette politesse et cet appui. La tante demanda, en désignant Antonio, quel était cet homme. — C'est, répondit Henri, le jardinier du château que j'ai mis dans nos intérêts et sans lequel nous n'aurions pu même tenter notre entreprise, car il ne faut pas songer à sortir par la grille du château, gardée jour et nuit par une sentinelle. Un souterrain depuis longtemps abandonné, dont Antonio a les clefs, nous conduira hors des domaines de monsieur... je veux dire de l'infâme d'Hervilly.

La petite troupe se mit en marche sous la conduite d'Antonio, que suivaient Angélique et Henri; Théodorine et la tante faisaient l'arrière-garde. Après avoir marché quelque temps par des allées sombres, on arriva à un massif de buissons. Antonio prit une hache qui y était cachée d'avance et fit *dans les arbrisseaux* une ouverture suffisante pour démasquer la porte du souterrain, qu'il ouvrit avec une énorme clef.

— Y sommes-nous tous? demanda-t-il. Je ne vois pas le hussard... Ah! pardon, voici ce brave militaire. Brave militaire, passez devant moi, il faut que je ferme la porte derrière nous.

La porte fermée, Antonio alluma une lanterne qui, tout en jetant à quelques pas une faible lueur, semblait augmenter l'obscurité de la partie du souterrain où la lumière ne pouvait pénétrer.

— Écoute, Antonio, dit Henri d'une voix solennelle, nous sommes à ta discrétion ; si tu nous sers fidèlement tu ne seras pas mon domestique mais mon ami; je ne te parle pas d'argent, non que je veuille prendre pour ne pas t'en donner le prétexte que ta belle action est trop au-dessus de ce vil métal, mais parce que la moitié de ce que je possède sera à toi; mais si tu nous trahissais, si tu nous avais attirés dans un piége, si ton apparente complicité avec nous cachait une perfidie, tu vois ce poignard, il servirait à ta punition immédiate dans ce monde et hâterait ta punition dans l'autre, où il t'enverrait à l'instant où je soupconnerais ta lâche trahison. — Seigneur, dit Antonio, mes actions répondront pour moi, marchons; le jour ne peut tarder à paraître, ne perdons pas un temps précieux en menaces qui ne m'intimideraient pas.

Angélique fut épouvantée du regard féroce dont Antonio accompagna ces paroles.

— Avez-vous remarqué ce regard? dit-elle à voix basse à Henri. — Non, vous aurez été trompée par cette lueur incertaine dont le combat avec les ténèbres prête à tous les objets des formes fantastiques... Cependant je donnerais beaucoup pour être hors d'ici ou du moins pour vous savoir loin de cette demeure détestée, dussé-je, pour prix de votre délivrance, y rester exposé au ressentiment de l'*infâme* d'Hervilly.

Peut-être quelque lecteur trouvera-t-il qu'Henri se sert un peu souvent de cette épithète d'infâme en parlant de d'Hervilly. Nous la justifierons sous deux rapports. Il n'est pas de plus grand crime aux yeux d'un amant que de vouloir lui enlever *l'objet de sa flamme*. Voilà pour la dureté du mot. Pour ce qui est de sa fréquence, les plus grands auteurs de l'antiquité nous ont donné cet exemple que, une fois qu'ils ont trouvé pour un de leurs héros une de ces épithètes qui peignent l'homme tout entier, elle s'applique tellement à ce héros qu'elle ne peut s'en plus détacher et lui devient une sorte de prénom. Pour Virgile, Enée est toujours, le *pieux Énée*; pour Homère, les *Grecs sont bien bottés*, Achille s'appelle *Achille aux pieds légers*, Agamemnon est le *roi des hommes*, Junon ne paraît guère qu'avec la gracieuse épithète de *déesse aux yeux de bœuf*.

— Arrêtez, dit Antonio, nous sommes près de la porte

qui donne issue au delà des murs du parc... En effet, on ne tarda pas à trouver le passage intercepté. Antonio se mit à chercher parmi toutes les clefs de son trousseau quelle était celle qui s'adaptait à cette serrure.

— Chut ! dit la tante, j'entends du bruit. — Que dites-vous, brave militaire ? demande Antonio. — En effet, reprit Henri, j'entends au loin sous ces voûtes, un bruit singulier, comme si l'on avait ouvert la porte qui nous a donné passage... Hâte-toi, Antonio. — C'est ce que je fais, mais voilà déjà trois clefs que j'essaye et qui n'entrent pas dans cette maudite serrure. — On est entré ! on est à notre poursuite ! dépêche-toi ! — Pourvu que j'aie la clef dans ce trousseau ! Ah ! en voici une qui entre.. Mais, bah ! elle ne tourne pas ! — Oh ! mon Dieu ! nous sommes perdus, dit Eudoxie, j'entends des pas précipités. — Je vais aller voir ce que c'est, dit Antonio. — Non, non, dit Henri, tu resteras près de nous ; si tu nous as trahis, je veux t'avoir à portée de mon poignard. Ouvre cette porte, ouvre-la à l'instant même. — Je le voudrais, mais cette clef ne tourne pas ; et je ne puis la retirer pour en essayer d'autres. — Mais on marche, on avance, une lueur se fait apercevoir à l'extrémité du souterrain ! enfonce la porte avec ta hache. — Ma hache, je l'ai laissée à quelques pas d'ici. Je vais la chercher. — Ah ! traître ! s'écrie Henri.

Il frappe Antonio, qui tombe par terre, puis lui-même essaye en vain de faire tourner la clef dans la serrure ; il se rue sur la porte pour l'enfoncer ; elle résiste à tous ses efforts.

— Angélique, dit-il, nous sommes perdus : mais si je n'ai pu vous sauver, vous allez me voir mourir pour vous venger. La punition du traître Antonio ne suffit pas à mon courroux. — Henri, dit Angélique, notre situation excusera ce qu'il y a de hardi dans mes paroles ; mais quand on n'a peut-être qu'un instant à se voir, la bouche ne doit pas déguiser les sentiments du cœur : n'exposez pas vos jours, vivez pour Angélique, vivez pour elle, elle qui ne vivra que pour vous !

A ce moment, des pas plus rapprochés se font entendre avec des bruits de voix confus ; des torches allumées éclairent tout à coup le souterrain. Angélique a cru un moment reconnaître la voix de son père ; elle pense qu'il a découvert sa retraite, que c'est lui qui vient à son secours. Elle l'appelle, mais à la lueur des torches, elle reconnaît Octave d'Hervilly, suivi de trois ou quatre hommes à épaisses moustaches et à longues barbes noires. Octave appelle Antonio ; mais Henri qui, le sabre à la main, s'est jeté au-devant des trois femmes y compris la tante Eudoxie habillée en hussard, s'écrie : *Farouche d'Hervilly* ! si c'est pour le récompenser de sa trahison que tu appelles Antonio, je t'en ai épargné le souci, je l'ai récompensé selon ses mérites, il ne te demandera rien de plus. — Ciel, le baron de Horrberg ! s'écrie d'Hervilly.

Et il met lui-même le sabre à la main. Les deux ennemis se précipitent l'un sur l'autre et se livrent un furieux combat. Octave recule et semble faiblir, lorsque ses lâches acolytes se précipitent tous ensemble sur Henri, le désarment, le terrassent et *le chargent de fers*, mais, provisoirement, avec *des cordes* qu'ils ont apportées. Les trois femmes, plus mortes que vives, se laissent tirer du souterrain sans résistance. Mais, à la vue du hussard, Octave s'écrie : Désarmez ce militaire. — Seigneur, nous ne lui voyons pas d'armes. — Fouillez-le scrupuleusement, il en a peut-être de cachées sous ses vêtements.

Comme les satellites d'Octave vont porter des mains hardies sur la tante Eudoxie, elle réclame avec force les droits du sexe et de la pudeur.

— Quoi! c'est vous? s'écrie d'Hervilly; mais alors, pourquoi diable êtes-vous habillée en hussard?

Une fois hors du souterrain, comme le jour commençait à paraître, on éteignit les torches, et d'Hervilly dit à Angélique et à sa tante : Tudieu, mes petites brebis, vous jouez ce jeu-là avec moi! C'est ainsi que vous abusez de la liberté trop grande que j'ai la sottise de vous laisser! Merci de la leçon, j'en profiterai. N'aviez-vous pas peur de vous enrhumer en sortant si matin? Nous songerons à la récompense de cette perfidie... Que l'on reconduise ces dames à leur appartement.... Pour monsieur, qu'on l'enferme, les fers aux pieds et aux mains, dans les souterrains de la tour; qu'on s'occupe ensuite de rendre d'une manière convenable les derniers devoirs au fidèle Antonio.

— Angélique, s'écrie Henri, qui sait si nous nous reverrons en ce monde! vous aurez ma dernière pensée.

— Henri, répond-elle, je me plais à le dire devant notre tyran, je vous aime, et je ne serai jamais qu'à vous.

D'Hervilly mit fin à ces tendresses par un horrible juron et par un signe impérieux. On entraîna les trois femmes vers leur appartement et Henri du côté opposé. Angélique, d'un regard noble et imposant, fit reculer un homme masqué qui voulait lui fermer le passage, et donna la main à

Henri, qui, malgré les cordes qui le liaient, la porta à ses lèvres avec passion.

—Angélique, dit-il, un nouveau courage m'anime, nous verrons des jours plus heureux. Cette faveur vient de décupler mes forces; je vous arracherai des mains de l'infâme d'Hervilly?

Les sicaires d'Octave redoublent alors d'efforts et exécutent les ordres de leur maître.

Angélique et sa tante sont renfermées dans leur appartement; on ne leur propose pas cette fois de descendre dîner; on les sert dans leur chambre. Théodorine leur apprend qu'on a doublé les sentinelles et triplé les verrous, qu'elle a reçu de terribles menaces, et que ce n'est qu'à force de prières qu'elle a obtenu de rester auprès d'elles... Voici du reste, ce qu'elle a entendu décider à l'égard de ses maîtresses. Pour aujourd'hui, en attendant qu'on ait pris de nouvelles précautions, elles seront enfermées dans leur appartement; mais, à prendre du lendemain, elles auront pour prison toute l'aile du château qu'elles habitent. Il se fait de grands préparatifs pour le jugement de l'inconnu que tout le monde appelle maintenant le baron de Horrberg. Octave le hait, mais n'ose le faire périr sans observer au moins quelques formes de justice. Il a fait mander deux petits seigneurs du voisinage qui sont, assure-t-on, sous sa dépendance pour des affaires d'intérêt, et se réunissant à eux, ils composeront un simulacre de tribunal devant lequel on fera comparaître le baron de Horrberg, que les gens de la maison considèrent comme condamné d'avance. Il est sévèrement défendu d'approcher de la salle du tribunal.

Restées seules, Angélique et Eudoxie s'entretiennent des événements de la journée.

— Quelle horrible scène, ma nièce! dit Eudoxie, qui a retrouvé et repris ses vêtements; cet homme, cet Antonio, tué sous nos yeux! et cet épouvantable combat! — Ah! ma tante, qu'il est brave! — J'ai vu bien des fois de pareils combats au théâtre, dans le mélodrame; certes je ne pensais pas alors que j'en verrais jamais un au sérieux. Je trouvais au théâtre peu naturels ces coups donnés et reçus en mesure, et tout ce grand fracas sans blessures; mais j'avais tort; et les combats du théâtre sont mieux imités que je ne l'avais supposé; nous en avons vu la reproduction exacte dans ce duel affreux où le généreux de Horrberg a succombé. — Ma tante, il n'a succombé qu'au nombre et à la trahison. — Je voudrais toujours bien savoir comment il se fait que j'ai été forcée de m'habiller en hussard. — Ma tante, est-ce que vous pensez que M. d'Hervilly osera le faire mourir? — D'Hervilly est capable de tout. — Ma tante, s'il le faut absolument, si c'est le seul moyen de lui sauver la vie, de reconnaître le généreux dévouement avec lequel il s'est sacrifié pour moi, je saurai à mon tour me sacrifier pour le sauver : ma main accordée à l'odieux d'Hervilly sera le prix de sa rançon. — C'est ainsi, ma nièce, qu'Oswald fut sauvé par Lasthénie; mais cet horrible sacrifice ne s'acheva pas et fut interrompu par la mort du tyran. — Mais, ma tante, s'il ne survenait rien, si je me trouvais tout à fait la femme de M. d'Hervilly? — Hélas! ma nièce, tout à fait est le mot; car d'Hervilly ne me paraît pas homme à laisser sa vengeance incomplète; à peine serez-vous un peu sa femme, que vous le serez tout à fait.

— Ma tante, c'est un homme bien né, vous avez entendu qu'on l'appelle le baron de Horrberg. Oh! celui-là, c'est un vrai baron! — Comment le savez-vous, ma nièce? — Ah! ma tante, en douteriez-vous? Il a l'air si grand et si noble! mais comment serons-nous au courant de ce qui se passera devant ce prétendu tribunal? Quels que soient les juges qu'ait choisis M. d'Hervilly, je ne crois pas qu'il puisse rencontrer deux hommes assez iniques pour trouver un crime dans la généreuse conduite de M. de Horrberg. Qu'a-t-il fait, sinon d'exposer sa vie pour délivrer d'une injuste captivité deux femmes sans secours et sans protection? Le seul coupable est M. d'Hervilly.

La soirée se passe, le sommeil ne tarde pas à s'emparer de nos deux héroïnes après une journée si remplie de fatigues et d'émotions, et d'ailleurs commencée de la veille. Le lendemain, on leur sert à déjeuner et à dîner dans leur chambre; le soir, la tante et la nièce échangent quelques reproches.

— Ma tante, si vous vous étiez décidée plus promptement à vous habiller, M. de Horrberg aurait eu le temps d'enfoncer la porte. — Dites plutôt que si vous n'aviez pas fait tant d'instances pour me faire mettre ce costume de hussard qui s'était trouvé, je voudrais bien savoir comment, substitué à mes vêtements... — Mais, ma tante, vous ne pouviez venir toute nue. — Mais, ma nièce, nous serions restées et nous n'aurions pas aggravée notre situation comme elle l'est à présent. Vous voyez bien que vous vous trompiez quand vous me disiez que c'était sans doute un déguisement que votre chevalier m'avait procuré par une délicate attention: il a été le premier étonné de me voir habillée en hussard ; Octave lui-même ne connaissait rien à cet accoutrement. — Ah ! ma tante, il se passe autour de nous d'étranges choses depuis que nous sommes revenues auprès de mon père ; les romanciers ne nous disent pas tout dans leurs histoires, il y a une foule de détails qui suffiraient pour dégoûter des romans. Et d'ailleurs tout ce qui finit si bien dans leurs récits pourrait finir autrement dans la réalité. Par exemple, si pour racheter la vie de M. de Horrberg, j'allais finir par me trouver pour tout de bon la femme de M. d'Hervilly. Mais ce qui me surprend le plus, au milieu des prodiges dont nous sommes sans cesse environnées, c'est que mon père n'ait pas encore réussi à retrouver nos traces... Mais où sommes-nous ? quelle est la distance qui nous sépare ? Je suis épouvantée quand je songe à tout ce que nous avons dû faire de chemin pour arriver ici. Comment tout cela va-t-il finir ? — Ma nièce, il est un Dieu pour les amants, grâce auquel les choses qui paraissent les plus funestes finissent presque toujours bien, à l'exception de quelques cas fort rares, comme par exemple Werther... et Clarisse Harlowe... et quelques autres que j'oublie sans doute. Les malheurs de l'amour ne sont que des épreuves, et le destin vous les a réservées moins rudes qu'à une autre, puisque jusqu'ici vous n'avez rien à reprocher à votre amant, et que, ensuite, vous avez avec vous une seconde mère qui partage vos chagrins et vos inquiétudes, et approuve vos feux, tandis que presque toutes les beautés dont nous avons lu l'histoire, quand elles avaient des tantes, les avaient pour ennemies, ou du moins ne trouvaient en elles que le blâme et l'indifférence. Je me suis une fois dans ma vie trouvée dans une circonrtance plus embarrassante que vous ne pouvez l'imaginer, et que, je l'espère sincèrement, vous n'éprouverez pas vous-même. Vous avez sans doute remarqué cet hiver un homme déjà d'un certain âge, appelé M. de Briquesolles, et qui a conservé la plus fine fleur de l'élégance et de la galanterie...

— Mesdames, mesdames, dit Théodorine, qui entra tout à coup, on est réuni dans la salle où l'on doit juger le jeune baron.

Angélique devint pâle.

— Il y a, continua Théodorine, une porte de cette salle qui donne sur un corridor qui conduit à la salle à manger ; on a défendu sévèrement à tout le monde d'approcher de cette porte, d'écouter rien de ce qui se dira dans la salle et de chercher à rien voir par le trou de la serrure ni autrement. Cela a excité ma curiosité. J'ai appliqué mon œil contre cette serrure ; on voit dans la salle comme si on y était, et je défie quelqu'un de dire un mot si bas qu'on ne l'entende parfaitement. J'ai pensé que vous voudriez sans doute savoir comment va finir l'affaire de ce pauvre jeune homme. Ceux des domestiques avec lesquels j'ai des rapports pour votre service disent que c'est un homme perdu.

— Ma tante, allons-y bien vite.

On quitte la chambre, et les trois femmes se groupent autour de la serrure. Angélique regarde la première et dit à voix basse : Il n'y a encore personne. La salle est tendue de noir ; il y a trois siéges... sans doute pour les juges... Ah ! on entre... ce sont deux hommes... des soldats... Quel uniforme est-ce là ?... Mon Dieu ! en quel lieu de la terre sommes-nous ? — Laissez-moi voir, Angélique. En effet, on dirait presque des Grecs... Voici les juges... Ils ont de mauvaises figures. — Voyons ma tante... Il y en a un, le plus gros, qui semble assez honnête... mais l'autre... M. d'Hervilly n'osera jamais... J'entends marcher... Ah! ma tante c'est lui!... Dieu du ciel! il a des chaînes aux mains! Mais qu'il est noble et imposant!... Prisonnier, il semble que ce soit lui qui soit le maître et le vainqueur. Voici que la lampe suspendue au plafond éclaire son visage. Comme il est calme, ma tante, comme il est beau!

Toutes les trois écoutèrent en silence et ne perdirent pas un mot de ce qui se disait dans la salle du tribunal. Angélique s'était emparée du trou de la serrure.

— Baron de Horrberg, dit M. d'Hervilly, vous vous êtes introduit frauduleusement dans mon château ; vous avez essayé de corrompre mes gens, vous avez poignardé un homme à moi; vous m'avez attaqué le sabre à la main. Certes, j'ai pour disposer de votre sort tous les droits, joints à celui du vainqueur. Cependant j'ai voulu que la plus stricte justice décidât entre nous. Je me suis adjoint deux seigneurs de mon voisinage devant lesquels vous allez répondre de vos tentatives coupables. Vous êtes accusé... — Octave d'Hervilly, s'écria Henri d'une voix forte, c'est au contraire moi qui vous accuse, et si ces deux messieurs ne sont pas de vils sicaires soudoyés par vous, si un cœur noble et généreux bat dans leur poitrine, ils jugeront entre nous. Ne me parlez pas de votre prétendu droit du vainqueur ; je n'ai cédé qu'au nombre, et si vous n'aviez eu la lâcheté inouïe de faire intervenir vos méprisables satellites dans le combat engagé entre nous, vous auriez expié vos forfaits. Vous avez enlevé, malgré elle, une fille belle et vertueuse, appartenant à une honorable famille; vous avez osé la tenir en prison et prétendre l'obliger par d'odieux procédés à vous accorder sa main, dont vous êtes indigne, j'ai voulu la sauver; j'ai cru trouver un honnête homme parmi vos gens; c'était un traître qui, de concert avec vous, m'a fait tomber dans un piége. Je l'ai puni justement, comme je vous aurais châtié si vous aviez osé demeurer seul contre moi le sabre à la main.

—Mesdames, dit Théodorine, comme il le traite! il faut vraiment que M. d'Hervilly soit encore bien bon enfant pour se laisser dire tant de vilaines choses. — Tel est, dit la tante Eudoxie, l'ascendant irrésistible de l'héroïsme et de la vertu sur le crime et la lâcheté. Si tu avais lu nos bons auteurs, dont les ouvrages sont un miroir fidèle de la nature, tu en aurais vu mille exemples. Tu as été au théâtre, tu as vu représenter des tragédies : il n'en est pas une où le héros captif, enchaîné, ne débite au tyran vainqueur ses cent cinquante à deux cents vers d'invectives et de malédictions, et jamais le tyran ne s'avise de l'interrompre, tandis que le héros, grand et calme, ne manque ni à la mesure ni à la rime, et fait succéder deux injures masculines à deux injures féminines, alternativement, sans jamais se tromper. Tout tyran, quelque barbare et féroce que le représente le poëte, recule devant une seule chose, et cette chose... c'est de ne pas répondre au héros par une phrase qui rime avec les justes reproches de sa victime. Ces dialogues, qui ont paru à quelques esprits atrabilaires et envieux manquer de vérité, sont au contraire calqués sur la nature, et nous venons d'en avoir une preuve dans le noble discours qu'a prononcé le brave et infortuné de Horrberg.

UNE HISTOIRE INVRAISEMBLABLE. 239

Depuis longtemps déjà Angélique et Théodorine n'écoutaient plus la tante Eudoxie et suivaient avec anxiété les détails de ce qui se passait dans la pièce voisine. Octave d'Hervilly avait à son tour pris la parole et avait dit : — Baron de Horrberg, vous abusez peut-être un peu des droits du vaincu et de l'accusé ; mais nous ne nous départirons pas de la modération qui convient au vainqueur et au juge. Je vous ai dit quelle accusation pèse sur vous ; vous serez jugé conformément aux lois. Pourquoi vous êtes-vous introduit dans mon château ? — Pour délivrer de malheureuses captives que vous y reteniez injustement prisonnières. — Pourquoi avez-vous poignardé Antonio ? — Pour punir sa trahison et servir d'exemple à ceux qui lui ressemblent. — Pourquoi vous êtes-vous précipité sur moi le sabre à la main ? — Pour expier vos crimes dans votre sang. — Pourquoi la tante Eudoxie était-elle habillée en hussard ? — Je n'en sais rien. — Que feriez-vous si vous étiez à ma place et si j'étais à la vôtre ? — Il n'est pas possible à l'homme vertueux de sentir comme le criminel et l'oppresseur. — Trêve de fanfaronnade, votre conduite n'est pas aussi désintéressée que vous voudriez le faire croire ; vous aimez mademoiselle de Riessain ? — De toutes les forces de mon âme. — *Et vous êtes payé de retour ?*

Henri ne fit pas de réponse. Octave renouvela sous une autre forme la question qui avait précédé celles relatives à Angélique.

— Si vous aviez été vainqueur et si j'étais en votre puissance, comment me traiteriez-vous ? — Sans l'intervention de vos sicaires, un de nous deux serait resté à la place où nous nous sommes rencontrés, et nous n'aurions pas eu à soulever de pareilles questions, ni à faire des parodies de justice et de tribunal.

Octave et ses deux assesseurs se consultèrent entre eux, puis M. d'Hervilly dit à haute voix : Baron de Horrberg, en réparation du crime d'assassinat sur la personne d'Antonio et de tentative de meurtre sur nous-même, vous êtes condamné à une détention perpétuelle dans les souterrains du château. Rendez grâce à la clémence qui vous fait grâce de la vie. — Que l'on me reconduise aux souterrains, dit froidement Henri de Horrberg.

Sur un signe d'Octave, on le fit sortir de la salle. Il me semble, ajouta ensuite M. d'Hervilly en désignant de la main la porte derrière laquelle étaient Eudoxie, Angélique et Théodorine, il me semble avoir entendu je ne sais quel bruit derrière cette porte. Que l'on s'assure si personne n'a eu l'audace de chercher à écouter nos solennelles délibérations.

Quelqu'un sortit de la salle pour exécuter l'ordre de M. d'Hervilly; mais les trois femmes s'étaient enfuies comme des oiseaux et avaient regagné leur appartement.

— Ah! ma tante, s'écria Angélique en se jetant dans les bras d'Eudoxie, une détention perpétuelle dans les souterrains! — Il n'y a de perpétuel que la mort, ma chère Angélique; Dieu et l'amour protégeront M. de Horrberg; d'ailleurs, d'un moment à l'autre, votre père peut finir par découvrir notre prison, et M. de Horrberg partagera notre délivrance, comme il partage notre captivité. — Ah! ma tante, c'est à lui que j'aimerais devoir ma liberté. — Je comprends, ma nièce, que l'on aime devoir quand on est sûr de pouvoir si bien payer. — Ma tante, comme mon cœur s'est serré quand il a fait hautement l'aveu de son sentiment pour moi! Que d'amour dans sa voix, que de noblesse ensuite et que de discrétion dans son silence! Ma tante, n'est-ce pas que je dois l'aimer?— Attendiez-vous mon approbation?

Nous laisserons la tante et la nièce continuer une conversation qui les intéresse sans doute plus que nous, pour voir un peu ce qui se passe dans l'autre aile du château, où nous n'avons pas encore pénétré. Plusieurs personnes sont réunies autour d'une table servie. La salle à manger est richement meublée, quatre grands buffets en bois de chêne sculpté garnissent les murailles. Sur ces buffets sont entassés la vaisselle d'argent, les cristaux de Bohême de diverses couleurs, les porcelaines de la Chine et du Japon, ainsi que les porcelaines de Saxe et de Vieux Sèvres. Trois domestiques, la serviette sur le bras et des gants blancs aux mains, sont placés derrière les trois convives, prêts à obéir au moindre mot, au moindre signe, au moindre désir. Il n'y a pas moins de quatre verres devant chaque convive : leur forme et leur couleur indiquent quels vins doivent briller ou pétiller entre leurs parois de cristal. Les trois personnes assises autour de la table...

Eh quoi! avez-vous donc déjà fini la description de cette salle à manger, n'allez-vous pas reprendre une à une ces riches porcelaines, nous détailler les bons hommes étranges qui couvrent celles de la Chine?— Non, c'est tout; et si je me suis laissé aller à ces quelques lignes, c'est qu'il est nécessaire que ces magnificences me servent à remplacer une douzaine d'assiettes de terre de pipe que l'on a cassées chez moi.

L'un des trois convives est Octave d'Hervilly, un autre est Henri de Horrberg, le troisième, celui qui est placé entre les deux autres et semble faire les honneurs du dîner, est M. de Riessain, père d'Angélique.

Henri demande en ce moment du vin du Rhin à un des seigneurs qui l'ont jugé il y a une heure, et qui est debout derrière sa chaise. L'autre seigneur n'est pas là parce qu'il fait en ce moment frire des beignets avec Théodorine, à laquelle M. de Riessain les a fort recommandés. Antonio découpe un faisan. — Quel Antonio? — Celui que Henri de Horrberg a poignardé dans le souterrain.

Pour jeter quelque lumière sur les circonstances de notre récit qui paraîtraient en manquer, nous sommes obligé de le reprendre à un moment où il a été suspendu par les exigences de la forme du feuilleton : c'est au moment où Henri et Octave avaient chacun un pistolet appuyé sur la poitrine de l'autre. Octave tira le premier. Le pistolet fit entendre un petit son sec qui ne fut suivi d'aucune détonation. Henri ôta le sien et dit : — Monsieur, je suis enchanté de me trouver dans une situation qui me permette de dire que ce duel est aussi absurde que cruel, et que je ne veux pas y donner suite. — Tirez, monsieur, tirez! dit Octave; j'ai tiré sur vous; je croyais avoir le bon pistolet. Tirez, je l'exige! Je ne veux pas de grâce! — Monsieur, dit Henri, c'est à moi-même que je fais grâce des remords que je conserverais toute ma vie si j'assassinais un homme sans armes. — Monsieur, votre pitié est une nouvelle insulte; j'espérais avoir le pistolet chargé; j'ai tiré sur vous, pensant que vous étiez sans armes, que vous n'aviez entre les mains qu'un pistolet vide et une arme inutile. Si vous ne tirez pas sur moi, nous recommencerons. — Nous ne recommencerons pas, monsieur, parce que je suis presque honteux d'avoir fait une fois cette extravagance; nous ne recommencerons pas, parce que vous ne voudrez pas tirer deux coups contre un. — Que faire alors, monsieur? Au nom du ciel, tirez sur moi; je vous le répète, je ne veux pas de grâce. — Voilà ce qu'il faut faire, monsieur : nous serrer la main, reconnaître nos torts mutuels et ne plus penser à notre fanfaronnade à tous deux. — Monsieur, ma conduite a été trop ridicule pour que je ne vous haïsse pas; je ne puis consentir à vous devoir la vie. Donnez-moi ce pistolet, je vais me brûler la cervelle.

Henri déchargea son pistolet en l'air et l'offrit ensuite à Octave, qui le jeta loin de lui.

— Monsieur d'Hervilly, dit Henri, parlons sérieusement; vous avez fait une sottise; mais croyez-vous que, de mon côté, je ne sois pas allé trop loin dans ma petite vengeance? Vous vous êtes laissé emporter par un mouvement de vanité à prendre un nom qui n'avait fait que réaliser vos intentions, il n'y avait chez vous aucun dessein de nuire; j'ai donc été plus méchant que vous. Vous êtes brave, monsieur; peu de personnes peuvent se rendre un témoignage aussi positif que nous deux. Un homme qui envisage la mort avec autant de calme que vous n'est pas un homme vulgaire; je vous offre mon amitié.

Octave et Henri s'embrassèrent; ils rejoignirent la voiture de Horrberg et passèrent le reste de la nuit à causer; tous deux s'ouvrirent leur cœur à l'égard d'Angélique. Octave n'éprouvait qu'une fantaisie qui aurait bien de la peine à lutter contre son horreur profonde du mariage. De Horberg, au contraire, était sérieusement amoureux. D'ailleurs, il avait l'aveu du père ; Octave fut enchanté de pouvoir faire à son nouvel ami un sacrifice qui ne lui coûtait pas trop. Il entra alors avec enthousiasme dans le plan du père d'Angélique ; il s'exposera à toute l'animadversion que doit attirer sur lui le tort d'être agréé par lui par la famille et de se présenter avec l'air d'un mariage de raison. Octave avoue franchement ses défauts à Henri ; il veut paraître ; ses affaires dérangées l'obligent pour cela à quelques mensonges, il se croit ruiné. Henri fait examiner les choses par un homme d'affaires intelligent et honnête. — Hein ? — Je dis un homme d'affaires, intelligent et honnête. — Pardon de vous avoir interrompu, j'oubliais votre titre. — Comment ? que voulez-vous dire ! — Rien, rien, continuez... — Je continue, l'homme d'affaires honnête et intelligent découvre qu'Octave n'est pas ruiné, mais qu'il s'occupe activement de le devenir, grâce aux secours d'un autre homme d'affaires moins honnête. Ce n'est que du désordre, on arrangera cela, et d'Hervilly pourra être ce qu'il s'est efforcé de paraître.

—Écoute, dit d'Hervilly à Henri, je crains une chose, c'est que pour résultat de tes soins, maintenant, quand je vais être riche, je ne me contente pas plus qu'auparavant de paraître ce que je serai. Il me sera bien difficile de ne pas me faire un peu duc ou prince, et il ne faudra pas t'étonner si tu rencontres quelque jour des gens qui me prennent pour le monarque de quelque île déserte. Si, mes affaires arrangées, je puis racheter les deux chevaux que j'avais autrefois, je ne pourrai guère m'empêcher de parler de mes quatre coursiers. — C'est bien, dit Henri, ne te calomnie pas. Toujours est-il que le service que tu me rends et la bonne grâce que tu y mets sont tels que je te défie de les exagérer, pas plus que ton courage obstiné en face de la mort.

Les deux jeunes gens eurent une conférence avec M. de Riessain ; ils le trouvèrent furieux contre sa sœur ; chaque jour il découvrait d'elle quelque nouvelle extravagance. Ils firent ensemble le plan d'un roman qu'on infligerait à Angélique et à la tante Eudoxie. Henri de Horrberg s'efforça en vain d'adoucir les détails de l'épreuve : M. de Riessain fut aussi inflexible pour les détails de *son roman* qu'il l'avait été pour l'ensemble du plan. Octave d'ailleurs l'appuyait et était d'une fécondité inépuisable. Il fut donc résolu d'abord que M. d'Hervilly ne négligerait rien pour se rendre odieux, quoiqu'on eût tout lieu de penser que la manière dont M. de Riessain le présenterait à sa fille ne laisserait rien à désirer. Puis on décida qu'on procéderait à un enlèvement, mais M. de Riessain pensa qu'il serait convenable que sa fille ne quittât pas sa maison et fût toujours sous ses yeux. Cette fois Henri ne fit pas d'objections.

Théodorine, attachée dès longtemps à la maison et nourrissant une haine envenimée contre la tante Eudoxie, fut mise dans la confidence, c'est elle qui se chargea de placer les bouquets et les lettres de M. de Horrberg.

L'enlèvement se fit de la manière la plus simple ; on voyagea trois jours dans un espace de deux lieues. On revenait la nuit jusqu'à quelque ferme qui en dépendait. Pendant ce temps on prépara les chambres dans l'aile que ces dames ne connaissaient pas encore. Quelques couches de couleur rendirent la maison méconnaissable pour des personnes qui ne l'avaient habitée que quelques jours ; et Angélique, accompagnée de sa tante et de Théodorine, rentra par une porte dans la maison de son père d'où elle était sortie par une autre porte.

L'évasion avait été faite dans une cave ; la porte qu'on n'avait pu ouvrir était une fausse porte clouée sur le mur qui formait l'extrémité de la cave. Antonio était tombé frappé d'un poignard de bois ; le combat entre Octave et Henri s'était fait avec des sabres de théâtre, et comme on le voit faire dans les théâtres de mélodrame. Octave allait quelquefois trop loin et chargeait un peu les couleurs du tableau. Le costume de hussard substitué aux vêtements de a tante était une vengeance de Théodorine, qui n'avait mis personne dans le secret. La même Théodorine s'était chargée de faire voir à ses maîtresses, par le trou de la serrure, la scène du jugement qui n'était jouée que pour elles.

C'est après cette scène que nous retrouvons à table, et le chevalier victime de sa vaillance, et le farouche oppresseur, avec le père de l'héroïne innocente et persécutée, qui avait failli reconnaître sa voix dans le souterrain.

— A ton tour, Henri, dit Octave, tu as failli me faire perdre mon sérieux. Où diable as-tu été prendre les tirades magnifiques que tu m'as adressées tandis que je siégeais sur mon tribunal ? Tu avais, du reste, l'air parfaitement majestueux, et tu as dû produire beaucoup d'effet. — Mon cher père, dit Henri à M. de Riessain, de grâce, arrêtons là ce badinage, je ne veux pas tromper plus longtemps Angélique ; vous verrez que cela finira mal, et que, au jour des explications, elle ne me pardonnera pas la part que je prends à cette mystification. — Elle vous pardonnera, Henri, quand elle saura que c'est la condition que j'ai mise à votre union, et je vous laisse parfaitement libre d'exagérer à votre gré ma dureté à cet égard ; mais, croyez-moi, il y va du bonheur de ma fille dans l'avenir et du vôtre peut-être, que nous détruisions dans son esprit les sottes semences que ma sœur y a jetées ; il faut qu'elle ne demande à la vie autre chose que ce qu'il y a dedans, qu'elle ne rejette pas un bonheur réel pour courir après des rêves ou porter dans le cœur le deuil de chimères ridicules. Il faut que la leçon soit complète. — Allons, Amadis, dit Octave, voilà vingt fois que vous faites inutilement la même prière à M. de Riessain ; il faut vous résigner et continuer votre rôle. Sérieusement, où en sommes-nous ? Te voilà claquemuré dans les souterrains de la tour pour le restant de ta vie ; très-bien. Mais nous ne pouvons pas en rester là. D'abord, nous allons t'arranger un petit cachot tout à fait dans le style de la chose. J'ai vraiment peur de la scène de l'ermite ; jamais mademoiselle de Riessain n'en croira un mot. — Seule, dit M. de Riessain, son bon sens se révolterait, mais ma chère sœur est là pour empêcher toutes les hésitations de l'incrédulité. — C'est égal, M. de Riessain, je n'ai pas été content de votre début ; la guitare sous les fenêtres est un vieux moyen. Il eût mieux valu qu'Henri sauvât mademoiselle de Riessain de l'eau ou du feu ; ou encore qu'il arrêtât des chevaux emportés, prêts à précipiter sa voiture au fond d'un précipice de huit cent mille toises de profondeur. Mais vous paraissez inflexible et vous reculez devant la moindre chose ; je voulais qu'Henri eût le bras en écharpe après notre fameux combat, mais vous avez craint tous deux pour la sensibilité de ma belle captive. C'est égal, un héros de roman qui ne paraît pas au moins une fois avec le bras en écharpe est bien peu de chose à mes yeux ! Je voulais, sur votre refus, prendre l'écharpe à mon compte, d'autant que de Horrberg, qui fait médiocrement l'escrime du sabre de théâtre, m'avait tapé sur les doigts; mais autre obstacle : vous avez craint que je ne me rendisse plus intéressant que le héros. Si Henri m'en croit, il ne finira pas le roman sans se montrer avec un bras en écharpe. C'est demain que nous emménageons Henri dans son souterrain. Je suis curieux de voir par quelles humiliations mademoiselle de Riessain me fera payer le don de sa main, quand elle consentira à m'épouser pour prix de ta liberté. J'ai presque envie de te faire épouser la tante pour assurer ma tranquillité. — Ah ! oui, Henri, dit M. de Riessain, nous verrons comment ma sœur se résignera à suivre les volontés du farouche d'Hervilly en vous accordant sa vieille main ! — Ah ! dit Henri, comment Angélique me pardonnera-t-elle ? — Je compte beaucoup, reprit Octave, sur l'assaut du château par Henri échappé de son souterrain, au moment où mademoiselle de Riessain sera prête à marcher à l'autel en victime résignée, avec le barbare oppresseur que je suis. Comme ce sera le dénoûment, Henri pourra bien entrer avec de la musique ; la *Marche des Tartares*, par exemple. Ah ! Henri, ah, monsieur de Riessain, j'exige qu'Henri entre sur l'air de la *Marche des Tartares*; si non je ne me laisse pas à mon tour *charger de chaînes. Allons, mes belles, suivez-nous, ce sera d'un effet ravissant... Sachez que les Tartares ne sont barbares qu'avec leurs ennemis...*

Henri voudra bien ne pas taper sur les doigts dans ce nouveau combat. Alors l'ermite, levant son capuchon, fera apparaître le père Riessain, qui bénira les amants, et on me montrera alors sous mon véritable jour, l'homme aimable, peu tyrannique, et dévoué à Henri ainsi qu'à tout ce qu'il aime.

Les deux jeunes gens se serrèrent la main, et accompagnés de M. de Riessain, on alla visiter le cachot de Henri. M. de Horrberg, en quittant la table, parla bas à Antonio, qui allait décidément beaucoup mieux : c'était pour lui commander de faire porter à mademoiselle de Riessain comme de la part du tyran, les plus beaux fruits pour le dessert de son dîner. Puis on descendit dans une cave que l'on était en train de démeubler de tonneaux et de bouteilles.

— Cela sent horriblement le vin ici, dit M. de Riessain, et trahit trop grossièrement son avénement récent à la dignité de cachot, il faut brûler des herbes qui chassent cette odeur de parvenu. — Il y a là trop de paille, dit Octave, c'est un cachot de Sybarite, tu n'inspireras pas ici la moindre pitié. Ce n'est pas ainsi que sont couchés les prisonniers de roman et de mélodrame : mettez-moi là de sept à douze brins de paille. Voici la pierre pour reposer ta tête et y attacher la chaîne que tu auras au pied. Où est la cruche d'eau? La voici, bien. Et le pain bis? il faut qu'il soit entamé. Sans cela on ne voit pas qu'il est bis. Et puis, c'est plus triste de reconnaître que le prisonnier en a déjà mangé... — C'est vous décidément qui serez l'ermite, monsieur de Riessain? demanda de Horrberg. Ne craignez-vous pas qu'on ne reconnaisse votre voix? — Nullement la reconnaîtriez-vous vous-même quand je parle ainsi?

Et M. de Riessain prononça quelques phrases mêlées de mots italiens avec un accent très-ultramontain.

— Non, il n'y a pas de danger...

— Tenez, dit Octave, voici encore une chose qui vous fera reculer tous les deux, et qui cependant entre nécessairement dans le plan de M. de Riessain, qui est de faire éprouver à sa fille tous les petits ennuis des grandes situations. Il faudrait, pour bien faire, que ce cachot fût infect; que Henri, prisonnier depuis plusieurs jours, eût la barbe longue, les cheveux crépus et pleins de paille, et fût horriblement sale. — J'accorde, dit Henri, la barbe longue et trois brins de paille dans les cheveux, le reste est rejeté...

— J'en étais sûr, continua d'Hervilly. Il serait bon également que ce souterrain fût rempli de puces. — Ah! d'Hervilly! — Je m'attendais bien qu'on me répondrait par un : *Ah! d'Hervilly!* Voilà ce que c'est que ces gens si résolus! quand il s'agit de l'exécution, les moindres choses les font reculer honteusement. Notre roman sera tout à fait incomplet. Vous laisserez à côté de celui-ci un roman tout entier à faire, et mademoiselle de Riessain, aidée de la tante Eudoxie, ne manquera pas de vouloir l'exécuter. — Allons, allons, dit de Horrberg, un cachot obscur, une pierre pour reposer ma tête, huit brins de paille pour lit, un pain noir et une cruche d'eau pour nourriture, en voilà assez pour exciter la pitié; je renoncerais aux bénéfices d'une sensibilité assez dure à s'émouvoir pour demander autre chose.

On quitta le cachot et on remonta prendre du punch.

Pendant ce temps, une autre scène se passait dans la

cuisine, scène à laquelle il faut que nous assistions sous peine de ne pas comprendre le reste du récit. Théodorine aperçut aux oreilles de la cuisinière des pendeloques qui attirèrent son attention.

— Eh ! où diable, ma mie Adrienne, lui demanda-t-elle, avez vous trouvé ces boucles d'oreilles ? — Je ne les ai pas trouvées, répondit Adrienne, elles m'ont été données par un beau garçon. — Par votre amoureux ? dit Théodorine avec un air précieux et dégoûté. — Non, répondit simplement Adrienne ; par M. le baron de Horrberg. — Attendez-moi là un moment, dit Théodorine, et elle monta à sa chambre chercher les boucles d'oreilles qu'elle avait elle-même reçues deux jours auparavant de la main d'Henri ; elle les apporta, et les comparant à celles d'Adrienne, elle vit qu'elles étaient absolument semblables. Elle se retira fort mécontente. Voilà, se dit-elle à elle-même, des cadeaux distribués avec beaucoup de justice et d'intelligence, vraiment ! Eh quoi ! j'entre dans le complot de ces messieurs ; je prends dans leur comédie un rôle qui est sans contredit le plus important de la pièce, et sans lequel il leur eût fallu renoncer à leur projet ; on me fait un présent... convenable en lui-même, des boucles d'oreilles avec des pierres rouges et vertes, de belles boucles d'oreilles, c'est vrai ; mais on en va donner de précisément pareilles à une souillon qui ne leur a servi à rien. Sans compter que je ne les mettrai pas. Je pensais que M. de Horrberg avait plus de goût, et aurait remarqué que je n'ai pas tout à fait le même air que ce torchon d'Adrienne ; que je n'ai ni les mains aussi rouges, ni le nez aussi écrasé, ni la taille aussi épaisse, ni le pied aussi grand ; je pensais qu'il faisait quelque différence entre une personne distinguée, à laquelle la fortune seule a eu le tort de ne pas donner sa place, et une mauvaise laveuse de vaisselle. Certes, que l'on me donne de belles boucles d'oreilles, je ne les dépare pas, du moins j'ose le croire. J'ai l'oreille petite et bien faite, et il faut n'avoir pas d'yeux pour accrocher de pareils joyaux aux deux côtelettes que la nature a collées aux tempes de cette pataude d'Adrienne. Non certes, je ne mettrai pas les mêmes boucles d'oreilles qu'elle ! La nature ne m'a pas faite semblable à cette fille pour que je m'habille comme elle. Allons donc ! on nous prendrait pour les deux sœurs ! Je veux bien qu'on soit amoureux, mais cela ne doit rendre ni aveugle, ni imbécile.

Et mademoiselle Théodorine se retira dans sa chambre, en proie à un vif ressentiment.

Néanmoins, le lendemain, tout en se réservant de faire comprendre, dans l'occasion à M. de Horrberg, le juste sujet de plainte qu'elle avait contre lui, ce qui sans doute amènerait une réparation, elle continua à remplir le rôle qu'elle avait accepté, et qui, s'il lui coûtait un peu, vis-à-vis d'Angélique qui était douce et généreuse, lui donnait des occasions de se venger des caprices et des hauteurs de la tante Eudoxie. Les deux prisonnières attendaient avec impatience les instants où leur service appelait Théodorine dans leur appartement. C'était par elle seule qu'elles pouvaient avoir quelque connaissance de ce qui se passait dans la maison. Et d'ailleurs, depuis qu'elles étaient enfermées ensemble, elles s'étaient dit tout ce qu'elles se pouvaient dire, sauf l'histoire de l'éventail de la tante Eudoxie, que quelque circonstance venait toujours arrêter à son début ou faire oublier. Elles commençaient à passer une partie de leur journée dans le silence, Eudoxie lisant quelques romans qu'elles avaient trouvés dans leur appartement, et Angélique songeant à Henri et le mêlant aux regrets de son père et à ses désirs de liberté. Théodorine venait donc apporter quelque diversion à ce tête-à-tête prolongé, et on espérait toujours qu'elle aurait une nouvelle qui donnerait quelque espoir de liberté, ou que M. de Horrberg trouverait moyen de lui faire remettre une lettre. Cette fois encore il n'en était rien, et elle n'annonça qu'une visite que M. d'Hervilly demandait la permission de faire à ces dames. Elles répondirent avec hauteur qu'elles n'acceptaient pas ces semblants de politesse, qu'un geôlier pouvait entrer chez ses prisonnières sans demander de permission, et qu'il se trompait fort s'il espérait qu'on le regarderait jamais autrement que comme un perfide ravisseur et un brutal geôlier.

D'Hervilly néanmoins commença par remercier la tante Eudoxie et Angélique de la permission qu'elles avaient bien voulu lui accorder; mais son ton était beaucoup plus brusque qu'avant la malheureuse tentative d'évasion, et il y avait dans ses formules respectueuses quelque chose d'ironique qu'elles n'y avaient pas remarqué auparavant. Elles le prièrent de leur expliquer le but de sa visite, si toutefois elle en avait un autre que de lui faire contempler à loisir les ennuis et les larmes que causait l'injuste captivité qu'il faisait subir à ses malheureuses victimes.

— Écoutez-moi, belle Angélique, dit Octave, je vous aime, et j'ai décidé que vous m'appartiendriez. J'ai l'aveu de votre père, et si vous étiez une fille plus soumise, si vous n'aviez pas annoncé un refus que j'ai l'amour-propre de croire sans cause raisonnable, si j'avais pensé votre père doué d'assez de fermeté pour se faire obéir, je ne me serais pas décidé aux moyens un peu violents que j'ai employés. Mais vous comprenez qu'après m'être porté à de telles extrémités, je ne reculerai pas. Ce ne serait qu'ajouter le nom de niais aux charmantes dénominations que vous m'accordez déjà moins justement. — Monsieur, dit la tante, vous vous trompez, il est encore temps, rendez-nous à la tendresse inquiète de mon frère, et tout sera oublié. Jamais un reproche, jamais une malédiction ne s'échapperont de notre bouche. — Pardon, madame, reprit d'Hervilly, s'il ne s'agissait que de vous, plein de confiance dans votre promesse, je vous donnerais une nouvelle preuve de respect et d'obéissance ; mais je suis amoureux, madame, et il ne me suffirait pas du pardon de votre nièce, ce n'est pas à un amour qui inspire ce que j'ai fait, qu'il faut demander de pareils sacrifices. Mademoiselle de Riessain ne sortira d'ici qu'après avoir changé de nom ; je l'ai décidé, comme j'ai décidé que je l'amènerais ici, et le second projet s'accomplira comme le premier. — Vous vous trompez, monsieur, repartit Angélique, le premier projet a réussi, parce qu'il ne fallait pour l'accomplir que de l'audace criminelle, de la méchanceté et de la brutalité, toutes choses que vous avez trouvées en vous-même ; mais pour que vous deveniez mon époux, il faut mon consentement ; et quelque hardi que je vous suppose, je ne pense pas que vous le soyez assez pour l'espérer. — Le temps change bien des résolutions, mademoiselle, et l'ennui aussi. D'ailleurs même, en supposant la continuité de vos rigueurs, ce que je me surprends parfois à croire impossible, ma situation actuelle est préférable à celle que me ferait la générosité que madame votre tante réclamait de moi tout à l'heure. Ici je vous vois, je vous parle, je vous entends, quand je le veux. Ici surtout, si vous n'êtes pas à moi, vous ne serez pas à un autre. C'est déjà la moitié de la possession. — Monsieur d'Hervilly, dit Angélique, je pense que votre intention de me voir devenir votre épouse ne subsistera pas après l'aveu que je vais vous faire : j'ai disposé de mon cœur, j'aime M. Henri de Horrberg; il le sait; oseriez-vous donner votre nom à une femme qui ne peut vous donner ni son estime ni son amour? — Je sais que mademoiselle de Riessain, une fois ma femme, ne trahirait pas ses devoirs. — Vous vous trompez, monsieur, je n'accepterais pas des devoirs imposés par la violence. — Peu importe, mademoiselle ; mais mon rival n'est plus à craindre; sa folle entreprise l'a mis entre mes mains, et la meilleure chance qu'il puisse courir est de passer le reste de sa vie dans les souterrains de mon château. — Ah! monsieur, croyez-vous que Dieu se rende complice de vos crimes en n'y mettant pas un terme prochain? — Mademoiselle, Dieu a à s'occuper de la marche du ciel et des planètes, et je ne me fais pas l'honneur de croire qu'il daigne porter le moindre intérêt aux actions d'une pauvre créature comme moi. Renoncez donc à ce moyen médiocre de m'intimider. Parlons sérieusement. Si vous aimez M. de Horrberg, vous avez un moyen de le rendre à la liberté, c'est de me donner le titre de votre époux. Une fois sûr de mon bonheur, je lui ouvre les portes du château. Mon sabre a dû lui apprendre déjà à ne pas venir chasser sur mes terres. — Votre sabre, monsieur, et celui

de trois ou quatre de vos satellites. — Je ne veux pas vous humilier, mademoiselle, dans la personne de celui que votre cœur a choisi. Croyons donc à ce sujet ce que vous voudrez. Mais je ne comprends pas que, sous prétexte que vous aimez M. de Horrberg, vous le condamniez à passer sa vie dans un cachot, car c'est vous qui l'y condamnez, mademoiselle ; un mot de vous, il est libre. — Je comprends moins encore, monsieur, qu'un homme soit assez lâche pour vouloir obtenir de force la main d'une femme dont le cœur s'est donné à un autre. — A moins, mademoiselle, que, me décidant à mériter quelques-unes des invectives qu'il vous plaît d'attacher à mon nom, je ne cesse d'être niaisement le jouet des caprices d'une jeune fille, et je ne supprime l'obstacle qui s'oppose à mes vœux et à ceux de son père. — Ah ! monsieur, si mon père vous connaissait, s'il savait de quels crimes vous vous êtes rendu coupable !
— Je continue ma phrase, mademoiselle, à l'endroit où vous avez cru devoir l'interrompre par une injure à laquelle je vous avais avertie que je n'étais nullement sensible. Je vous disais que si vous me forciez à perdre un reste de patience, la mort de M. Horrberg, qui a attenté à ma vie comme un assassin après s'être introduit chez moi comme un voleur, la mort de M. de Horrberg, mort que les lois excuseraient, me délivrera... — Vous ne l'oseriez pas, monsieur ! Un tel forfait... — Vous ne savez pas encore tout ce que je puis oser pour vous posséder, mademoiselle. Vous avez pâli, ce trouble où vous ont jetée mes paroles irrite ma soif de vengeance contre mon odieux rival, et me dit en même temps que vous céderez à ma menace quand vous la croirez réelle : ou vous ne l'aimez pas, et il ne sera pas long-

temps un obstacle à mes désirs ; ou vous l'aimez, et vous ne reculerez devant aucun sacrifice pour lui racheter la liberté, et peut-être la vie. Il faut cesser de feindre : c'est le seul choix qui vous reste. — M. le baron de Horrberg a reçu mes serments, lui seul peut m'en délier. Croyez-vous qu'il le fît, même au prix de sa vie ? — Si vous étiez bien convaincue, mademoiselle, du sort qui lui est réservé, si je pouvais vous persuader, pendant qu'il en est temps encore, qu'il mourra ou qu'il traînera dans les souterrains du château une existence qui lui fera chaque jour désirer la mort, si vous connaissiez ces souterrains... vous ne vous amuseriez pas à aller proposer à un homme un sacrifice qu'il ne peut accepter sans lâcheté, quelque envie qu'il puisse avoir de le faire ; vous le sauveriez sans le consulter, pour l'obliger à accepter votre dévouement. Je vous donne jusques à après-demain pour prendre une résolution, mademoiselle, après quoi, si la chose n'est pas faite, c'est moi qui en prendrai une. Vous verrez M. de Horrberg, j'espère que sa vue excitera chez vous quelque pitié, et que je n'aurai pas besoin de jouer plus longtemps le rôle singulier de vous implorer pour mon rival.

A ces mots, il salua et se retira.

— Je le verrai, je vais le voir, disait sans cesse Angélique. — Prenez garde, ma nièce, que ceci ne soit un piége de notre geôlier et un moyen de vous enfermer vous-même dans les cachots où vous voulez descendre. — Ah ! ma tante, je ne demande pas mieux que de partager un cachot avec Henri ; il y a des moments où je voudrais être réunie avec lui dans une tombe. — C'est fort bien, ma nièce, mais comme je vous accompagnerai sans doute dans cette visite, à moins que vous n'en jugiez autrement, je n'ai pas les mêmes moyens que vous d'embellir un cachot. Croyez-moi, le bienfait d'un ennemi cache une perfidie. — Ah! ma tante, ma bonne tante, s'écria Angélique en embrassant la tante Eudoxie, vous ne refuserez pas de m'accompagner, n'est-ce pas? Vous savez bien que je ne laisserai pas mourir par le fer ou le désespoir l'homme qui ne s'est jeté dans le danger que pour me sauver. Je tâcherai de gagner du temps. Chaque jour peut amener ou mon père, ou quelque hasard heureux qui nous délivre. — Il en est temps, ma nièce, car je vous déclare que j'ai maintenant plus qu'assez des enlèvements; on met ici de la chicorée dans le café, et mon café au lait du matin est détestable; il faut que cela finisse. — Hélas, ma tante, cela finira bientôt; car lorsque je serai au bout des délais que je vais tâcher d'obtenir, s'il n'arrive rien de nouveau, je me sacrifierai pour sauver Henri.

Théodorine entra alors et vint annoncer à Angélique qu'on allait la conduire auprès d'Henri. Les visites au cachot ne sont pas prévues dans le code de la toilette, néanmoins Angélique crut devoir réparer quelques négligences que le chagrin lui avait fait commettre, et elle suivit avec la tante Eudoxie un homme vêtu comme les geôliers de mélodrames, avec une casquette de renard sur la tête, et un énorme et retentissant trousseau de clefs à la ceinture. On traversa plusieurs caves à la lueur d'une torche, puis on s'arrêta devant une porte fermée avec deux formidables verrous et un cadenas monstrueux. Le geôlier les ouvrit lentement, et Angélique aperçut Henri de Horrberg étendu sur quelques brins de paille, le coude appuyé sur une pierre à laquelle était scellée une chaîne attachée par l'autre extrémité à l'une de ses jambes. La cruche, le pain noir, tout avait été exécuté à la lettre. C'était un magnifique décor de troisième acte. A cet aspect, Angélique ne put retenir ses larmes, et Henri faillit lui dire la vérité, mais un ermite, debout dans un coin de la prison, lui fit un signe impérieux de se taire; il saisit les mains d'Angélique et les couvrit de baisers.

— Lâche d'Hervilly! s'écria-t-il, je brave tes cachots et tes fers! Je suis prêt à payer de ma vie ce seul instant de félicité, et je mourrai heureux et fier, et persuadé que tu porteras envie à mon sort. — Henri, dit Angélique, quel horrible séjour! et c'est moi qui vous y ai plongé en acceptant imprudemment votre dévouement généreux. Comment ne me maudissez-vous pas, ainsi que le jour funeste où vous m'avez vue pour la première fois? — Chère Angélique, s'écria de Horrberg, après le bonheur d'être heureux avec vous, il n'est qu'un sort à désirer, c'est de souffrir et de mourir pour vous. Je sais quel sort m'est réservé; je sais que chaque instant peut amener le bourreau. Le ciel m'est témoin que je ne regrettais que de vous donner ma vie inutilement et de n'avoir pu avant de mourir vous arracher à la captivité. Je mourrai résigné, je mourrai heureux, puisque je vous revois, puisque vous m'aimez! — Oui, Henri, je vous aime, dit à voix basse mademoiselle de Riessain; je vous aime, et, quoi qu'il arrive, quoi que m'impose plus tard mon devoir, quoi qu'il me faille sacrifier, mon cœur sera toujours à vous. Si nous devons être séparés sur la terre... nous nous retrouverons au ciel. — Angélique, dit de Horrberg, je ne comprends que trop le sens de vos paroles: on a mis à ma vie un prix infâme! Angélique, si vous accomplissez ce funeste sacrifice, vous serez mille fois plus barbare que mes persécuteurs. Ils ne peuvent que me tuer, et vous ferlez de ma vie un éternel supplice ! Angélique, ne vous laissez pas aveugler par une fausse pitié. Aimez-moi, soyez à moi jusqu'au moment où l'on tranchera le fil de mes jours. Je mourrai content. Ensuite pleurez-moi et restez-moi fidèle jusqu'au jour où je vous retrouverai là-haut. Voilà ce que l'amour, voilà ce que la pitié exigent de vous. Donnez-moi votre main, Angélique, chère Angélique ; et vous, mon père, dit-il en s'adressant à l'ermite, qui restait debout et silencieux dans son coin, et que les arrivantes n'avaient pas aperçu, vous, mon père, qui êtes venu m'apporter des consolations, bénissez notre union bien courte sans doute, sur cette terre, mais éternelle dans les cieux. — Ah ! ma tante, dit Angélique, vous entendez ce qu'il me demande. — C'est le vœu d'un mourant, sans doute reprit Henri. — Oui... je le sais, vous mourrez si je cède à vos vœux et lorsque je puis vous sauver ! — Ne le croyez pas, Angélique, je vous jure sur ce que j'ai de plus sacré, sur mon âme et sur mon amour, que le moment qui suivra votre union détestable avec M. d'Hervilly sera celui de ma mort. — Que faire, ma tante, mon Dieu ?

Henri s'était jeté aux genoux d'Angélique et les tenait embrassés. Elle céda, et dit : — Eh bien, Henri, je consens à recevoir avec vous la bénédiction de ce saint ermite. C'est vous condamner à mourir, mais je ne vous survivrai pas ; je serai votre femme !... C'est notre bonheur dans le ciel que nous allons consacrer.

Tous deux s'agenouillèrent en se tenant par la main. L'ermite alors : — Eh quoi ! dit-il, pensez-vous que je

consacrerai ainsi ce suicide et ce meurtre?... Croyez-vous...
— Grand Dieu ! s'écria Théodorine, on vient. Fuyons avant qu'on nous y invite ; peut-être obtiendrons-nous la permission de revenir, surtout si mademoiselle se montre un peu ébranlée et si on peut supposer qu'une seconde visite achèvera de la décider au sacrifice qu'on exige d'elle.

On entendait les pas du geôlier. Henri baisa avec ardeur la main d'Angélique, et les trois femmes, se retirant, rencontrèrent en effet dans le souterrain le geôlier, qui venait les avertir qu'il était temps de laisser le prisonnier à ses réflexions. Une fois hors du souterrain, Théodorine resta quelque temps en arrière et rejoignit ensuite ses maîtresses en disant à voix basse à Angélique : — Mademoiselle, il faut absolument que je vous parle. Faites semblant de vous coucher, je laisserai ouverte la petite porte qui est dans la ruelle de votre lit, et quand votre tante dormira, vous viendrez me trouver dans la première pièce de l'appartement.

— Mais, Théodorine, si ma tante se réveille? — Elle vous adressera quelques mots, puis, voyant que vous ne répondez pas, elle supposera que vous dormez, et elle tâchera d'en faire autant. Ne manquez pas de venir, c'est tout à fait nécessaire.

— Ma foi, monsieur de Riessain, dit Henri resté seul dans la cave avec l'ermite, si vous n'aviez pas été là, je me jetais aux genoux d'Angélique, je lui avouais tout, et je tâchais d'obtenir mon pardon. — C'est alors le mien que vous n'auriez pas obtenu, mon cher de Horrberg, et quelque amitié que j'aie pour vous, je vous aurais tenu la parole que j'ai donnée à vous et à moi-même de ne vous accorder la main d'Angélique (comme nous disions depuis que nous sommes entrés en plein roman) qu'après que nous aurons conduit l'épreuve jusqu'à la fin. Mais nous continuerons aussi bien ce dialogue en dînant. En jouant le rôle d'ermite, il me semble que j'ai fait un long jeûne, et je me sens un terrible appétit. — Aidez-moi alors, pieux ermite, à me débarrasser de mes chaînes. Eh ! Antonio va voir si ces dames sont rentrées dans leur appartement et si nous ne courons aucun danger d'être aperçus en traversant la cour.

Antonio fut quelque temps sans revenir, pendant lequel M. de Riessain détacha la chaîne qui retenait Henri par un pied ; puis ils essayèrent de sortir de la cave ; mais on avait éteint la torche destinée à la visite d'Angélique, et Antonio avait emporté la lanterne ; l'ermite et le prisonnier, en tâtonnant les murs, cherchaient une issue, lorsque Antonio revint sa lanterne à la main ; il ne savait pas comment la chose s'était faite, mais la porte de la première cave, celle qui donnait sur la cour, s'était refermée ; il avait cherché à l'ouvrir en dedans, mais tous ses efforts avaient été inutiles. A cette nouvelle, M. de Riessain et Henri l'appelèrent, l'un maladroit, l'autre imbécile, et se dirigèrent vers cette porte, persuadés qu'elle céderait aux premiers efforts. Les premiers efforts et les suivants ne réussirent pas mieux que les jurons et les malédictions. Aux jurons et aux malédictions on fit succéder des coups de poing et des coups de pied dans la porte, et des cris pour se faire entendre du dehors ; mais on n'entendit pas et personne ne vint. Tous trois appuyèrent leur dos sur la porte et s'efforcèrent de l'enfoncer. La porte ne se montra nullement disposée à céder. Quand on eut recommencé trois ou quatre fois les mêmes tentatives avec le même insuccès, on pensa à tenir conseil.

— Nous voilà prisonniers pour tout de bon, dit Henri. — Mais c'est que je meurs de faim, dit M. de Riessain. — Nous avons mon pain noir et ma cruche d'eau... — Joli dîner !... — C'est un triste dîner si vous le comparez à celui qui nous attendait sur terre, je ne le conteste pas, mais c'est un festin, comparé à rien. — Allons donc, mon cher, je ne veux pas déshonorer et perdre le magnifique appétit que je possède à manger de pareilles choses ; il est impossible qu'on ne nous entende pas ou que nous ne finissions pas par enfoncer la porte.

On recommença les cris, les coups, puis les efforts, et il fallut enfin reconnaître que tout cela était et serait parfaitement inutile. Henri se résigna le premier et rompit un morceau de son pain, qu'il grignota d'abord du bout des dents, puis qu'il finit par manger avec avidité. M. de Riessain, après une résistance plus honorable, c'est-à-dire plus longue, imita son exemple. Antonio eut la desserte de la table, puis on but l'eau à même la cruche.

— Ce serait là, pieux ermite, dit Henri de Horrberg, la véritable occasion de renouveler le miracle des noces de Cana, et j'oserai dire que le changement de l'eau de notre cruche en vin serait un peu mieux placé à l'égard de pauvres diables qui ont dîné avec du pain noir, que pareille métamorphose ne l'a été dans les temps pour des gens déjà gorgés de vin. — Pour moi, dit M. de Riessain, ce qui me fâche ce n'est pas précisément d'avoir mangé du pain noir, cela n'a que peu ou point de goût, cela n'est ni bon ni mauvais ; mais ce qui me cause un chagrin réel, c'est que nous avons là-haut un faisan, et que je n'aurai plus faim quand arrivera pour nous l'heure de la liberté. Mais comment se fait-il que nous soyons ainsi enfermés? Il y a des moments où je me demande s'il n'a pas pris par hasard fantaisie à Octave de continuer notre comédie au sérieux, de nous retenir pour de bons prisonniers, et de faire payer à mademoiselle de Riessain notre délivrance.

Ce n'est que deux heures après que l'on commença à s'inquiéter dans la maison de l'absence prolongée de M. de Riessain et de M. de Horrberg. Octave avait dîné avec les dames, et conséquemment il n'avait pas remarqué leur absence; ce fut lui-même cependant qui vint délivrer les prisonniers. Lorsque après avoir quitté ses convives il retourna dans l'autre partie du château où il croyait trouver ses deux complices, alors seulement il apprit qu'on ne les avait pas vus reparaître depuis le milieu de la journée. Octave attendit quelque temps, puis se décida enfin à aller aux souterrains; mais il vit la clef de la première cave à la porte et tournée de manière à la fermer : cette porte ne pouvait s'être fermée elle-même; donc ils étaient sortis. Octave retourna les attendre dans la maison et prit un livre. Heureusement que ce livre se trouva par hasard être un ouvrage d'un des plus illustres philosophes de ce temps-ci. Ce qui fit que M. d'Hervilly ne tarda pas à s'ennuyer et à penser de rechef à ses amis. Il retourna aux souterrains, entr'ouvrit la porte, et appela, pour l'acquit de sa conscience. Il fut fort étonné lorsqu'on lui répondit.

Déjà Henri avait dit à M. de Riessain : Si vous avez trop faim, vous me mangerez pour me conserver mon futur beau-père; mais nous commencerons par manger Antonio, qui ne manque pas d'embonpoint.

Henri avoua à d'Hervilly les soupçons qu'il commençait à concevoir. — J'y ai pensé plusieurs fois, répondit Octave, mais j'ai résisté à la tentation. Je ne suis pas coupable de votre incarcération. Vous devez avoir faim? — Hélas! non, dit M. de Riessain en traversant la cour, nous avons mangé le pain noir du prisonnier. — Et, ajouta de Horrberg, nous avons été jusqu'à regretter ta fatale idée de l'entamer; le morceau coupé nous a vraiment fait faute.

Néanmoins en présence de la table bien servie, les captifs retrouvèrent à leur appétit un peu de complaisance; mais si le pain noir fit du tort au faisan, l'eau de la cruche n'en fit aucun à quelques bouteilles qui furent vidées tandis qu'on s'entretenait de ce qu'on ferait le lendemain, et qu'on préparait le chapitre suivant, en entremêlant ce sujet de diverses questions et exclamations : Mais comment diable étiez-vous enfermés là dedans? Cela rappelle ce que disait un journal d'un soldat dont on avait trouvé le corps noyé, coupé en morceaux et cousu dans un sac. Le journal, en racontant cet horrible événement, faisait remarquer avec naïveté que ces diverses circonstances faisaient présumer que ce n'était pas le résultat d'un suicide.

Pendant ce temps les prisonnières se couchaient. Angélique, préoccupée de la confidence que lui avait annoncée Théodorine, feignit de dormir pour engager sa tante à l'imiter. Quand elle la crut bien endormie, elle se glissa sans bruit en bas de son lit, s'échappa par la porte de la ruelle, et alla rejoindre Théodorine, qui l'attendait dans la première pièce. Quelque légère que fût Angélique, le frôlement de son vêtement réveilla à moitié la tante Eudoxie, qui cependant ne s'aperçut pas du départ de sa nièce, et commença en ces termes l'histoire de son éventail, déjà plusieurs fois interrompue :

« M. de Briquesolles était alors un des hommes les mieux faits et les plus spirituels ; j'étais de mon côté, du moins on me le disait, jolie, gracieuse, enjouée ; je jouais agréablement du clavecin, en un mot j'étais fort remarquée dans le monde et passablement entourée. »

Et la tante Eudoxie continua son histoire. Il vint un moment où, après avoir raconté comme quoi sa mère surprit M. de Briquesolles à ses genoux, elle demanda au lit de sa nièce : « Qu'eusses-tu fait à ma place ? » Le lit ne répondit pas. La tante attendit quelques secondes et continua : « Tu aurais comme moi été fort embarrassée, » etc.

Un peu après, arrivée au moment où M. de Briquesolles, ayant absolument besoin de lui écrire, feint de ramasser dans sa loge, à ses pieds, un éventail qu'il venait d'acheter, et le lui présente comme si elle venait de le laisser tomber : « Et, dit la tante Eudoxie, que crois-tu que je trouvai dans les plis de l'éventail ? »

Eudoxie attendit encore une réponse, et n'en recevant pas, prit le parti de se répondre elle-même : « Une lettre, vas-tu me dire ? Eh bien ! non, mais quelques mots au crayon sur les baguettes d'ivoire de l'éventail. » Et la tante continua le récit de son histoire avec M. de Briquesolles. L'histoire était longue. Je suis du très-petit nombre des écrivains contemporains qui seraient capables d'en faire le sacrifice... c'est un hommage que je dois me rendre et que j'étendrais un peu plus sans deux raisons qui m'en empêchent. La première est que je semblerais à quelques esprits mal faits m'indemniser par un nombre de lignes égal du sacrifice de l'histoire de la tante Eudoxie ; la seconde raison est que je n'ai pas encore irrévocablement décidé que je ne vous la raconterais pas quelque jour.

La tante était à la fin quand Angélique, tout émue des choses extraordinaires qu'elle venait d'apprendre, rentrait dans la chambre sur la pointe des pieds et se dirigeait le plus silencieusement possible vers son lit, lorsque Eudoxie lui dit : « Et voilà, ma nièce, d'où me vient cet éventail ; vous ne serez pas étonné maintenant de me voir ne pas me décider facilement à m'en séparer. »

C'est tout ce qu'Angélique sut jamais de l'histoire de l'éventail de la tante Eudoxie. Mais pendant tout le reste de sa vie elle fut forcée de faire semblant de comprendre toutes les allusions qu'il plut à sa tante de faire à cette histoire, telles que : Angélique, cela doit te rappeler M. de*** ; Angélique, c'est absolument comme l'histoire de l'éventail ; Angélique, c'est aussi embarrassant que le jour où ma mère surprit M. de***, tu sais, etc., etc., etc.

Pour ce qui est des confidences que fit Théodorine pendant que la tante Eudoxie racontait à sa nièce absente l'histoire de son éventail, nous ne pensons devoir vous les communiquer qu'un peu plus tard.

Dès le matin, Angélique fit savoir à M. d'Hervilly qu'elle désirait lui parler ; il ne tarda pas à se rendre à ses ordres.

— Monsieur, dit-elle, je me suis décidée ; je ne vous aime pas, vous le savez ; j'en aime un autre, vous ne l'ignorez pas. Vous voulez m'épouser, c'est à vous à savoir si c'est prudent. Vous mettez cette union pour prix de la liberté et de la vie de l'homme que j'aime ; ce qui me décide à lui sacrifier mon bonheur, c'est que j'espère bien lui sacrifier aussi le vôtre. Je ne vous cacherai pas que vous ne me paraissez pas avoir le sens commun ; si je ne vous épouse pas, que vous fait que M. de Horrberg soit vivant et libre ? Si je vous épouse, ne craignez-vous pas que sa vie et sa liberté ne soient pour vous une cause sans cesse renaissante d'anxiétés et de soupçons ? Mais c'est vous qui l'avez décidé ainsi ; c'est bien, je ne ferai pas la moindre objection. Je serai votre femme ; mais pour que je sois votre femme, il faut que vous soyez mon mari. Si je suis à vous, vous serez à moi ; nous réglerons tous nos comptes quand il en sera temps. — Mademoiselle, dit Octave un peu embarrassé, daignez excuser ma surprise ; je ne m'attendais pas à un pareil bonheur, car le bonheur que m'annonce votre décision est tout ce que j'en veux croire ; j'ai confiance en vous, mademoiselle ; l'homme que vous aurez accepté pour votre époux peut confier sans crainte son bonheur au vôtre. — Gardez cette confiance, monsieur, et efforcez-vous d'arranger la difficulté que voici : Que je vous promette de vous épouser lorsque M. de Horrberg sera libre, ou que vous me promettiez de lui rendre la liberté aussitôt que je serai votre femme, c'est absolument la même situation, c'est-à-dire qu'il faut que l'un de nous deux se confie aveuglément à la bonne foi de l'autre. Je vous déclare sans hésiter que je n'ai aucune confiance en vous et qu'à votre place je n'en aurais aucune en moi. La violence que vous avez employée contre moi justifie d'avance toutes les ruses que je pourrais employer pour la déjouer. Cette même violence doit vous montrer à mes yeux capable de toutes les trahisons. Que ferons-nous ? — Mademoiselle, je me fierai à vous, et l'instant que vous fixerez pour notre union sera celui où le souterrain et le château seront ouverts à M. de Horrberg. Vous ne prononcerez le serment qui doit assurer mon bonheur qu'après que je vous aurai donné la preuve que M. Henri de Horrberg est libre et hors du château. Charmante Angélique, ne mettez pas un terme trop éloigné aux tortures que vos hésitations me font souffrir. — Oh ! mon Dieu ! monsieur, ce sera pour quand vous voudrez. Autant je considère comme un acte sérieux et solennel un mariage avec l'homme que l'on a librement choisi, autant je traite légèrement une union comme la nôtre. Mais qu'avez-vous, monsieur d'Hervilly? vous paraissez interdit, embarrassé ! — Moi, mademoiselle? Au contraire... c'est la joie... c'est la surprise... c'est le ravissement... Je m'attendais si peu... j'étais si loin d'espérer... — Si vous le voulez, monsieur, nous nous marierons après-demain. — Ah ! mademoiselle, j'étais loin d'espérer une si grande et surtout une si prompte félicité. Permettez-moi d'aller tout préparer pour la cérémonie. — Encore un instant, monsieur, j'ai une demande à vous faire : il faut que je revoie encore une fois M. de Horrberg. — Mademoiselle... — Que je le voie aujourd'hui même dans son cachot. J'y ai rencontré un ermite. Vous ne m'aviez pas dit qu'il y avait des ermites dans ce pays-ci. Je désire que ce soit cet ermite qui nous marie. — Vos désirs sont des lois pour moi, mademoiselle.

Octave se retire et va rejoindre Henri, qui déjeune avec M. de Riessain.

— Allons, allons, Henri, au cachot, mon brave homme. Et vous, bon ermite, préparez vos airs les plus vénérables. En voici bien d'une autre ! mademoiselle Angélique veut m'épouser absolument, et tout de suite. J'ai eu beaucoup de peine à la faire attendre jusqu'à demain. — Comment ! Que veux-tu dire ? — Rien autre que ce que je dis. Elle exige de plus que ce soit le respectable ermite ici présent qui nous donne la bénédiction nuptiale. Elle va aller faire ses adieux à de Horrberg dans son cachot. Elle m'a, du reste, tenu des discours étranges auxquels j'étais si peu préparé que je ne savais quoi répondre.

Henri et M. de Riessain font mille questions à d'Hervilly pour comprendre ce qui a pu amener ce brusque revirement dans les idées d'Angélique. D'Hervilly n'en sait pas davantage. De Horrberg se brûle en buvant son café trop chaud pour aller reprendre ses fers.

Pendant ce temps-là la tante Eudoxie, non moins étonnée, veut savoir de sa nièce où elle a pris toutes les choses qu'elle a débitées à Octave.

— Ce pauvre M. d'Hervilly, malgré ses torts à notre égard, me faisait vraiment peine, tant il était confus et embarrassé. C'était comme ce jour que je disais à M. de ***, tu sais... ces choses que je t'ai racontées. Mais je dois te dire que je n'approuve nullement tes principes à l'égard du mariage. — Ni moi non plus, ma tante. — Mais alors... — Je sais ce que vous allez me dire, ma tante ; mais, de grâce, épargnez-moi, épargnez-vous des questions auxquelles je ne pourrais répondre, du moins quant à présent.

Théodorine vient annoncer qu'Angélique peut faire à M. de Horrberg la dernière visite qu'elle a demandée. Toutes trois descendent au souterrain, où elles retrouvent Henri de Horrberg dans la même situation que lors de leur première visite.

— Eh quoi ! charmante Angélique, s'écrie-t-il, à quoi

dois-je ce bonheur inespéré de vous revoir dans mon cachot ? — Monsieur, dit Angélique, j'ai fait des réflexions : la raison est venue faire évanouir l'ivresse que vos paroles avaient causée à mon cerveau ; j'ai changé d'idée, je ne veux pas vous consulter davantage sur un sujet où l'orgueil fixe d'avance votre réponse ; vous vivrez, Henri ; j'ai voulu vous dire adieu parce que, à compter de ce jour, nous serons complétement étrangers l'un à l'autre. De nouveaux et d'impérieux devoirs vont nous séparer pour tout le temps que nous avons à passer sur cette terre. — Eh quoi ! mademoiselle.... — Ne m'interrompez pas, ma résolution est immuable ; demain, à minuit, j'épouse M. Octave d'Hervilly. Une heure auparavant je vous aurai vu sortir libre du château. — Angélique, Angélique ! s'écria de Horrberg, pensez-vous que... Eh bien ! oui... mais ce fatal sacrifice ne s'accomplira pas ! Je me laisserai mettre dehors du château, mais on m'y reverra quand il en sera temps ! — Adieu, Henri, dit Angélique. — Je ne vous dis pas adieu, chère Angélique parce que ma mort seule nous séparera.

Angélique, lui tendit sa main, qu'il couvrit de baisers. Puis elle quitta le souterrain avec Théodorine et la tante Eudoxie.

Octave et Henri couchaient dans deux chambres voisines ; les deux jeunes gens reconduisirent le père d'Angélique apres avoir prolongé la soirée dans la salle à manger, où on avait arrangé tous les événements du lendemain, et gagnèrent le corridor où étaient leurs chambres. Ils échangèrent encore quelques paroles et se couchèrent. Au bout de quelques instants Octave frappa à la cloison et dit :

— Henri, dors-tu? — Certes non, je ne dors pas, et je défierais bien n'importe qui de dormir à ma place! — Comment? est-ce qu'il t'arrive quelque chose aussi, à toi? — Je ne sais ce qu'il y a dans ce maudit lit, mais depuis que je m'y suis couché, je suis en proie à d'horribles démangeaisons. — Et moi, répondit Henri toujours à travers la cloison, j'ai trouvé dans le mien deux lapins. — Comment? deux lapins? — Oui, et je t'avoue que j'ai eu une terrible peur quand je les ai sentis! — Pour moi, je vais me lever, il n'y a pas moyen d'y tenir. — Tu penses bien que je ne suis pas resté dans mon lit avec de pareils compagnons. Qui diable a pu faire cette médiocre plaisanterie? — Mets-toi à ta fenêtre, Octave, je vais en faire autant, et nous parlerons sans avoir besoin de crier ainsi.

Henri se dirige vers sa fenêtre, couvert d'une robe de chambre, mais chacun de ses pas produit une explosion... Sa chambre était toute parsemée de boulettes fulminantes. Arrivé à la fenêtre, il fit part à Octave de ce qui lui arrivait encore. Octave en fut d'autant moins étonné qu'il avait traversé un pareil feu d'artifice pour arriver également à sa fenêtre.

— Qu'allons-nous faire? Si le domestique n'avait pas emporté mes habits, j'irais faire un tour de jardin. — Moi de même, mais je suis condamné à la même nudité jusqu'à demain matin. — Mais n'as-tu de soupçon sur personne?....
— Il faut sonner, on viendra refaire nos lits.

Les deux amis essayent de sonner, mais les cordons de sonnette sont coupés.

— Je vais m'envelopper dans ma robe de chambre et me coucher sur mon lit... — Je vais également essayer de m'endormir. — Qu'as-tu fait des lapins? — Je les ai lâchés dans le corridor. — Bonsoir. — Bonsoir.

Le matin de bonne heure, le domestique chargé de prendre soin des deux jeunes gens rapporte leurs habits dans leurs chambres. Tous deux se lèvent, et la conversation s'engage de nouveau à travers la cloison.

— Dis donc, Henri, il m'arrive une chose bien singulière, je ne peux boutonner ni mon gilet ni ma redingote. — Est-ce que tu as enflé pendant la nuit? — Ce n'est pas possible. Mais c'est qu'il s'en faut de plus de six pouces que les boutons n'atteignent les boutonnières. Dis donc.... tu ne me réponds pas, Henri?

Et Octave frappe à coups redoublés sur la cloison.

— Mais morbleu, Octave, tu vas enfoncer la cloison! — Pourquoi ne me réponds-tu pas? — Je ne te réponds pas, parce que je suis abruti d'étonnement : mon pantalon, que j'ai quitté hier au soir.... — Eh bien?... — Eh bien! il ne me descend plus qu'à moitié de la jambe.... Nous sommes ensorcelés. — C'est bien l'habit et le gilet que j'avais hier. — Et moi, c'est bien mon pantalon, mais je ne puis le mettre. — Pas plus que moi mon habit. — Il faut appeler pour qu'on nous en donne d'autres. Tu es plus vêtu que moi, tu peux aller jusqu'au bout du corridor.

Octave appelle; le domestique vient; il est aussi étonné qu'eux des changements survenus dans leurs habits, et sa surprise ne paraît pas jouée; il va chercher un habit et un gilet pour Octave et un pantalon pour Henri, dans la garde-robe de M. de Riessain; puis il les laisse s'habiller. Les vêtements de M. de Riessain ne leur vont guère bien, mais il leur est impossible de mettre leurs bottes; le domestique rappelé croit cette fois pouvoir donner la moitié d'une explication ; il reconnaît les bottes qu'on leur a données, elles appartiennent à M. de Riessain, qui a le pied singulièrement petit. C'est une erreur facile à réparer ; il s'en va et revient après un quart d'heure ; il faut que le diable ait emporté les bottes de ces messieurs, on ne les trouve nulle part dans la maison. Henri et Octave descendent en pantoufles déjeuner avec M. de Riessain ; on se perd en conjectures, puis on se décide à attendre du hasard et du temps l'explication des choses bizarres qui se sont passées dans la maison. On envoie un homme à cheval chercher à la ville de *** des habits pour M. de Horrberg et pour M. d'Hervilly.

Revenons un peu sur nos pas.

Tandis que la tante Eudoxie racontait à Angélique l'histoire de son éventail, Angélique était auprès de Théodorine.

Théodorine avait été touchée du chagrin réel qu'elle voyait prendre à sa jeune maîtresse, à cause de cette plaisanterie dont on l'avait faite la complice; de plus, elle avait été plus mécontente que je ne le saurais dire en voyant les boucles d'oreilles d'Adrienne. Elle s'était sentie saisie de violents remords pour un crime aussi mal payé, et elle avait pris une résolution qui devait à la fois consoler Angélique et la venger de ce que le baron de Horrberg n'avait pas su faire une distinction convenable entre elle et la cuisinière Adrienne. Quand Angélique fut près d'elle, elle lui prit les mains et dit de la voix la plus piteuse qu'elle put trouver : Ah ! mademoiselle, j'ai eu bien des torts envers vous; serez-vous assez bonne pour me les pardonner?

Angélique demanda à savoir quels étaient ces torts avant

de répondre et de dire si elle les pardonnait ; mais lorsqu'elle vit Théodorine bien décidée à attendre son pardon pour faire sa confession, elle promit tout ce qu'on voulut. Que l'on juge de son étonnement lorsqu'elle apprit qu'elle n'avait pas quitté la maison de son père, autour de laquelle on avait tourné pendant plusieurs jours ; que c'était M. de Riessain lui-même qui conduisait les chevaux ; que le cachot d'Henri de Horrberg n'était qu'une des caves de la maison, que le souterrain par lequel elle avait essayé de prendre la fuite n'avait pas d'issue ; que le perfide Antonio, qu'elle avait vu tomber sous le poignard du baron de Horrberg, se portait si bien que, après avoir fait couper sa barbe et à la faveur de l'obscurité, c'était lui qui leur ouvrait la porte du prétendu cachot où gémissait Henri, que le pain noir et la cruche d'eau étaient là pour la décoration ; que ces trois messieurs, réunis dans l'autre aile du château, faisaient chaque soir d'excellents repas. D'abord Angélique refusa de croire aux révélations de sa femme de chambre, puis elle repassa dans sa mémoire diverses circonstances qui vinrent à l'appui. Elle fut indignée de la tromperie de Henri de Horrberg, et annonça d'abord qu'elle épouserait Octave.

— Mais, mademoiselle, M. d'Hervilly est dans le complot. — C'est vrai. — Et M. de Riessain aussi : c'est même votre père qui mène tout ; j'ai entendu plusieurs fois M. de Horrberg le prier d'abréger la plaisanterie, mais M. de Riessain s'y oppose obstinément. — Et moi, disait Angélique, moi qui, à dîner, n'ai mangé que du pain pour ne pas être mieux nourrie que lui !...

Quand la colère d'Angélique se fut un peu exhalée, elle ne put s'empêcher de sourire en apprenant l'espièglerie de

Théodorine, qui avait condamné M. de Horrberg et M. de Riessain à faire réellement leur dîner avec le pain noir et la cruche d'eau.

Angélique s'expliqua alors le singulier effet qu'avait produit sur elle la voix de son père; quoiqu'elle ne l'eût pas reconnu, il lui semblait que cet ermite ne lui était pas étranger.

— Et, dit-elle, pourquoi ma tante Eudoxie était-elle le jour de la fuite habillée en hussard? — Ah! mademoiselle, ceci est de mon invention. — Comment, Théodorine, vous avez osé... — Mademoiselle m'a promis de me pardonner... — Mais ma tante.... — Elle avait été la veille si mauvaise pour moi!.... Mais je n'ai pu vous voir, vous, mademoiselle, prendre plus longtemps toutes ces plaisanteries au sérieux; je n'ai pu vous voir pleurer, et rester dans le complot : maintenant vous savez tout, qu'allons-nous faire? Je déserte avec armes et bagages, je suis à vos ordres. — Théodorine, dit tristement Angélique, je vais faire cesser cette ridicule comédie en laissant voir que j'ai cessé d'en être la dupe, et je congédierai à la fois M. d'Hervilly et M. de Horrberg. — Ah! mademoiselle, que dites-vous! M. de Horrberg vous aime.... Il a des torts, certainement.... Adrienne... je veux dire M. de Riessain... oui, M. de Riessain l'a forcé à agir ainsi... Ne renoncez pas à votre bonheur; mais faites-lui peur, ayez l'air d'accepter sans répugnance la main de M. Octave, moquons-nous d'eux à notre tour, cela sera très-amusant pour vous de les voir jouer leur comédie.

Théodorine réussit à faire adopter à Angélique ce que précisément Angélique avait envie de faire. Elle aimait

Henri, et cet amour plaidait éloquemment pour lui. C'est ce qui amena ses discours singuliers à Octave et sa visite dans le souterrain, qu'elle voulut revoir, disait-elle à Théodorine, pour s'amuser à ses propres dépens et voir à quel point elle avait été dupe. Puis elle réfléchit que tout cela ne lui présageait rien de bien malheureux ; que la comédie aurait nécessairement pour dénoûment son mariage avec M. de Horrberg, et au ressentiment qu'elle avait d'abord éprouvé succéda un grand contentement et une propension à la gaîté dont profita Théodorine pour la faire consentir à la persécution qu'elle voulait exercer contre M. de Horrberg et contre Octave : ce qu'elle n'aurait osé faire sans la permission de sa maîtresse. La permission, elle ne se fit pas faute de la dépasser dans les détails. Cependant Angélique l'aida à rétrécir le gilet et l'habit d'Octave et à raccourcir le pantalon d'Henri. L'échange des bottes et les pois fulminants furent approuvés par Angélique ; mais elle n'apprit que le lendemain que Théodorine avait coupé du crin dans le lit de d'Hervilly et mis des lapins dans celui du baron.

Pour ceux-ci, ils racontèrent en déjeunant à M. de Riessain comment ils avaient passé une fort mauvaise nuit. M. de Riessain soutint que c'était une plaisanterie d'Octave, qui ne feignait d'en avoir été victime que pour détourner les soupçons.

Faute de trouver une autre explication, Henri partagea l'avis de M. de Riessain ; et Octave finit par croire qu'Henri et le père d'Angélique s'entendaient pour continuer ainsi la mystification qu'ils lui avaient faite de concert... C'est singulier, disait de temps en temps M. de Riessain, comme ce vin est mauvais !... j'aimerais autant boire du vinaigre.

On en demanda d'autre, mais il était encore plus acide que le premier. Une troisième bouteille était de l'eau rougie, une quatrième de l'eau pure.

— Il se passe décidément quelque chose d'extraordinaire dans cette maison ! — Je crois, dit Henri, que nous avons imprudemment évoqué les génies qui président à l'arrangement saugrenu des choses de la vie ; nous nous sommes étourdiment engagés dans le pays des romans, et nous subissons l'influence du climat. Heureusement que nous voici bientôt au dénoûment et qu'il ne peut y avoir beaucoup d'événements dans les quelques pages qui nous restent à feuilleter ; pourvu seulement qu'Angélique me pardonne la part que je prends à tout ceci. — Vous savez bien, Henri, dit M. de Riessain, que je joue le rôle de père barbare, et qu'il n'y a pas d'inconvénient à me charger de tous les forfaits; d'ailleurs, quand nous avouerons les choses, tout sera réparé. La journée d'aujourd'hui se passera dans le plus grand calme. Demain Henri sera délivré. Tout se préparera dans la petite maison du bois où demeure le garde pour la cérémonie avec Octave ; mais, juste au moment fatal, Henri assiégera le château, brisera les portes, franchira le pont-levis ; un grand combat au sabre et à la hache aura lieu entre lui et l'*odieux* d'Hervilly ; d'Hervilly succombera comme le doit le tyran, vers la fin du quatrième volume. Octave de Horrberg enlèvera Angélique hors de ce château maudit. Alors on mettra le feu à la maison du garde, qui est vieille et ne tient plus guère sur ses pieds, ce qui, au milieu de la nuit, figurera parfaitement l'incendie du château, repaire de d'Hervilly ; on voyagera le reste de la nuit; puis, comme il faudra encore des mesures de prudence, on se cachera tout le jour, et l'on se remettra en route la nuit. Pendant trois jours et trois nuits que durera ce voyage de deux lieues autour du bois, nous aurons le temps de remettre tout ici en ordre, d'enlever les barreaux de bois peints en fer des fenêtres, de changer les tentures des appartements et la couleur extérieure du château; en un mot de changer le repaire en maison honnête, où Henri remettra la belle aux bras d'un père alarmé, qui ne pourra en bonne conscience refuser la main de sa fille à celui qui l'aura mérité par tant de constance et de dévouement. Nous recevrons pour plus de sûreté ces dames dans l'aile qu'elles ne connaissent pas; alors on procédera pour tout de bon au mariage, mais cette fois avec le constant et valeureux chevalier de Horrberg, et ce n'est que quelques jours plus tard que nous raconterons à notre belle captive les trahisons par lesquelles nous l'avons conduite à être heureuse; nous implorerons notre pardon et nous attendrons des remercîments convenables. Seulement, alors, nous ferons reparaître le *farouche d'Hervilly* et le *perfide Antonio*, qui rentrera dans ses fonctions de jardinier et abondonnera la carrière du crime pour planter ses dahlias, ce qui devrait déjà être fait depuis une semaine. — Figurez-vous, monsieur de Riessain, dit Octave, que de Horrberg n'ose pas revêtir une cotte de mailles magnifique que j'ai fait venir pour l'assaut et la prise du château. — Laisse-moi donc tranquille avec ta cotte de mailles!... Ce sera tout trahir...

— Nullement, Henri; Octave a raison; la tante Eudoxie a tellement sous ce rapport troublé les idées d'Angélique, qu'elle serait au contraire étonnée de vous voir habillé autrement pour le combat. Votre fameux combat au sabre dans le souterrain, qui était à coup sûr plus imprudent, n'a, j'en suis sûr, pas excité le plus léger soupçon. Je demande positivement la cotte de mailles. — Et vous voulez brûler la petite maison du bois? — Ce sera un magnifique tableau final. Il y a trois mois qu'elle devrait être abattue. Antonio aura soin de remplir de fagots ou de copeaux l'étage inférieur, et une mèche à laquelle on mettra le feu de dehors ne tardera pas à livrer la maison aux flammes. — Mais, mon cher monsieur de Riessain, est-ce que je prendrai le château d'assaut tout seul? — Il n'y aurait pas grand inconvénient; la tante Eudoxie vous dira tant que vous voudrez qu'il y a mille exemples qu'un seul chevalier ait fait capituler une garnison et ait emporté de force une forteresse où était détenu l'*objet de sa flamme*. D'ailleurs vos soldats peuvent être encore aux murailles, et vous vous serez précipité pour arrêter ce *fatal hyménée*. Je compte beaucoup sur l'effet des torches. En a-t-on apporté? — Il y en avait deux ici, il n'y en a plus qu'une. — Les rats ne peuvent avoir mangé l'autre, on la retrouvera. D'ailleurs une suffit pour l'arrivée d'Henri.

Pendant ce temps la tante Eudoxie accable Angélique de questions, mais Angélique se fait un plaisir de jeter le trouble dans l'esprit de sa tante. Au milieu de l'indignation qu'elle éprouve contre les auteurs de la comédie dans laquelle on lui a fait jouer un rôle ridicule, elle ne peut se dissimuler à elle-même que sa crédulité a beaucoup contribué au succès de la pièce, et il se fait dans sa tête une réaction contre les idées que sa tante y a fait germer. A chaque instant et sous divers pré-

textes elle a des conférences secrètes avec Théodorine.
— Mais, ma nièce, dit Eudoxie, est-ce donc sans une profonde douleur que vous donnez votre main à d'Hervilly ? — Ma tante, ne faut-il pas que j'agisse ainsi pour rendre la liberté et peut-être sauver la vie à Henri de Horrberg ? Et d'ailleurs, croyez-vous que le ciel laissera cet horrible hyménée s'accomplir ? Est-ce que Henri libre ne trouvera pas moyen de me sauver ? Avez-vous jamais vu un pareil sacrifice ne pas être récompensé, dans tout ce que vous m'avez raconté vous-même ? Jamais le dévouement de l'héroïne a-t-il été pris au mot par le destin ? Non, ma tante, je suis sans aucune inquiétude ; quelque péripétie se prépare pour le dénoûment. — Mais, ma nièce, c'est qu'il est déjà bien tard... et... — Eh quoi, ma tante, s'écria Angélique, voudriez-vous que ce fût avant le dernier moment qu'Henri vînt m'arracher à mon ravisseur ? Où serait alors l'intérêt ? Puisqu'il doit y avoir un roman dans ma vie, je ne veux pas en passer une page pour courir au dénoûment comme font certains lecteurs, je l'attends tranquillement, et ce que je crains seulement, c'est qu'il n'arrive pas d'une manière assez inattendue. — Ma chère nièce, ma pauvre Angélique, je ne veux pas détruire ta confiance, et je regrette de ne pas la partager tout à fait; cependant, comme tu le dis, c'est souvent à l'instant où tout semble perdu, où il paraît n'y avoir plus d'espoir à conserver, que tout change subitement, que le crime est terrassé et que la vertu et le dévouement reçoivent enfin leur légitime récompense. — N'ayez aucune inquiétude, ma chère tante, je sais comment tout cela finira ; mais il y a d'autres personnes qui croient connaître également le dé-

noûment et qui seront trompées ! Mais comme j'ai décidé formellement qu'il n'y aurait pas d'autres romans dans ma vie, je veux que celui-ci suive tout doucement son cours.

Le soir arrive : Théodorine a bien recommandé à Angélique de venir la trouver vers minuit ; mais comme Angélique va pour sortir de la chambre, Eudoxie se réveille et demande à sa nièce où elle va. Angélique balbutie d'abord et cependant explique tant bien que mal à sa tante comment elle va avec Théodorine mettre la dernière main à la robe qu'elle compte porter le lendemain. Une tante un peu moins endormie n'eût pas accepté une pareille raison, mais Angélique parlait encore que sa tante était déjà retombée dans un sommeil profond.

Minuit venait de sonner, lorsque Henri fut réveillé par plusieurs coups sur les vitres de sa fenêtre ; il ouvrit les yeux, et à la clarté de sa veilleuse il aperçut une grande figure blanche qui s'agitait derrière sa fenêtre. A l'aspect du fantôme, un frisson parcourut tout son corps, et ses cheveux se dressèrent sur sa tête. Cependant, il se leva sur son séant, et rappelant ses sens et se réveillant tout à fait, il vit distinctement la grande figure blanche devant sa fenêtre. Il sauta hors de son lit et l'ouvrit précipitamment. Le fantôme n'y était plus ; il le revit à quelques pas sous les arbres. Il fut sur le point d'appeler Octave ; mais il se rappela qu'il avait quelque raison de lui attribuer les mystifications de la nuit précédente, et que ce serait lui faire trop beau jeu que de le rendre témoin et confident du succès de cette nouvelle facétie. Il prit le parti de descendre sans bruit au jardin, de s'assurer si ses sens ne le trompaient pas, ou, si on avait prétendu se jouer de lui, de faire une peur convenable à la personne qui avait assez bien joué son rôle pour l'effrayer dans le premier moment de son réveil. Arrivé au jardin, il aperçut un spectre qui semblait attendre son arrivée pour s'enfoncer dans l'épaisseur des arbres. Henri se mit bravement à sa poursuite ; mais il ne tarda pas à s'apercevoir que le fantôme se rendait parfois invisible, car lorsqu'il se croyait près de l'atteindre, il le perdait de vue tout à coup, et ensuite, au frôlement du feuillage, il se retournait et le revoyait derrière lui dans l'endroit même où il avait passé. La nuit, le silence, l'impression des bois, ces disparitions qu'il ne pouvait s'expliquer, finirent par persuader à de Horrberg que tout cela n'était pas aussi naturel et aussi plaisant qu'il l'avait imaginé d'abord, et il se mit à poursuivre le fantôme avec une nouvelle ardeur. Encore une fois il le perdit de vue, mais il entendit marcher dans un sentier voisin de celui qu'il suivait. Il s'arrêta et prêta l'oreille, gêné par le bruit des battements de son cœur. Les pas se firent entendre plus distinctement, et il vit une forme humaine, mais cette fois sans linceul. Il se précipita sur cette apparition, mais...

L'abondance des matières nous oblige à renvoyer à demain la continuation de l'*Histoire invraisemblable*. Cependant, pour satisfaire à la juste impatience des lecteurs, que nous avons dû abandonner à un moment intéressant, et leur épargner les anxiétés de l'incertitude, nous leur dirons seulement que la forme humaine aperçue par Henri de Horrberg arriva au point où se réunissaient les deux sentiers. Henri se précipita sur le fantôme ; mais le fantôme, au lieu de s'enfuir, se précipita de son côté sur Henri, et tous deux s'empoignèrent vigoureusement, se colletèrent et roulèrent sur l'herbe, enlacés comme deux serpents.

Nous avons laissé Henri de Horberrg se roulant dans un sentier du bois avec le fantôme, qui s'était au moins autant précipité sur lui, que lui, de Horrberg, s'était précipité sur le fantôme. Après une lutte de quelques secondes, Henri eut l'avantage, et mettant les deux genoux sur l'estomac de son adversaire, le contraignit à une complète immobilité.

— Tenez-vous tranquille, s'écria-t-il alors, ou je vous jure, par le ciel, que je vous étouffe ! — Puisque c'est toi, Henri, dit le fantôme vaincu d'une voix haletante, ne m'écrase pas tout à fait. — Oh ! c'est toi, Octave ! dit Henri. Et le débarrassant du poids de ses genoux, il l'aida à se relever en se relevant lui-même. — Ah ! mon gaillard, dit Henri, je m'étais douté que c'était toi. Mais qu'as-tu fait de ton linceul? — Comment, de mon linceul? répondit Octave; mais je te demanderai plutôt des nouvelles du tien. — Allons donc ! tu te moques. — Je ne me moque pas : c'est au contraire toi qui mets une extrême obstination dans la plaisanterie. — Tu cours bien, du reste. — Mais assez bien, puisque j'ai fini par t'attraper. — M'attraper ! dis donc que c'est moi qui t'ai atteint. — Mais pas du tout. — Ah çà ! comment as-tu fait pour grimper jusqu'à ma fenêtre ? — Voyons, Henri, nous ne nous entendons pas. C'est de mon lit que je t'ai aperçu gambader avec un drap blanc sur la tête et que je me suis mis à ta poursuite ; je me doutais si bien que tu étais pour quelque chose dans l'apparition, que je ne t'ai pas voulu appeler, pensant d'abord que tu n'étais pas dans ta chambre, ou que du moins cela te réjouirait trop de me voir prendre la fantasmagorie au sérieux. — Mais ce que tu me racontes là, c'est précisément ce que j'ai éprouvé : j'ai vu le spectre à mes vitres, je n'ai pas voulu t'appeler, précisément pour la même raison qui t'a empêché de cogner à la cloison, et je me suis mis... Mais tiens... voici qui nous mettra d'accord... ce n'était ni toi ni moi.

En effet, à travers les arbres on revoyait alors le fantôme avec son linceul, mais il tenait à la main une torche allumée.

— Voici parbleu notre apparition ! Eh bien, Henri, si tu m'en crois, nous allons en avoir le cœur net ; il y a depuis plusieurs jours quelqu'un qui se moque de nous dans cette maison. Cela même peut cacher des desseins dangereux. Ne perds pas le fantôme de vue, je te rejoins dans un instant.

Octave courut alors vers la maison aussi fort qu'il put courir, tandis que de Horrberg, sans penser à l'attendre et sans comprendre son intention, se remit à la poursuite du spectre, qui fuyait devant lui par les sentiers tortueux du bois. Il vint un moment où Henri était près de l'atteindre ; le fantôme eut quelque crainte, car il jeta au loin sa torche, qui ne tarda pas à s'éteindre. La lune commençait à se lever ; mais quand la lune se lève aussi tard, c'est qu'elle est déjà en décroissance et qu'elle ne montre plus que la moitié de son disque ; aussi ne jetait-elle qu'une faible lueur, de temps en temps interceptée par des nuages blancs qui couraient dans la région moyenne de l'air ; et Henri ne perdait guère de vue le linceul blanc que pour le revoir l'instant d'après. Tout en courant ainsi, le fantôme finit par atteindre la maison du garde qui devait être le théâtre de la scène du lendemain. Là le fantôme s'arrêta et dit d'une voix lamentable :

— Arrête !... si tu fais un pas, je disparais.

Henri, essoufflé, haletant, et d'ailleurs espérant d'obtenir de bonne grâce une explication qu'il n'espérait plus se faire donner de force, depuis qu'il avait pu se convaincre que le fantôme courait mieux que lui, Henri s'écria :

— Que signifie cette mascarade ? quel est votre but et que prétendez-vous faire ? Si c'est une plaisanterie, elle est trop longue et pourra finir pour vous plus mal que, sans doute, vous ne l'avez supposé en la commençant.

On ne répondit pas.

Le fantôme resta debout, immobile devant Henri. Si Octave était là, pensait Henri, il nous serait facile de le prendre. Si j'avance, il reprendra la fuite, et décidément il court mieux que moi.

A ce moment Octave se fit entendre dans les broussailles ; il arrivait par un autre côté et s'arrêta sur la lisière du bois, à peu près à la même distance de Henri. La maison du garde était plantée dans une clairière. Mon pauvre fantôme, s'écria-t-il, la farce est jouée. Il faut se démasquer ; je crois que tu cours mieux que nous, mais voici qui court mieux que toi.

Et en prononçant ces paroles, il arma un fusil de chasse qu'il était allé chercher dans la maison, et il tint le fantôme en joue.

— Au nom du ciel, Octave, ne tire pas ! s'écria Henri. — Pas encore, dit Octave, je ne veux pas surprendre le spectre ou la larve qui nous a si bien joués ce soir ; mais écoute-moi bien, cher fantôme, si tu fais un pas pour t'enfuir, je te jure ma parole d'honneur que je te tire mes deux coups de fusil, si le premier ne suffît pas pour ralentir ta marche.

Le fantôme resta immobile.

— C'est bien, continua Henri, je vois que tu es susceptible d'entendre mes bons conseils et d'en profiter, je vais donc t'en donner un autre...

Pendant ce temps, Henri s'était approché d'Octave et lui disait à voix basse :

— J'espère que tu ne tireras pas... — Je ne tirerai, dit tout haut Octave, que si le fantôme le veut absolument ; s'il n'a voulu faire qu'une plaisanterie, il ne voudra pas la payer de sa vie ; mais s'il n'obéit pas à l'ordre que je vais lui donner, c'est qu'il a conçu des desseins plus dangereux ; il faut que ce mystère s'éclaircisse. Fantôme mon ami, écoute bien mes paroles : s'il ne s'agit dans ton fait que d'une plaisanterie, ou peut-être de quelque vol de légumes ou de fruits, je t'ordonne de venir à nous à l'instant et de te démasquer ; mais si tu refuses de m'obéir, je te promets, sur ma part du ciel, que je verrai bien si tu es un corps en chair et en os comme nous, ou réellement une ombre et une apparition ; ainsi donc, viens à nous, et il ne te sera rien fait.

Le fantôme restait immobile. Octave désarma et arma derechef son fusil, et le bruit de la batterie ne le fit même pas tressaillir ; Octave le coucha en joue, il ne fit pas un mouvement. Cette impassibilité étonna les deux amis. En effet, l'auteur d'une plaisanterie n'eût pas encouru un pareil danger. Quelqu'un de plus mal intentionné aurait essayé de fuir. L'immobilité que garda le fantôme leur causa une émotion singulière; ils avaient tous deux montré une suffisante incrédulité à l'égard des apparitions. Les personnes qui, à la lecture, se soucient peu de semblables choses, s'alarmeraient pour moins, si, la nuit, à la campagne, elles faisaient par hasard une rencontre pareille. Ce qui se passait sembla à Octave et à Henri dépasser un tant soit peu les limites, non-seulement de l'ordinaire, mais encore du naturel. Octave même se sentit si mal à son aise qu'il voulut à tout prix sortir de cette situation, et que d'une voix émue à la fois et par la colère et par une surprise mêlée d'appréhension, il s'écria : Tant pis pour vous s'il vous arrive malheur ? C'est vous qui l'aurez voulu. Une fois, deux fois, trois fois, voulez-vous venir à nous ?

Et avant qu'Henri qui se précipita sur lui pût l'arrêter, il appuya le doigt sur la détente du fusil, et le coup partit. Le fantôme tomba, et en même temps un éclat de rire strident se fit entendre derrière eux et comme dans l'air. Ils restèrent tous deux stupéfaits et comme anéantis.

— Qu'as-tu fait, Octave ? dit Henri le premier revenu à lui. — Eh bien, tant pis ! dit Octave; je l'ai averti. Puis ils marchèrent sur la place où le fantôme était tombé. La lune en ce moment sortit des nuages, et ils virent le linceul sur l'herbe. Henri se baissa, pâle et frémissant d'horreur à l'idée qu'il allait ramasser un cadavre; mais quand il eut touché ce qui était à terre, il se releva brusquement; il voulut parler, mais ses dents claquaient de terreur, la voix ne pouvait sortir de sa gorge, il se contenta d'étendre la main vers l'objet de sa terreur pour le montrer à Octave. Octave se baissa à son tour.

Le linceul était vide !

Un nouvel éclat de rire satanique se fit entendre dans les arbres, et tous deux restèrent quelques instants sans trouver une seule parole. Cependant, quand ils revinrent de leur profond étonnement, ils fouillèrent exactement la maison du garde-chasse, mais sans y trouver ni personne ni aucune trace qu'on y fût entré; la porte était fermée en dehors. Ils revinrent au linceul et le virent criblé de trous, toute la charge de plomb avait porté en plein.

— Écoute, Henri, dit Octave, je ne suis pas superstitieux, je n'ai jusqu'ici jamais ajouté foi aux contes de revenants plus ou moins terribles qui ont pu m'être racontés, mais je t'avoue qu'il m'est impossible d'expliquer ce qui se passe en ce moment. — Pour moi, reprit Henri, je n'ai jamais redouté les apparitions, sans cependant pour cela nier tout à fait qu'elles fussent possibles ; nous sommes dans la vie ordinaire entourés de miracles plus grands que ne le serait l'apparition d'un mort ; la création d'un être est un plus grand prodige que sa résurrection ; l'habitude seule nous rend insensibles à la première. Je dirai comme toi, je ne vois dans les conditions humaines et ordinaires aucune explication des choses dont nous venons d'être les témoins.

Ils retournèrent encore le drap blanc dans tous les sens, ils allèrent jusqu'à frapper la terre du pied pour voir s'il n'y avait pas quelque trappe cachée en cet endroit; mais la terre y était dure et recouverte d'un gazon épais comme dans le reste de la clairière, et elle ne rendait, sous les pieds qui la frappaient, qu'un son sourd et mat. Ils prirent le parti de regagner la maison et leurs chambres; mais le bruit de leurs pas, le mouvement d'un oiseau effrayé par leur passage, qui quittait la branche où il s'était endormi, les faisaient frissonner involontairement. Octave se sentit arrêté par son habit, et quoiqu'il s'aperçût bien vite que c'était par une ronce, son cœur, pendant quelque temps continua à battre plus fort que de coutume. Arrivés au château, ils se retournèrent et plongèrent leurs regards dans le bois qu'ils venaient de quitter, puis ils se décidèrent à remonter se coucher sans être bien sûrs de trouver le sommeil dans leur lit. Octave leva les yeux sur la maison, et la bouche entr'ouverte, respirait à peine, incapable de prononcer une parole, il saisit Henri par le bras, le serrant au point de lui faire mal ; il lui montra de l'autre main, à sa fenêtre ouverte... dans sa chambre... le fantôme !... encore vêtu de son blanc linceul !..

Le trouble de Henri ne fut pas moindre que celui de son compagnon. Octave arma le second coup de son fusil ; mais tout était disparu. Ils se hâtèrent de remonter l'escalier, et ce n'est pas sans avoir le cœur un peu serré qu'ils ouvrirent la chambre de Henri, où celui-ci voulut absolument entrer le premier. Elle était vide !... mais la fenêtre était ouverte, et il se rappelait parfaitement l'avoir fermée avant de descendre au jardin. Ils restèrent quelque temps à s'entretenir de cette bizarre apparition, sans en pouvoir trouver une explication, même à moitié plausible. Ils n'avaient sommeil ni l'un ni l'autre ; Octave proposa de faire du punch ; à force de fureter dans la maison, ils finirent par trouver les ingrédients nécessaires. Le jour qui vient de bonne heure en cette saison, les trouva fatigués et un peu pâles ; ils convinrent de ne parler à personne, pas même à M. de Riessain, de ce qu'ils avaient vu. S'ils étaient les jouets d'une plaisanterie, et plusieurs circonstances les empêchaient de donner cette interprétation à leur aventure, ils se vengeraient en ne se plaignant pas et en ne parlant de rien. S'il y avait au contraire quelque chose de surnaturel, ce silence leur ferait éviter les moqueries des gens qui, entendant ce récit au soleil, se poseraient en braves et en incrédules, et qui peut-être, s'ils avaient été à leur place, et à la clarté de la lune, se seraient bien donné de garde de pousser l'aventure aussi loin qu'eux, et se seraient contentés de se cacher la tête sous la couverture.

HISTOIRE DE L'ÉVENTAIL DE LA TANTE EUDOXIE.

C'est ici que, après de mûres réflexions, j'ai décidé de vous raconter l'histoire de l'éventail de la tante Eudoxie.

Si je n'ai pas transcrit cette histoire pendant que la tante Eudoxie la racontait au traversin d'Angélique, c'est qu'il nous répugne extrêmement d'induire en erreur des lecteurs honnêtes qui se confient à notre bonne foi. La tante Eudoxie, sans que nous prétendions l'accuser de mensonge, ne raconta pas cependant les faits avec une suffisante exactitude au traversin de sa nièce, parce qu'elle-même ne les avait jamais bien connus. L'histoire dont elle entretint cet honnête traversin était l'histoire de ce qu'elle avait cru et non pas l'histoire de ce qui était arrivé. D'autre part, il eût été désobligeant pour ce personnage d'accompagner son récit de notes explicatives, et le plus souvent de contradictions. Ces considérations nous ont déterminé à raconter les choses nous-même, sans ornement de style, sans périphrases, mais avec toute la naïveté du plus candide historien.

M. de Briquesolle était amoureux d'une femme de la société de la tante Eudoxie ; cette femme, appelée madame Dorner, avait un mari extrêmement jaloux. Il fallait endormir la vigilance une fois pour toutes. Madame Dorner voulut que M. de Briquesolles s'établît en amoureux déclaré de quelque autre femme, et après avoir passé en revue toute sa société, après avoir rejeté presque toutes les femmes et avoir refusé de leur confier un rôle aussi dangereux, elle finit par choisir Eudoxie comme la moins capable d'induire M. de Briquesolles en sérieuse infidélité. Il est probable que si Eudoxie avait connu les causes qui lui méritaient les attentions de M. Brisquesolles et surtout ce qui lui valait le choix de madame Dorner, elle aurait été beaucoup moins flattée qu'elle ne le fut de se voir pour adorateur assidu et déclaré un des hommes les plus élégants et les plus recherchés de la société. Elle n'avait pas cependant été sans remarquer qu'il s'était visiblement occupé de madame Dorner, et elle lui en fit des reproches ; mais M. de Briquesolles, après s'en être défendu, finit par lui persuader que ce n'avait été qu'un moyen de s'approcher d'elle sans éveiller les soupçons. Le goût de M. de Briquesolles fut critiqué, mais à la faveur de ce change donné à l'opinion, personne ne soupçonna son amour pour madame Dorner. Toutefois de nouvelles difficultés vinrent gêner le bonheur des deux amants.

M. Dorner, soit qu'il se fût aperçu de l'échange de quelques regards, soit qu'il eût reçu quelque charitable avertissement, ne cacha pas à sa femme ses soupçons *offensants*, comme elle lui répondit, et accompagna cette manifestation de tout le cortége de mauvaise humeur, de scènes et de bouderies qui sont pour les Othello bourgeois, la monnaie du poignard du terrible More de Venise. On pensa à recourir à de nouvelles mesures de prudence. On évita de se parler, de se regarder même ; on renonça à toute correspondance par écrit. Mais comme les deux amants avaient reconnu qu'ils ne pouvaient plus désormais vivre sans se voir, on chercha des expédients pour convenir des rendez-vous, sans que le jaloux le plus soupçonneux pût seulement supposer la moindre correspondance. On convint de se servir pour cet effet de mademoiselle Eudoxie, et voici comment on s'en servit.

M. de Briquesolles occupait auprès du ministre des fonctions importantes qui ne lui laissaient que peu de liberté. Aussi était-ce lui qui d'ordinaire fixait les rendez-vous, qui étaient à une petite maison qu'il possédait en dehors de la ville. A chaque rendez-vous on convenait du signal que donnerait Eudoxie pour en annoncer un autre. Et c'était M. de Brisquesolles qui usait de l'influence qu'il avait acquise sur le cœur de la malheureuse pour la faire agir conformément à ses désirs. Ainsi, un jour on convenait que l'on se réunirait à la petite maison, le lendemain de la soirée où mademoiselle Eudoxie aurait paru avec des roses jaunes dans les cheveux. M. de Briquesolles n'avait qu'à lui faire présent d'une guirlande de ces fleurs en manifestant le désir de les voir dans ses cheveux. Une autre fois il était dit que le signal serait donné par mademoiselle Eudoxie vêtue d'une magnifique robe rose qu'elle ne mettait que dans les grandes occasions. Par une malheureuse fatalité, Eudoxie s'avise de trouver la soirée de ce jour-là une assez grande occasion et tout à fait digne qu'elle arborât la fameuse robe rose. Or M. de Briquesolles n'avait pu réussir à se rendre libre pour le lendemain, il lui était même impossible d'assister à la soirée où mademoiselle Eudoxie devait porter les nouvelles du lendemain à sa rivale inconnue. Le hasard fit cependant qu'il entra chez Eudoxie au moment où elle allait partir pour le bal. Il fut effrayé de voir la robe rose. Cette robe rose pouvait amener les conséquences les plus fâcheuses. Madame Dorner se transporterait à la petite maison et n'y rencontrerait personne. M. de Briquesolles décida qu'Eudoxie n'irait pas au bal avec sa robe rose. Il feignit une véhémente indignation, puis un abattement profond. Eh quoi! cette robe qui lui seyait si bien! cette robe qui relevait avec tant d'avantage la noblesse de sa taille et la grâce de son maintien! cette robe qu'elle n'avait pas mise depuis si longtemps! elle prenait pour la faire reparaître précisément le jour où elle savait que les devoirs de la charge de M. Briquesolles ne lui permettaient pas de la rencontrer dans le monde. Certes, disait-il, il ne s'attendait pas à ce prix de sa *flamme constante*, il ne croyait pas que *tant d'amour* fût méprisé à ce point ; il gémit, il pria, il menaça ; il fit tant qu'Eudoxie se déshabilla et se rhabilla, et que la robe rose ne parut pas au bal, où elle aurait faussement et dangereusement annoncé à madame Dorner une entrevue qui ne pouvait pas avoir lieu.

A chaque instant c'étaient de nouveaux caprices ou de nouveaux présents de M. de Briquesolles.

Un soir entre autres, madame Dorner, placée au théâtre dans une loge en face d'Eudoxie, attendait avec anxiété un signal convenu. Si Eudoxie avait son éventail d'ivoire, elle verrait le lendemain M. de Briquesolles qui lui expliquerait les causes d'une absence de quelques jours dont elle avait été horriblement inquiétée. M. de Briquesolles avait vu Eudoxie sortir avec son éventail qu'il lui avait fait prendre en lui parlant de la grâce avec laquelle elle le portait. Il était donc parfaitement tranquille et ne doutait pas un moment qu'Eudoxie ne passât fidèlement sa soirée à jouer de l'éventail. La représentation allait finir lorsqu'il entra au théâtre, en véritable amoureux, dans l'espoir de voir un instant de loin madame Dorner ; mais que devint-il lorsqu'après avoir remarqué sur son visage des signes évidents de tristesse, il s'avisa d'examiner Eudoxie, et il s'aperçut qu'elle n'avait pas d'éventail. Il entra dans sa loge et ne tarda pas à apprendre que l'éventail était perdu, qu'on pensait l'avoir laissé tomber en descendant de voiture. Il comprend tout, il s'élance hors de la loge et hors du théâtre ; il court comme un fou, il cherche un marchand d'éventails ; il trouve une boutique, il entre, il prend un éventail d'ivoire, mais au moment où il cherche sa bourse, il s'aperçoit qu'il n'a pas d'argent, que sa bourse est perdue ou volée ; il tire sa montre de son gousset, la donne à la marchande et s'enfuit ; il rentre au théâtre, et pour ne pas cependant effaroucher les personnes qui entourent Eudoxie, il se baisse, fait semblant de trouver l'éventail à ses pieds, le ramasse et le *rend* à Eudoxie en lui disant : — Mademoiselle, voici votre éventail que vous avez laissé tomber. Eudoxie étonnée, confuse, prend l'éventail et y trouve quelques mots insignifiants, tracés au crayon, qu'elle traduit par les expressions un peu timides et voilées du plus tendre amour. C'est l'éventail en question.

A quelque temps de là la mère d'Eudoxie eut des soupçons de l'intelligence qui existait entre M. de Briquesolles et madame Dorner ; elle parla, elle mit la malheureuse dans les plus horribles transes ; mais M. de Briquesolles se fit surprendre par elle aux genoux d'Eudoxie, ce qui la fit changer d'opinion et lui fit voir qu'elle s'était lourdement trompée en supposant M. de Briquesolles amoureux de madame Dorner ; mais cela ne pouvait se passer ainsi ; on parla d'épouser. M. de Briquesolles ne pouvait reculer à cause de la famille, mais il profita d'une occasion insignifiante pour se montrer terriblement jaloux, et pour dire à la perfide un adieu éternel. En ce moment M. Dorner partit pour un voyage pendant lequel il emmena sa femme avec lui. M. de Briquesolles resta assez triste de cette séparation, et fit, pour se distraire, un voyage d'un autre côté. Pour Eudoxie, elle resta avec la pensée que si M. de Briquesolles l'avait moins aimée, elle aurait été sa femme. Elle n'attribua jamais son éloignement qu'à une aveugle jalousie qui n'était, après tout, que le fruit de l'excès de l'amour qu'elle lui avait inspiré. Plus tard, elle le revit dans le monde, mais elle ne fut pas, pour cela, désabusée.

Voilà quelle est l'histoire de l'éventail de la tante Eudoxie.

Théodorine avait eu peur plus d'une fois en jouant son rôle de fantôme, non pas d'être atteinte par Henri et par Octave, qu'elle avait vus tout d'abord ne pas pouvoir lutter avec elle à la course, mais du rôle même qu'elle jouait, de son linceul et d'elle-même. Néanmoins elle avait surmonté ses terreurs et s'était très-bien tirée d'affaire. Angélique n'avait pu surmonter cette impression, et n'avait assisté qu'au commencement de la scène, lorsque Théodorine, élevant le linceul au moyen d'un bâton, l'avait appliqué contre les vitres de la fenêtre du baron de Horrberg; mais quand Henri descendit de sa chambre et quand Théodorine passa du jardin dans le bois, elle renonça à la suivre et remonta à son appartement, où elle rentra à pas si légers que la tante Eudoxie ne se réveilla pas. Théodorine s'était d'abord enfuie en se montrant de moments à autres, jusqu'à la maison du garde, où elle avait caché sa torche ; puis elle était revenue se faire voir derechef aux deux amis. Quand elle était revenue à la maison du garde, après avoir adressé quelques paroles à de Horrberg, elle avait piqué en terre le bâton avec lequel elle se grandissait en soutenant le linceul, et s'était échappée dans l'ombre, presque en rampant, grâce aux vêtements noirs dont elle était vêtue. Elle était derrière Henri et Octave lorsque celui-ci tira un coup de fusil sur le drap qu'il cribla de chevrotines. Elle se hâta de retourner au château, où s'équipant derechef en fantôme, elle attendit à la fenêtre de Henri le retour des deux chevaliers, un peu ébranlés dans leur témerité.

Quand elle les avait vus se précipiter pour entrer dans la maison, elle n'avait pas eu besoin de se presser beaucoup, vu le peu de chemin qu'elle avait à faire, pour sortir de la chambre, s'échapper par les corridors, qui lui étaient bien connus, et s'aller réfugier dans sa chambre et dans son lit, où, malgré les émotions qu'elle avait ressenties, la fatigue de la course ne tarda pas à l'endormir profondément.

La matinée fut assez pacifique, sauf quelques petits incidents qui ne furent remarqués qu'à cause de leur multiplicité et de l'obstination que semblaient mettre les choses les plus indifférentes à aller de travers depuis deux ou trois jours. Les mets du déjeuner étaient épicés au point qu'on pouvait à peine les manger. Le café était une espèce de tisane sans goût et sans couleur. Tandis que M. de Riessain maugréait, les deux jeunes gens, chaque fois qu'ils se trouvaient seuls, ne pouvaient s'empêcher de s'entretenir des événements de la nuit précédente et des conjectures qui leur venaient à ce sujet.

— Au moins, disait Octave, notre roman ne finira pas sans un fantôme.

D'un autre côté, la tante Eudoxie crut devoir faire à sa nièce un long discours pour l'encourager dans le douloureux sacrifice qu'elle allait subir. Mais Angélique n'acceptait aucune consolation ; elle était sans inquiétude, disait-elle à sa tante ; le dénoûment approchait ; mais elle ne doutait pas un moment qu'il ne dût être heureux. Il est vrai qu'elle ne sait pas comment il pourra se faire qu'elle n'épouse pas d'Hervilly, mais elle sait qu'elle ne l'épousera pas, et, avec cette conviction, elle n'est pas fâchée d'avoir à espérer de l'imprévu dans les détails et dans les moyens que le destin emploiera pour récompenser ce dévouement, et l'unir à celui qu'elle aime. Iphigénie fut enlevée au moment où Calchas lui plongeait le couteau sacré dans le sein et fut remplacée par une biche. Qui sait si d'Hervilly n'épousera pas la tante Eudoxie? La tante Eudoxie, sans le dire tout à fait, laisse soupçonner qu'elle ne reculerait pas devant cet acte de dévouement, pour arracher sa nièce à un hymen que son cœur n'avoue pas. Théodorine a trouvé le moment de raconter à sa maîtresse les détails de l'apparition de la nuit, et avoue que le fantôme est de tous celui qui a eu le plus de peur. Bientôt elle revient officiellement envoyée par le châtelain : Octave veut qu'Angélique puisse juger de sa bonne foi, de son exactitude à remplir ses promesses et de sa confiance dans celles de sa belle prisonnière. On va briser les fers du baron de Horrberg, et ces dames pourront, à travers une persienne, le voir sortir du château. En effet, un cheval tenu à la main par un palefermier hennit et piaffe dans la cour. Bientôt Henri de Horrberg paraît à son tour. On lui a rendu son épée. Il s'arrête au milieu de la cour, et, se détournant du côté de la maison, où il ne peut cependant voir d'Hervilly, Angélique et Eudoxie, placés à une fenêtre derrière une jalousie baissée, il s'écrie :

— Octave d'Hervilly, je proteste contre votre conduite infâme et déloyale, je n'accepte la liberté que pour m'occuper d'une liberté plus chère et plus précieuse. Et vous, chère et noble Angélique, si ma voix ne peut parvenir jusqu'à vous, car je ne sais où le farouche propriétaire de ce château vous tient renfermée, recevez mon serment de ne prendre de repos ni jour ni nuit, que je ne vous aie délivrée de cette odieuse captivité !

Il dit, et s'élança sur son cheval avec tant de grâce et de légèreté qu'Angélique fut presque convaincue que c'était malgré lui qu'il jouait un rôle dans cette comédie. D'ailleurs il avait un si grand air et une si bonne mine que ses torts, quels qu'ils fussent, en auraient été considérablement atténués. Il jeta une bourse au palefrenier qui tenait son cheval, puis il s'écria encore : — Angélique, à toujours! Octave d'Hervilly, à bientôt! Il jeta son gant au milieu de la cour en signe de défi, et lançant son cheval au galop, il sortit du château et s'éloigna rapidement.

On referma soigneusement les lourdes portes derrière lui. La tante Eudoxie, s'attendant à un évanouissement de sa nièce, s'apprêtait à lui prodiguer les plus touchants secours; mais en jetant les yeux sur elle, au lieu de la voir pâlir, elle vit au contraire un sourire ironique passer sur ses lèvres.

D'Hervilly se fit apporter le gant du baron de Horrberg, et dit : Insensé, si tu veux courir au-devant de ton destin, tu n'as qu'à te représenter sous les murs de ce château : ce bras saura châtier ton outrecuidance et punir tes fanfaronnes menaces.

Puis il baisa la main d'Angélique et se retira en disant : Charmante Angélique, je vais tout préparer pour mon bonheur.

— Ah! ma nièce, ma nièce, dit Eudoxie, tu demandais un dénoûment imprévu : tu peux te flatter d'être servie à souhait, si nous devons être délivrées, et si tu dois jamais être appelée baronne de Horrberg; n'as-tu pas frémi comme moi en entendant se refermer ces portes massives ? — Je vous assure, ma tante, qu'elles ne résisteront pas à la valeur de mon chevalier. — Dieu le veuille, ma nièce, mais elles paraissent bien solides. Et quand je pense que c'est dans quelques heures que tu dois prononcer un fatal serment et serrer des nœuds indissolubles... — Femme de peu de foi, s'écria Angélique, vous êtes faite pour ramper dans la vie ordinaire et prosaïque, soigner de nombreux enfants et écumer votre pot-au-feu, vous qui ne pouvez comprendre ma noble confiance dans la valeur de celui auquel j'ai donné mon âme et dans la puissance invincible du véritable amour ! Je serais au centre de la terre, que j'attendrais tranquillement que mon chevalier y pénétrât et vînt m'en délivrer. Non, ma tante, non, vous n'êtes pas née pour vivre dans le beau pays des romans ; vous êtes une honnête bourgeoise qui avez lu par hasard quelques livres qui vous ont intéressée, mais qui avez dû vous arrêter et faire une marque à la page quand arrivait l'heure du dîner ou l'heure de dormir. Allez, ma tante, allez, restez ornée de toutes les vertus domestiques, et bornez votre ambition à bien faire une reprise et à confectionner les confitures de groseilles.

La tante Eudoxie fut plus humiliée que je ne le saurais dire de l'amertume de ces reproches et de l'indignation de sa nièce ; dans sa réponse même elle se laissa aller à des confidences et à des révélations jusqu'alors profondément enfouies dans sa mémoire et dans son cœur, pour prouver à Angélique qu'elle n'était pas si raisonnable à beaucoup près qu'il plaisait à sa nièce de le supposer et de le dire. Et à cet effet elle raconta un certain nombre d'extravagantes aventures, de démarches hasardées, d'imprudences plus ou moins heureuses dont elle ne s'était jamais vantée jusqu'alors. Néanmoins, tout en se défendant avec violence des vertus domestiques qu'on lui attribuait, elle se trouvait humiliée de la noble confiance d'Angélique et se sentait inférieure à sa nièce, car elle était loin encore d'oser avouer toutes les lâches concessions que l'ennui de la captivité et la mauvaise qualité du café à la crème l'avaient amenée à faire à la vie réelle et positive et à la prose des choses vulgaires. Elle s'était déjà demandé à elle-même si en effet Angélique serait bien malheureuse d'être la femme d'Octave d'Hervilly, dont les torts pouvaient à la rigueur avoir pour excuse une passion violente et invincible.

Si le sacrifice d'Angélique devait se consommer, elle n'épouserait pas pour cela, comme la plupart des héroïnes de leur connaissance en étaient menacées, ou un nain ridicule, ou un géant difforme. Octave d'Hervilly était un fort aimable cavalier, et le sacrifice, bien amoindri par cette circonstance, ne serait-il pas payé d'abord par la pensée d'avoir restitué la liberté et peut-être sauvé la vie au baron de Horrberg? ensuite par la joie d'être rendue aux embrassements et à la tendresse du meilleur des pères et d'avoir du café à la crème passable? Je ne cacherai même pas que des pensées plus étranges encore surgissaient sourdement dans l'esprit de la tante, pensées que les étranges discours tenus par Angélique à Octave ne devaient pas faire trop rigoureusement repousser à sa tante; les serments arrachés par la force, un engagement qu'on ne saurait appeler volontaire étaient-ils un véritable engagement? étaient-ils des serments sacrés et acceptés par le ciel? De Horrberg vivait, et sa vengeance à l'égard de d'Hervilly, pour être moins sanglante que celle dont il l'avait menacé en sortant du château, pouvait n'être pas moins sûre, pas moins cruelle pour le ravisseur d'Angélique, et en même temps plus agréable au baron de Horrberg et à celle qui ne se serait donnée à son rival que pour le sauver.

Si je trahis ces pensées secrètes de la tante Eudoxie, je prie les lecteurs de ne pas croire que je leur donne la moindre approbation; loin de là, j'ai pour but, en les révélant, de démontrer jusqu'où les idées engendrées dans les cervelles faibles par la lecture des romans, peuvent pousser même les tantes, de tout temps destinées avec privilège à ennuyer les nièces et les neveux de tous les lieux communs de la morale la plus austère et la plus rebattue. Par moments la tante Eudoxie ne pouvait attribuer qu'à des idées semblables à celles qu'elle n'eût exprimées pour rien au monde le calme ou plutôt même la satisfaction qui régnait sur les traits d'Angélique à mesure qu'on approchait du moment redoutable où elle devait engager sa foi à son ravisseur.

Pendant ce temps Théodorine se vengeait par mille espiègleries du chagrin que l'on avait fait à sa maîtresse et des boucles d'oreilles qu'on avait données à Adrienne. Quand vint le moment du dîner, M. de Riessain ne fut pas médiocrement surpris de voir de rares et belles gravures remplacées dans les cadres de la salle à manger par autant d'exemplaires de la complainte de *Pyrame et Thisbé* qu'il y avait de cadres appendus aux murs. Jamais plus infernale cuisine ne fut, du reste, servie à des humains, ce qui avait, aux yeux de Théodorine, l'avantage inappréciable de faire réprimander Adrienne. Le sel et le poivre jetés par poignées dans un potage, une salade assaisonnée avec de l'huile à quinquet, un poulet qui, lorsqu'on le découpa, fut trouvé renfermer dans sa carcasse toutes les plumes qu'il portait autrefois sur son corps, firent demander de sévères explications à la malheureuse Adrienne, qui n'en put trouver d'autre que celle-ci, à savoir : qu'il fallait que la maison fût enchantée, ou plutôt ensorcelée, ce que M. de Riessain et surtout M. d'Hervilly n'osèrent pas nier tout à fait.

— Allons, allons, dit M. de Riessain, tout cela sera fini dans quelques heures. Il y a des moments où je suis comme Henri : je voudrais demander pardon à ma fille, ne pas la tourmenter davantage et l'embrasser, ce qu'il y a bien longtemps que je n'ai pu faire. Mon Dieu ! quel tabac est-ce là ? s'écria M. de Riessain en jetant loin de lui sa tabatière.

En effet, c'était du café en poudre qu'on avait substitué à

son tabac. Il appela Théodorine et lui demanda une autre tabatière qu'elle fit longtemps attendre, et qu'il finit par aller chercher lui-même sur la cheminée de la chambre où il l'avait déposée; mais il lui fut impossible de l'ouvrir, parce qu'on l'avait fermée après en avoir enduit les bords de colle forte. Théodorine, pendant ce temps, habillait Angélique et la tante Eudoxie. Tout le monde attendait avec impatience l'heure indiquée pour la cérémonie. Enfin l'horloge du château sonna minuit. Les dames descendirent au salon. D'Hervilly les attendait.

— Charmante Angélique, dit-il.... — Je sais, monsieur, ce que vous allez me dire : « Charmante Angélique, j'ai tenu ma promesse; d'Horrberg est libre; j'attends maintenant l'accomplissement de la vôtre, qui doit me rendre le plus heureux des hommes, » ou : « qui doit mettre le comble aux vœux de l'amour le plus tendre, » etc., etc. Passons donc ces phrases, que je sais par cœur, monsieur. Où faut-il vous suivre? — Permettez-moi, cruelle Angélique, de vous guider vers un bâtiment un peu ruiné, mais qui ayant autrefois servi de chapelle m'a paru devoir être préféré pour la cérémonie qui doit... — Je sais encore cette phrase-là, monsieur d'Hervilly. — C'est que vous me rendez enfin justice, et que vous avez fini par reconnaître la vérité de mes sentiments. — Je n'ai reconnu jusqu'ici que des phrases, monsieur, qui trainent dans les plus mauvais romans.

Tout en échangeant ces paroles, on avait continué à marcher et on était arrivé à la maison du garde. M. d'Hervilly l'ouvrit et offrit la main aux dames pour gravir un escalier rustique qui conduisait à une sorte de kiosque qui en formait l'étage supérieur.

— Ah! ma nièce, dit tout bas Eudoxie, il est bien temps qu'il arrive quelque chose. — Pas encore, ma tante, répondit Angélique à voix basse; ma situation n'est pas encore suffisamment désespérée; je saurais vraiment le plus mauvais gré à M. de Horrberg de me venir aussitôt arracher à mon tyran.

Arrivé en haut de l'escalier, d'Hervilly demanda à un homme qui le suivait et portait des flambeaux où était le père Anselme. — Le père Anselme! dit Angélique, c'est, je pense, l'ermite que j'ai vu dans le souterrain. — C'est lui-même, charmante Angélique, vous avez désiré... — Oui, monsieur d'Hervilly, cet ermite me plaît infiniment, je n'en ai jamais vu auquel je fusse plus disposée à donner le doux nom de père.

L'homme auquel Octave avait demandé des nouvelles du père Anselme répondit qu'il avait déjà attendu quelque temps dans la maison du garde, qu'il s'était absenté pour quelques instants et ne tarderait pas à paraître. La vérité est que le père Anselme, après des efforts opiniâtres et cependant infructueux, quoi qu'en dise le poëte, était retourné au château pour trouver quelque moyen d'avoir sa tabatière, dont il était privé depuis le dîner, sans compter que la dernière prise qu'il avait respirée était du café. Un bruit de pas traînants annonça son approche; mais, comme il allait monter on entendit par trois fois retentir le son du cor à la porte du château.

— Ah! dit la tante Eudoxie en entendant les sons du cor. — C'est trop tôt, dit Angélique. — Qu'est-ce à dire?

s'écrie d'Hervilly avec l'air du monde le plus étonné. — Monsieur d'Hervilly, dit Angélique, je puis vous dire ce qui se passe : c'est le baron de Horrberg qui vient assiéger votre château. — Par le ciel, mademoiselle, ce serait là une entreprise un peu bien téméraire et qui obtiendrait peu de succès, à moins que le but du baron ne soit de se faire enfermer cette fois et pour toujours dans un souterrain de six pieds de long ! — Trêve de vaines menaces, monsieur d'Hervilly ; il vient presque toujours un moment où le ciel venge l'innocence et punit le crime ; généralement, à la fin du cinquième volume. Ce moment est arrivé. Les portes de votre château, quelque épaisses qu'elles soient, ne résisteront pas à la hache du baron de Horrberg, j'en suis convaincue, et bientôt nous le verrons paraître lui-même. Les sons de son cor ont eu pour but de sommer la citadelle de se rendre et de lui ouvrir ses portes. — On a dû lui répondre convenablement. Tenez, entendez-vous les coups de fusil ? — Eh quoi, sire d'Hervilly, vous ne courez pas protéger vos remparts ? Vous restez avec de faibles femmes loin des coups et du danger ? — Je vous remercie, mademoiselle, de cet intérêt avec autant de sincérité que vous me l'exprimez ; mais il n'y a aucun danger qui réclame ma présence. Depuis qu'il a quitté mes souterrains, le baron n'a pu rassembler assez d'hommes pour espérer prendre de force mon château, à moins qu'il ne soit devenu tout à fait insensé. — Pensez-vous qu'il le fût déjà un peu auparavant, monsieur d'Hervilly ? — Je crois, charmante Angélique, et ma propre expérience me le prouve, qu'il est bien difficile de rester exposé quelque temps au feu de vos beaux yeux sans perdre un peu la tête. Mais le bruit se rapproche; permettez-moi de vous quitter un moment...— Allez, allez, monsieur; mais vos efforts ne pourront empêcher l'accomplissement de l'arrêt du destin. Avez-vous lu l'*Arrêt du destin?* C'est un roman allemand d'un grand intérêt. L'héroïne s'appelle Rosaure....

Mais Octave n'écouta pas la question d'Angélique.

On entendait au loin des bruits étranges et confus d'armes et de voix. La tante Eudoxie était à moitié morte de peur. Mon Dieu! disait-elle, que va-t-il advenir de tout ceci? — Il va advenir de tout ceci, ma chère tante, reprit Angélique, que le baron de Horrberg, vainqueur de l'odieux d'Hervilly, va nous rendre à la liberté. — Plaise au ciel, ma nièce, qu'il en soit ainsi! — Le ciel a décidé la chose, ma tante, il n'y a pas le moindre doute sur le résultat que je vous annonce; vous pouvez juger de ma confiance par mon calme, à moi qui suis le gage et le prix de la victoire. — Et de Horrberg sera récompensé par le don de ta main... si... — Il n'y a pas de si... ma tante, les choses vont se passer précisément comme je viens de vous le dire; mais pour ce qui est de ma main « accordée à M. de Horrberg, c'est une autre affaire et sur laquelle je me propose et me réserve de réfléchir un peu mûrement.. — Eh quoi, ma nièce, ne l'aimes-tu donc pas? — M. de Horrberg me plaît; ma tête et mon cœur plaident pour lui un peu plus que je ne le voudrais peut-être; mais il aura à me donner quelques explications. Théodorine, va donc voir un peu ce qui se passe... Je pense que tu ne crains pas les dangers de cet aspect épouvantable et de ce terrible combat. — Je suis aussi brave que vous, mademoiselle, et je pense que mon courage a la même source que le vôtre.

A ces mots elle s'enfonça dans l'épaisseur des arbres, mais elle ne tarda pas à revenir sur ses pas. — Voici M. d'Hervilly qui arrive vers nous en courant, le sabre à la main. En effet, quelques instants après d'Hervilly se précipita au pied de la maison du garde en disant : Suivez-moi, mesdames, que je vous mette en sûreté. De Horrberg est maître du château, descendez vite et suivez mes pas. — Pourquoi faire, M. d'Hervilly? demanda Angélique. Nous aurions beau vous suivre, M. de Horrberg nous atteindrait toujours et renouvellerait avec vous le fameux combat au sabre du souterrain.

D'Hervilly resta quelques instants stupéfait : ou Angélique se moquait de lui depuis le commencement de la soirée, ou elle avait dans les romans et dans leurs péripéties les plus ordinaires une croyance bien prodigieuse. Cependant il n'hésita pas à jouer son rôle jusqu'au bout. Descendez, mesdames, s'écria-t-il; suivez-moi de bonne grâce, ou j'emploierai, s'il le faut, la violence pour vous arracher de ces lieux qui ne présentent plus de sécurité pour vous.

Et il mit le pied sur la première marche de l'escalier; mais à ce moment, Henri de Horrberg, tenant une torche d'une main et un sabre de l'autre, sortait du fourré et arrivait à la clairière.

— Arrête! s'écria-t-il, arrête, farouche d'Hervilly! Tu vas recevoir ici le prix dû à tes crimes et à tes trahisons. Et vous, belle Angélique, secourez-moi de vos vœux dans ce combat!

La tante Eudoxie commença, malgré les assurances ironiques de sa nièce, à prendre peur pour tout de bon. Elle descendit rapidement l'escalier et s'enfuit à travers les arbres du côté du château, malgré les cris d'Angélique, qui lui disait de rester, qu'il n'y avait pas de danger. Angélique, voyant que sa tante Eudoxie continuait sa course, envoya Théodorine pour la rassurer et la ramener auprès d'elle. Pendant ce temps Octave était venu se camper en garde devant son rival. Henri avait jeté par terre, où elle achevait de brûler, sa torche qui l'embarrassait, et d'ailleurs avait joué son rôle et produit son effet. Alors s'engagea entre les deux adversaires le combat connu dans les théâtres de mélodrame sous le nom de combat à quatre coups, exécuté d'une vigoureuse et terrible manière. Mais pour Angélique, qui connaissait d'avance le plan de la scène dans tous ses détails, c'était un spectacle tellement grotesque qu'elle finit par se laisser aller à de violents éclats de rire.

— Courage, braves chevaliers! disait-elle dans les intervalles où ses accès de gaieté lui permettaient de parler. Courage! mais ne vous frappez pas sur les doigts.

Octave et Henri étaient si préoccupés de mettre de la précision dans leur combat, qui d'ailleurs ne laissait pas de faire passablement de bruit, qu'ils n'entendaient pas les sarcasmes de la belle qui en était l'objet.

Pendant ce temps, la tante, qui avait roulé sur le gazon, avait rencontré par hasard la mèche destinée à conduire le feu jusqu'au pavillon dont l'incendie devait faire l'illumination finale et le bouquet de la fête. Le feu gagnait lentement en suivant la mèche et s'introduisait dans l'amas de copeaux, de menu bois et d'autres matières inflammables qu'on avait réunis dans l'étage inférieur de la maison du garde. Personne ne s'en apercevait. Le combat d'Henri et d'Octave est à son terme. Celui-ci dit à voix basse à son en-

nemi : — Ah çà, en voilà assez, donne-moi le coup mortel.
— Où veux-tu tomber ? réplique Henri également à voix basse, et tout en continuant de croiser son fer contre celui d'Octave. — Où l'herbe est épaisse, je vais rompre jusque-là.

En effet, Octave rompt en mettant plus de mollesse dans sa défense. Arrivé à l'endroit qu'il juge convenable, Henri lui plonge son épée dans le gilet en lui disant : — Meurs, traître ! et puisse ta fin servir d'exemple aux scélérats qui te ressemblent et seraient tentés de t'imiter !

La fumée commence à sortir par la fente des fenêtres fermées de l'étage inférieur de la maison du garde ; mais la nuit, qui n'est éclairée que par le croissant de la lune, plus d'à moitié cachée par les nuages, ne laisse pas apercevoir la fumée.

— Bien, brave chevalier, dit Angélique à de Horrberg, je n'ai pas un seul instant douté de votre triomphe. Tenez, voici ma tante qui pourra vous le dire.

En effet Théodorine ramenait Eudoxie, qui, voyant la fumée s'échapper du pavillon et la lueur de la flamme se montrer à travers une fissure, jeta un cri d'effroi et tomba sans connaissance dans les bras de Théodorine. Celle-ci s'occupait de lui donner des secours, lorsque apercevant elle-même ce qui se passait, elle jeta à son tour un cri perçant en laissant la tante tomber sur le gazon, et criant : Le feu ! le feu !

— Baron de Horrberg, dit Angélique, qui ne comprenait rien à cette rumeur et qui, à cause de l'élévation où elle était placée, ne distinguait qu'une partie des paroles qui se prononçaient en bas ; baron de Horrberg, il est bon de percer le cœur de son ennemi ; mais il est des égards qu'on se doit entre gentilshommes ; vous auriez pu ne pas lui mettre ainsi les pieds plus haut que la tête. M. d'Hervilly a des torts, c'est un châtelain déloyal, je n'en disconviens pas, mais il aura une affreuse migraine. — Angélique, au nom du ciel, s'écrie alors de Horrberg, au nom du ciel; fuyez ! — Eh quoi ! sire chevalier, ce n'est pas encore le dénoûment ? — Je ne plaisante pas ; descendez vite ! — Permettez-moi de changer quelque chose... — Descendez, descendez ! s'écrie de Horrberg. — Descendez ! s'écrie Théodorine. — Descendez bien vite ! s'écrie la tante Eudoxie, qui a repris ses sens.

D'Hervilly a compris qu'il se passait quelque chose de sérieux ; il se relève.

Angélique commence à sa vue un éclat de rire qu'elle ne finit pas, parce qu'elle entend enfin : Le feu ! le feu ! que crie Théodorine. Mais bientôt elle dit : Ah ! messire, j'avais oublié ce chapitre. Vous allez me sauver de l'incendie et venir m'emporter au milieu de trois bottes d'allumettes. Je vous fais grâce du beau trait, je vous considère comme l'ayant accompli. Je descends.

Elle essaie de descendre, mais à peine a-t-elle fait quelques pas dans l'escalier qu'elle remonte au kiosque, froide et épouvantée. Le feu longtemps comprimé et qui ne se fait presque pas voir au dehors, a consumé une partie du dedans. Le bas de l'escalier est en flammes ; elle veut crier, la voix lui manque ; puis à force d'efforts, elle tire de sa poitrine des sons inarticulés : Au feu ! au secours ! Si vous plaisantez, c'est trop ! j'ai peur ! Mais non, c'est le feu ! c'est le feu ! par où me sauver ! Mon père ! mon père !

Et elle tombe sans mouvement.

— Ah! s'écrie de Horrberg, elle n'a pas dit : A moi, Henri! et il s'élance au milieu de la flamme; il traverse l'escalier qui lui brûle les cheveux. Il arrive près d'elle. Pendant ce temps, M. de Riessain est au pied de la maison. Il appelle, il crie, il demande des échelles; il court, il revient; Eudoxie a perdu connaissance une seconde fois. Théodorine est tombée à genoux, les mains convulsivement serrées. D'Hervilly est allé chercher du secours, des échelles, du monde. Le jour commence à paraître, mais la flamme a dévoré tous les obstacles et s'élance avec impétuosité.

Dans la nuit qui suivit cet événement, Angélique revint d'un long évanouissement et se retrouva dans son lit.

— O mon Dieu! dit-elle, quel horrible rêve!

Mais en voyant autour d'elle les regards inquiets, les visages pâles, elle demande : Qu'est-il arrivé? qui vient de sortir de cette chambre? Est-ce que ce n'est pas Henri? Pourquoi y était-il?...

— Ah! ma fille! mon Angélique! s'écrie M. de Riessain en la serrant dans ses bras, tu nous as fait peur.

— Mais qui est donc cet étranger?

— C'est le médecin.

— Est-ce que je suis malade?

— Tu étais évanouie, tu avais eu peur.

— Ah! oui, oui, je me rappelle.. c'est le feu... Ah! mon père, mon bon père, quelle cruelle plaisanterie!... C'était trop, c'était trop pour moi!... J'ai cru que j'étais perdue!

M. de Riessain veut détromper Angélique, mais le médecin lui fait signe de la laisser dans son erreur. Il serait dangereux de lui causer un nouvel ébranlement de nerfs.

— Il n'y avait pas de danger réel, mademoiselle, mais

la plaisanterie était un peu forte, et la peur que vous avez eue, que vous deviez avoir...

— Ah! dit Angélique en souriant, cette scène a été bien jouée; moi qui connaissais la pièce, j'y ai été trompée. J'espère que les morts se portent bien? Je ne suis pas inquiète de M. d'Hervilly; quelques instants après son trépas, je l'ai vu debout et courant avec la plus grande agilité. C'est égal, j'ai eu bien peur!... Ah mon père, quel rôle vous m'avez fait jouer, et comme vous vous êtes moqué de moi.

— Tu ne me parles plus de Henri?

— De M. de Horrberg ?... Mon père, je pense qu'il n'aurait pas dû accepter un rôle dans une pièce où le mien était ainsi sacrifié.

— Angélique, il a agi malgré lui: c'est moi qui ai exigé...

— Il aurait pu, dans tous les cas, moins bien jouer son rôle, et me laisser deviner ce qui se passait. Et d'ailleurs, mon père, si j'avais la faiblesse de lui pardonner, oublierait-il, lui, tout ce que j'ai dit et fait de ridicule?

— Il t'aime... et nous aurons bien de la peine à lui prouver, si nous y tenons absolument, que cela a été un peu ridicule.

— En êtes-vous sûr, mon père?

— Je t'en donne ma parole. Nous allons te laisser dormir. Théodorine sera près de toi.

On donne à Angélique une potion calmante qui la plonge dans un profond sommeil : elle ne se réveille que le lendemain matin, s'habille et descend pour déjeuner. Théodorine, qui a reçu à ce sujet des ordres sévères, ne la détrompe pas. A table sont M. de Riessain, la tante Eudoxie et d'Hervilly. Angélique embrasse son père et sa tante, et saluant gracieusement Octave dit en montrant Antonio, qui sert à table : Je suis enchantée de voir tous les morts à ce déjeuner ; est-ce qu'il n'y a que les vivants que nous ne verrons pas? — Henri est absent, répond Octave, et il ne reviendra pas avant quelques jours.

Angélique pense qu'il a pris un singulier moment pour s'absenter. Il est parti à l'instant où elle était malade. Elle affecte de ne pas demander où il est allé, ni quelles sont les causes qui ont nécessité ce départ.

Ce jour-là et le lendemain se passent, la tante Eudoxie et sa nièce visitent librement la maison, excepté un appartement qui, leur dit-on, est en désordre. Angélique veut revoir les *souterrains*, qui sont rentrés dans tous leurs droits de caves.

— Sans ton évanouissement, tu n'aurais pas su de longtemps.... j'aurais pu faire dans la maison de tels changements....

— Mais, mon père je vous ai déjà dit que je n'avais été dupe de votre comédie que jusqu'à la moitié.

Cependant Angélique est triste, d'abord de ne pas voir revenir M. de Horrberg, dont elle ne prononce pas une seule fois le nom ; ensuite elle l'avoue à sa tante, elle regrette que tout ce qui s'est passé ne soit pas véritable. Elle sent qu'elle aime Henri, mais elle l'aimerait davantage ou du moins plus volontairement, s'il était le vrai héros d'un roman semblable à celui dans lequel elle a cru si bien vivre pendant quelques jours.

Elle veut revoir l'endroit où elle s'était évanouie ; la maison du garde n'est plus qu'un monceau de cendres.

Deux jours se passent encore, et on n'a pas de nouvelles

de Henri. Cependant Angélique s'aperçoit d'un grand mouvement dans la maison ; un domestique monte à cheval et va à la ville voisine en tenant un second cheval à la main. Quelques heures après, il revient, suivant l'autre cheval, qui porte un homme vêtu de noir.

L'homme vêtu de noir reste une demi-heure et s'en va.

Angélique en se promenant le soir avec la tante Eudoxie dans le jardin, s'aperçoit qu'il y a de la lumière dans l'appartement qu'on leur a dit être en désordre et qu'on les a empêchées de visiter. La soirée est belle, toutes deux restent tard au jardin, et voient toujours la même lumière par une fenêtre.

— Mon Dieu ! dit la tante Eudoxie, est-ce qu'il va se passer encore des choses mystérieuses dans cette maison ?

Elles font mille suppositions, détruites tour à tour l'une par l'autre, sans pouvoir même soupçonner ce qu'on leur cache et ce qui se passe dans cet appartement.

Le lendemain, Angélique fait part à son père de sa découverte, mais celui-ci lui explique sans hésiter que cette lumière appartient sans doute aux gens qui mettent un peu d'ordre dans cet appartement, longtemps inhabité. Angélique devient chaque jour plus triste, mais quand son père s'avise de lui parler de son mariage avec Henri, elle répond de façon à ne pas laisser ignorer son mécontentement d'un départ aussi prompt, aussi imprévu, aussi inopportun.

M. de Riessain alors veut excuser Henri, parle de la nécessité de son départ, de l'importance des affaires qui l'ont éloigné. Mais les femmes n'admettent jamais que l'on ait d'autres affaires que l'amour, et elles ont raison. La femme qui aime ne s'occupe plus que de son amour, elle lui appartient tout entière.

L'homme vêtu de noir est revenu plusieurs fois dans la maison, chaque fois il n'est resté qu'un quart d'heure ou deux, puis il remonte dans la voiture qui l'a amené et retourne à la ville. Un jour, cependant, Angélique a entendu dire à son père :

— Maintenant j'en réponds, mais il faut pendant quelque temps beaucoup de ménagements. Angélique répète à son père ces paroles qu'elle a entendues, et lui demande si cet homme vêtu de noir est un médecin, et s'il y a quelque malade dans la maison. M. de Riessain répond que c'est en effet un médecin, et qu'il y a un domestique malade.

— Lequel est-ce ? — C'est Antonio. — Quoi ! le *perfide* Antonio ? — Lui-même.

A ce moment, Angélique, qui, tandis que son père lui parle, regarde dans le jardin, y voit passer Antonio.

— Mais, mon père, dit-elle, à quoi pensez-vous ? Voilà Antonio dans le jardin.

— C'est sans doute qu'il va mieux.

— Il faut en effet qu'il aille beaucoup mieux, car j'ai vu bien tard de la lumière dans la chambre que sans doute il habite, car c'est là que va le médecin, et il paraît qu'on le veillait alors.

Le dimanche suivant, Angélique et la tante Eudoxie étaient parties pour la messe, à une demi-lieue de la maison de M. de Riessain ; mais elles voient des paysans courir en foule. Elles demandent ce qui se passe ; on leur répond que c'est un chien enragé, et qu'on est à sa poursuite pour le tuer. A ces paroles, Angélique et la tante Eudoxie refusent positivement d'aller plus loin et ordonnent au cocher de regagner la maison. Angélique, plus promptement déshabillée que sa tante, va se promener dans le parc. Par hasard ses pas se dirigent du côté où était la maison du garde. C'est de ce côté qu'elle a pris l'habitude d'aller rêver à Henri; mais que devient-elle, quand elle voit M. de Riessain et Octave soutenant chacun par un bras un homme dont elle ne voit que le dos et qui paraît souffrant et faible? Quelque excitée que soit sa curiosité, elle va se retirer cependant par discrétion, lorsque les trois promeneurs, arrivés à l'extrémité de l'allée, se retournent et lui font voir dans l'homme malade que l'on soutenait ainsi le baron Henri de Horrberg, qu'elle croyait en voyage, qu'elle croit inconstant. Elle reste immobile et stupéfaite. Elle pâlit. Tous trois s'avancent vers elle, M. de Riessain conduit Henri auprès d'un banc et l'y asseoit.

— O mon père! dit-elle bien vite, dites-moi tout; expliquez-moi ce qui se passe. Vous comprenez bien ce que je veux savoir. Que se passe-t-il ici?

M. de Riessain se décida alors à lui apprendre la vérité. L'incendie de la maison du garde ne devait pas avoir lieu à ce moment, et elle, Angélique, a failli y périr. On n'avait pas voulu le lui dire jusque-là, parce que le médecin l'avait défendu dans la crainte de lui causer une émotion dangereuse. C'est Henri qui l'a sauvée; mais cette fois, hélas! ce n'était pas une scène jouée, c'était une épouvantable réalité. Henri a été blessé si grièvement que d'abord on a craint pour ses jours; mais maintenant il est sauvé, et sa convalescence paraît devoir être prompte. Il faisait si beau temps qu'on a profité de l'absence d'Angélique pour le faire marcher un peu dans le jardin ; c'est Henri qui n'a pas voulu qu'Angélique le vît jusqu'à ce qu'il fut rétabli entièrement, et sans le hasard qui a fait que mademoiselle de Riessain les a rencontrés, ce n'est guère qu'une semaine plus tard que de Horrberg serait revenu de son prétendu voyage.

— Henri, dit Angélique, mon pauvre Henri, vous avez donc bien souffert ? Comme il est encore pâle ! Vous souffrez encore, n'est-ce pas ? et c'est pour moi, c'est pour me sauver la vie ! Ses pauvres cheveux si soyeux, si bouclés, ont donc été brûlés, qu'ils semblent avoir été coupés ? Voyez-vous, mon père, que tous mes beaux héros que je rêvais n'étaient pas de ridicules chimères. Puis, rougissant, confuse d'en avoir tant dit, elle se jeta dans les bras de M. de Riessain.

FIN.

TABLE

Histoire de tant de Charmes et de la Vertu même........ 1
La Vierge noire.................................. 23
Le Moine de Kremsmunster...................... 29
La Main du Diable............................. 40
De Bas en Haut................................ 53
Bernard et Mouton............................. 80
Histoire des Révolutions de Pirmasentz, ville de soixante-dix-huit maisons............................. 93
Un Vaudeville................................. 126
Une Histoire invraisemblable................... 175

COLLECTION MICHEL LÉVY

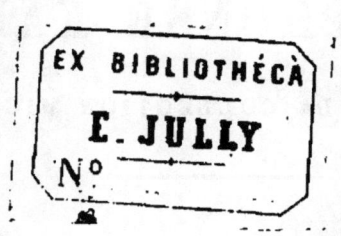

ŒUVRES COMPLÈTES

D'ALPHONSE KARR

ŒUVRES COMPLÈTES
D'ALPHONSE KARR

PARUES DANS LA COLLECTION MICHEL LÉVY

AGATHE ET CÉCILE.	1 vol.
LE CHEMIN LE PLUS COURT.	1 —
CLOVIS GOSSELIN.	1 —
CONTES ET NOUVELLES	1 —
LES FEMMES	1 —
ENCORE LES FEMMES.	1 —
LA FAMILLE ALAIN	1 —
FEU BRESSIER	1 —
LES FLEURS.	1 —
GENEVIÈVE	1 —
LES GUÊPES.	6 —
HORTENSE	1 —
MENUS PROPOS.	1 —
MIDI A QUATORZE HEURES.	1 —
LA PÊCHE EN EAU DOUCE ET EN EAU SALÉE. . .	1 —
LA PÉNÉLOPE NORMANDE.	1 —
UNE POIGNÉE DE VÉRITÉS.	1 —
PROMENADES HORS DE MON JARDIN.	1 —
RAOUL	1 —
ROSES NOIRES ET ROSES BLEUES.	1 —
LES SOIRÉES DE SAINTE-ADRESSE.	1 —
SOUS LES ORANGERS.	1 —
SOUS LES TILLEULS.	1 —
TROIS CENTS PAGES.	1 —
VOYAGE AUTOUR DE MON JARDIN.	1 —

Coulommiers. — Imprimerie A. MOUSSIN.

www.ingramcontent.com/pod-product-compliance
Lightning Source LLC
Chambersburg PA
CBHW071329150426
43191CB00007B/673